海外东南亚研究译丛
孙来臣　主编

探索与反讽
暹罗研究四十年

〔美〕本尼迪克特·安德森　著
杜洁　译
金勇　校

Exploration and Irony in Studies of Siam over Forty Years, by Benedict R. O'G. Anderson, originally published by Cornell University Press.

Copyright © 2014 Cornell Southeast Asia Program Publications

This edition is a translation authorized by the original publisher

中译本根据康奈尔大学出版社 2014 年版译出

本书承蒙
云南大学圣达奖学金、
王立礼博士
慷慨资助出版

译丛国际顾问团

王赓武（新加坡国立大学）
詹姆斯·斯科特（James Scott，美国耶鲁大学）
埃里克·塔利欧科佐（Eric Tagliocozzo，美国康奈尔大学）
安托尼·瑞德（Anthony Reid，澳大利亚国立大学）
李塔娜（澳大利亚国立大学）
通猜·威尼差恭（Thongchai Winichakul，美国威斯康辛大学）
苏尔梦（Claudine Salmon，法国国家科学研究中心）
桃木至朗（日本大阪大学）
小泉顺子（日本京都大学）
刘仁善（韩国首尔国立大学）
潘辉黎（越南社会科学院历史研究所）

译丛国内顾问团

周南京（北京大学）
梁志明（北京大学）
梁英明（北京大学）
梁立基（北京大学）
李　谋（北京大学）
张玉安（北京大学）
裴晓睿（北京大学）
戴可来（郑州大学）
贺圣达（云南社会科学院）
朱振明（云南社会科学院）
范宏贵（广西民族大学）
古小松（广西社会科学院）
孙福生（厦门大学）
庄国土（厦门大学）
陈佳荣（香港现代教育研究社）

"海外东南亚研究译丛"编委会

主　编：孙来臣（加利福尼亚州立大学富勒敦分校）
副主编：李晨阳（云南大学）　　　　傅聪聪（北京外国语大学）
　　　　张振江（暨南大学）　　　　阳　阳（广西民族大学）
编　委：薄文泽（北京大学）　　　　金　勇（北京大学）
　　　　史　阳（北京大学）　　　　夏　露（北京大学）
　　　　杨国影（北京大学）　　　　吴杰伟（北京大学）
　　　　包茂红（北京大学）　　　　顾佳赟（北京外国语大学）
　　　　易朝晖（洛阳外国语学院）　陈红升（广西社会科学院）
　　　　易　嘉（云南民族大学）　　牛军凯（中山大学）
　　　　毕世鸿（云南大学）　　　　范宏伟（厦门大学）
　　　　叶少飞（云南红河学院）　　许芸毓（天津外国语大学）
　　　　杜　洁（成都工贸职业技术学院）　王杨红（广西民族大学）
　　　　陈博翼（厦门大学）　　　　咸蔓雪（北京大学）
　　　　谢侃侃（北京大学）
秘书处：李晨阳（cyli_dny2002@126.com）
　　　　傅聪聪（johanikhwan@aliyun.com）
　　　　陈红升（574343199@qq.com）

筚路蓝缕，以启山林
——"海外东南亚研究译丛"总序

孙来臣

从 20 世纪初期的南洋研究算起，中国研究东南亚的历史几近百年。从南洋研究的先驱人物到东南亚研究的后继学者，薪火相传，辛勤耕耘，使中国的东南亚研究从机构建设、人才培养、资料收集和学术出版诸方面都初具规模、引人注目。

在 21 世纪初的今天，随着中国国力的提升，东南亚地区重要战略地位的凸显，以及中国与东南亚关系的日益密切，中国对东南亚研究重视的程度日渐加强，民间对东南亚地区的兴趣也愈加浓厚。此外，一批具有国际视野、外语知识和研究能力的学者群体也有望逐渐形成。这些都将会在 21 世纪把中国东南亚研究推向一个前所未有的高峰。但是，反思中国东南亚研究的今昔，对照美欧、日本和东南亚地区的研究状况，我们又不得不承认，在学术环境、学术视野、研究题目与田野调查的深度和广度，研究资料的购置和收藏，资料和外语的掌握，尤其是重要概念和重大理论的创造等方面，中国的东南亚研究仍落居人后，差距显著，要跻身国际前列并引领世界潮流尚需时日。到目前为止，中国的东南亚研究还缺乏独创的理论和研究框架。要真正走向世界、产生国际影响，就必须在材（史）料上阅读原文、"脚踏实地"（田野调查），实现从"原料进口"到"独立生产"的转变；在研究方法上完成从"刀耕火种"（梳理材料、描述事实）到"工业革命"的飞跃（创造概念、理论和发现重大规律），实现从单一学科到交叉学科、从传统学科（历史、文化、经济、外交、华侨华人等）到前沿学科（包括妇女、性别、生态、气候、环境、医学等)的开拓;而在研究视野上要从微到著,从一(国)到多(国),高屋建瓴,以全球眼光将东南亚地区作为世界的一个有机部分来审视。以此为基础,进而出现一批闻名中国、享誉世界的重要著作和学者,其中最重要的一个标准就是这些著作的观点理论和研究范式要在国内外产生重大甚至爆炸性的影响,达到不胫而走、洛阳纸贵的程度。也就是说,中国的东南亚研究要从学习、借鉴国外的理论和学说开始,进而创造出自己的理论,最后受到国际学术界的广泛肯定和承认。

有鉴于此,翻译与引进国外的优秀著作对中国东南亚研究的进步与起飞至关重要。明末徐光启提出"欲求超胜,必须会通;会通之前,先须翻译"的思想,对中国东南亚研究的发展具有重大而直接的启发意义,而鲁迅"拿来主义"的观点在世界文明交流的过程中则永不过时。中国近百年来对海外的东南亚研究著作时有翻译,为介绍国际学术信息起到了积极的作用,功不可没,但在著作的选择、翻译的组织和翻译质量的管控方面都多有局限。为促进中国东南亚研究与海外的交流,促成中国东南亚研究早日与国际接轨,发掘、培养一批优秀翻译人才,并逐步提高学术界对翻译重要性的认识,在海内外学界的热心促成和康德基金会的鼎力支持下,现在由商务印书馆推出"海外东南亚研究译丛",出版海外东南亚研究各方面(包括历史、考古、政治、经济、华侨、宗教、文化、语言、文学等)的优秀著作。译丛下设顾问团(其中包括国际顾问团与国内顾问团)和编委会。国际顾问团由国际上东南亚研究领域的著名学者组成,负责推荐海外优秀和经典的著作;国内顾问团则由国内东南亚研究领域的著名学者组成,负责确定出版方向、推荐优秀翻译人才等。译丛编委会由国内外精通中外文(外文包括东南亚非通用语种与其他通用语种)、热爱翻译、善于翻译、富有学术献身精神的学者组成。编委会成员根据各方面专家(包括编委会成员)的推荐,审查、确定需要翻译的著作目录,负责物色优秀翻译人才、确定翻译人员、审定翻译作品、保证翻译质量等。光阴荏苒,日月如梭,译丛最早从2010年开始酝酿,距今已经整整八个年头!译丛于2014年7月12日正式在云南大学启动。同时,为了鼓励翻译,译丛编委会在康德基金会的鼎力支持下又设立"姚楠翻译奖"(2017年1月1日之后,改由北京大学博士王立礼先生私人慷慨赞助),从2015年起每两年进行一次评选和颁奖。在译丛筹备的过程中,几位热心支持我们的国内外顾问在近年先后作古，今谨以译丛的正式出版慰藉其在天之灵。

组织并联合国内外的学术力量和资源，系统翻译海外东南亚研究著作的努力在国内尚属首次。译丛这些年一路走来，困难重重、步履维艰，其中包括资金缺乏、学术界漠视翻译以及译才难得等。可喜的是，近几年国内外的学术翻译在渐渐升温。美国"亚洲研究学会"设立了有关中国、南亚和东南亚方面的翻译奖项，显示出国际学术界对翻译的逐渐重视；国内的"海外中国研究丛书"的连续出版和巨大影响也非常令人鼓舞。特别是本译丛的编委会成员们以"筚路蓝缕，以启山林"的理念与献身学术的精神，秉持"假我十年，集同志数十手，众共成之"（明末著名天主教徒杨廷筠语，系其在欣闻法国传教士金尼阁从欧洲采购七千多部西书运抵中国后，计划组织翻译时所说）的信念，为推动中国东南亚研究的发展和进步一直不计名利，默默奉献。我们也希望各方面的有志之士加入到我们的行列中，共同为中国的学术繁荣和中外学术的交流增砖添瓦、贡献力量。我们也竭诚欢迎国内外学术界对我们的译著进行坦诚而细致的评论，因为我们非常欣赏鲁迅的这段话："翻译的不行，大半的责任固然该在翻译家，但读书界和出版界，尤其是批评家，也应该分负若干的责任。要救治这颓运，必须有正确的批评，指出坏的，奖励好的，倘没有，则较好的也可以。"

最后，我们衷心希望本译丛以他山之石，攻中国之玉，为中国东南亚研究的发展和腾飞开山凿洞、架桥铺路！

"海外东南亚研究译丛"的信念：
中国东南亚研究亟须振兴与国际化，
而翻译海外精品著作则是实现该目的的重要途径之一。

"海外东南亚研究译丛"的座右铭：
翻译精品，精品翻译；
精益求精，宁缺毋滥。

"海外东南亚研究译丛"的目标：
出版一批精品译著，开拓一块学术净土，
造就一批优秀译才，建设一座通（向）世（界）桥梁。

译者序

本尼迪克特·安德森（Benedict R. O'G. Anderson）教授逾40年的泰学研究学术之路，如同一条思想之泉，生命之溪，蜿蜒流淌在读者心间，探索处洞察透彻，反讽处发人深思。这本书出版于安德森教授去世的前一年，充满着作者的生命质感和理性思索，如今每每读来，都像是又一次学术朝圣之旅，更有高山仰止、我心向往之感。

原书封面插图是一只鳄鱼，戴着眼镜，睁大着眼睛，夹着一本小书。这就是安德森教授对自己学术生命的自喻。泰国有一句传统谚语"Jorakhe khwang khlong"，意思是堵塞了河道的鳄鱼，引申之意就是故意碍事的人。安德森就是泰学研究领域中的这只勇于质疑、敢破常规的碍事鳄鱼。印度尼西亚有一句名言"跳出椰壳碗，开始留意自己头上的巨大天空"，安德森又是泰学研究领域中的这只跃出椰碗、仰望苍穹的勇敢青蛙。北京大学戴锦华教授认为，安德森的"椰壳碗"其实就是封闭、逼仄的世界与视野的隐喻。安德森大胆质疑当时英语学界泰学研究这种封闭、逼仄的学术视野和阿谀奉承的研究方式，勇敢地捡拾出该领域研究盲点背后的政治含义碎片，并对其进行系统性的分析与构建，彻底颠覆了该领域不证自明的常规假设，尤其是对军队和官僚集团与泰国王室之间互惠共存、各归其位、各获其利的妥协性同盟方案的揭露，从而奠定了此后批判性泰学研究的坚实基础。《对泰国国家的研究：泰学研究现状》一文成为四十年来关于泰国现代政治研究的所有严肃书目中的必读文章。泰国法政大学政治系教授卡贤·特加皮让（Kasian Tejapira）认为，安德森这本书中的核心观点形塑了此后四十年的泰学研究并对此后该领域重要成果影响深远。因此，安德森带给全球泰国现代研究领域的这场思想激荡无疑是革命性的。

在国别与区域研究中，安德森始终保持着一种独特的距离感，时而亲近，时而疏离。他的亲近感体现在对所研究的国家与民族，因其对弱小民族命运的同情，对弱小国家出路的关切，对自己白人身份的遗忘，他被誉为"入戏的观众"。他的疏离感体现在对西方中心主义的研究视角，因其对西方中心主义的批判和嘲讽，对泰学研究传统视角和既定观念、分析框架的挑战和颠覆，自喻为"碍事的鳄鱼"。他坚持深入的田野调查，同时强调保持人类学的研究距离，经常性地融入对象国进行实地考察，又不断地抽离开来做出比较分析。这种亲近感与疏离感的意识并存，局内人和局外人的角色切换，得益于他自幼的跨国教育经历，也许这就是安德森能够集融入与抽离、探索与反讽于泰学研究一体的原因所在吧。

在国别与区域研究中，安德森始终坚持世界历史眼光。他的学术格局不仅限于一个国家或一个时代，他总是能够在人类社会历史时空中自如穿梭，找到贴切的对照物，析理精微，独辟蹊径，启人深思。这得益于安德森的博闻强识和多语能力，他在历史、文学、艺术、语言、文化等全球知识方面的丰富滋养为其政治分析确定了整体、宽泛、深刻的研究基调。康奈尔大学在讣告中将安德森的人生评价为"跨越了种种边界的一生"。安德森本人也一直倡导超越边界，鼓励区域研究的整体性。他认为，应该将区域作为一个整体来进行研究，而非按照学科领域划分。他的泰国研究一直在跨越学科边界，而且常常跨越到他没有接受过正规训练的学科领域，但往往是这些新的领域又带来了更加广泛的研究关注点。

安德森从康奈尔大学东南亚研究计划掌门人、美国印尼研究先驱乔治·卡欣（George Kahin）教授身上理解到了政治与学术的不可分离，秉承以知识介入现实的师门精神，他在《撤军症候》一文和致《纽约时报》的公开信中谴责美国对泰国内部事务的干预和虚伪立场。在以普拉姆迪亚·阿南达·杜尔（Pramoedya Ananta Toer）为代表的印尼伟大文学作品中，安德森开始留意到文学与"政治的想象"产生关联的现实可能与理论可能。因此，他在20世纪80年代转向泰国激进文学的翻译，《镜中：美国时代之暹罗文学与政治》遴选了十三部泰国当代短篇小说，既反映当代泰国社会的现实问题，又兼顾道德性、政治性和文学性。20世纪90年代以来，随着泰国激进政治从核心走向边缘，泰国左翼思想和左翼话语走向消解，安德森开始关注泰国社会的文化因素，这源自他对政治与文化之间关联的敏锐洞察。在每一个历史阶段，他总能察觉到泰国社会中新希望的迸发之处，哪怕其迸发的力量是微弱的，哪怕其迸发的渠道是非主流的。因此，与其研究领域从政治转向文化同步，安德森的写作语言也由英语转为泰语，从学术写作转向文化评论，读者对象由学者群体转向泰国中产阶级。

语言、文化和学术文献是安德森国别研究的坚实基础。作者在本书中有大量极具价值的脚注，可以说是安德森泰学研究的阅读史，或者说是他泰学研究的文献阅读路线图。在1972年苏哈托（Suharto）阻断了其印尼研究生涯后，他转入泰国研究。这时安德森已经具备了比较研究的宏观视野。面对泰学研究出版物匮乏的状况，安德森几乎遍读了所有的学术成果，并且在脚注中做了尽可能详尽犀利的阐释。这些脚注是极其珍贵的泰学研究外语文献梳理，尤其对接触外语文献不多的中国学者而言，同时也让我们真切感受到了安德森的治学严谨。他总是在做好了足够充分的语言、文化和文献准备之后才投入写作，总是在对一国已有独到观点之后才展开比较。

翻译本身就是超越语言文化疆界与时空藩篱，对他者世界进行的探寻与理解、比较与反思。学术翻译是一个如是我闻、如是我思、如是我译的过程，是经由语言之桥探究他者世界学人研究思绪的过程，是经由文本注释探究作者知识图谱与生命路径的过程，也是深思穷究、字斟句酌地与作者和读者进行跨时空对话的过程。学术翻译是学者迈入更加宏大完整的学术世界、接触更加渊博精深的学术智识的扎实一步，尤其是国别与区域研究领域的学者。译者可以高效拓展更广阔的国际学术视野，深入了解更多维度的研究视角和观点，冲破学术研究的单一化思维框架，提升我国区域国别研究队伍的持续学习能力与整体学养水平，包括国内咨政能力和国际对话能力。

本书的翻译过程对我而言，既是一次学术朝圣之旅，又是一次学术探险之行。幸而在这朝圣与探险的道路上，得到许多学界前辈和同仁的指导和帮助，所获远远不止于读者眼前的这本译著了。一部译著的人名、地名以及有一定社会文化背景的专有名词的翻译，对全书的翻译质量至关重要。相同的人名、地名等专有名词，在很多译著中的翻译千差万别，可谓百人百译。究其根本，还是没有追溯其最原始的拼法和发音。泰文人名拉丁转写是一对一机械转写的，无法看出原文的不发音字母、连读音变、特殊拼读等特征，再按照英文拼读出来，发音就往往相差甚远了。如 Charnvit Kasetsiri，曾有人将其翻译为"查恩威特·卡西特斯里"，但这很明显是一位不懂泰语的译者根据英文转写翻译的。其泰文原名是 ชาญวิทย์ เกษตรศิริ，本书译作"禅威·格塞希利"，更接近泰文人名的实际读音。因此，本书专有名词翻译坚持追根溯源、不望字生音的原则，均按照泰文母语发音翻译。在此感谢译丛主编美国加州州立大学孙来臣教授和校译者北京大学金勇副教授在专有名词翻译方面给予的指导和帮助，令我受益匪浅。金勇老师还就书中泰国作家人名、菲律宾人名和印尼人名地名的翻译分别请教了北京大学熊燃博士、史阳副教授和郄莉莎博士。

此外，我还要感谢成都大学姚健副教授、王利华副教授和王珏殷副院长以及美国新罕布什尔大学王亦歌老师、泰籍外专关国兴（Chaphiporn Kiatkachatharn）给予的帮助，感谢泰语系林艺佳老师和泰籍外教 Jiratchaya Namwong 在泰文审校方面的帮助，尤其感谢刘莉老师妙思奇想，反复推敲，助我以骚体诗歌形式打磨《先知哀大城》古诗译文，用"兮"字以助语势又增文字自由度，确保原诗内容完整且不失真，译文也更具古典浪漫气息。同时感谢商务印书馆石斌编辑和同仁们的协助和辛苦工作，感谢美国康奈尔大学东南亚研究中心塔玛拉·路斯（Tamara Loos）教授很多次通过电子邮件为我答疑解惑，并对译著在中国的出版寄予极大的期待。感谢成都大学泰国研究中心给予重点课题立项支持。

最后，在本书即将付梓出版之际，特别怀念美国新罕布什尔州夏日的静谧午后和冬日的酷寒雪夜，以及屋内的温暖灯光，本书的大部分译文是在这里完成的。

2021 年 10 月于成都

作者序

逾时四十年的文章和论文选集着实让作者和编辑都不得不做出一些艰难的决定。首先最重要的问题是要不要对原文进行修改，尤其是早期作品中极可能有一些错误的预测、过时的"理论"、重要证据的遗漏、学术写作水平偏低等问题。

根据我的经验，学者们并不愿意承认自己"犯了严重错误"或"实在是个傻瓜"等诸如此类的问题。因此他们通常依赖某种类似整容手术的手段，而这通常被堂而皇之地称为"更新"。但是就像主流美容一样，这种更新效果并不持久，新的整容需求很快就会一再出现。我素来不喜修改文本，反倒是任由其在岁月中慢慢沉淀。此外，年轻的读者们还可通过这些文章和论文探知 20 世纪 60、70、80 年代以降的世界精神（*Weltgeist*），并且鼓励他们去思考这位老教授的学术观点、研究能力和痴迷所在是怎样随着时间而改变的。对他们而言，最好的莫过于作者坦承自己曾经的"谬误"。老人插入一些知识性的补充完善，其前提是这些语句采用斜体且注明日期，且原文没有删减，这是非常合理的。

其次是如何拼写的问题。印度尼西亚和暹罗有两大典型性问题。大约从 1947—1974 年，印度尼西亚一直使用苏宛蒂罗马正字法（Romanized Soewandi orthography），设计精密，简单明了，轻而易举地稳定了殖民时代末期拼写混乱的局面。1974 年，独裁者苏哈托（Suharto）强力推广所谓的"新拼写法"，唉！一直沿用至今。尽管从未得到承认，但是显而易见的是，专制者的政治目的就是让所有采用苏宛蒂风格书写的文字都随那陈旧过时且激进革命的悲惨岁月一道消散，青年一代根本无从读到这样的文字。我认为抛弃苏宛蒂毫无道理，且至今一直坚持以其正字法写作。因此我在脚注和资料来源中查阅最初出版日期，并且把这些资料来源标注为前独裁时期或苏哈托33年执政时期及其恶果。而暹罗的情况正好相反。没有任何一届政府曾成功地自上而下强制将泰文字母转化为罗马字母拼写形式。我早期写作风格略偏浮华，学生气十足，借鉴主流泰语书面语来标注声调，要么沿袭繁复的泰文拼写方法，要么采用最贴近日常会话中真实发音的版本，但却不明就里。在这部选集中，我删去了几乎毫无助益的音调标记，并力图贴近口头发音，即便这种方式会触怒泰国上层人士。（一位上层社会总理的姓氏的官方"正确"拼写是 Pramoj，可这让普通英语读者无法拼读；根据口头发音的拼写则是 Pramote。）

最后，在此谨向我的泰国朋友们致以深深的谢意。他们教给了我许多，而且如此风趣。他们曾经属于或者仍然属于以下四"代"人：（1）以禅威·格塞希利（Charnvit Kasetsiri）[①]为首，再加上塔·查冷迭拉那（Thak Chaloemtiarana）[②]、尼提·尤希翁（Nidhi Iosiwong）[③]，这三位在沙立—他侬—巴博政权垮台前获得美国博士学位的年轻人，还有当时自由左派知识分子期刊《社会科学评论》（泰文名拉丁转写：*Sangkhomsat Parithat*）第二任主编素差·萨瓦希（Suchart Sawatsi）[④]、贾威（Kavi）……（2）70年代的一批革命者：塔内·阿坡素万（Thanet Apornsuwan）[⑤]、卡贤·特加皮让（Kasian Tejapira）、舍桑·巴社古（Seksan Prasetkun）、通猜·威尼差恭（Thongchai Winichakul），以及楚萨（Chusak）和苏珀（Supot）。（3）90年代至今的明星女性：《阅读》期刊（泰文名拉丁转写：*Aan*）主编艾达·阿伦翁（纳阿瑜陀耶）（Ida Aroonwong [na Ayutthaya]）[⑥]，这份期刊取代了暹罗此前的所有知识分子期刊，遥遥领先于东南亚地区的同类期刊；才华横溢的电影评论家

---

① 泰文原名为 ชาญวิทย์ เกษตรศิริ。——译者注
② 泰文原名为 ทักษ์ เฉลิมเตียรณ。——译者注
③ 泰文原名为 นิธิ เอียวศรีวงศ์。——译者注
④ 泰文原名为 สุชาติ สวัสดิ์ศรี。——译者注
⑤ 泰文原名为 ธเนศ อาภรณ์สุวรรณ。——译者注
⑥ 原文人名 Idarong 有误，应为艾达·阿伦翁（Ida Aroonwong），《阅读》（泰文名拉丁转写：*Aan*）期刊主编，女权主义者。Aroonwong 是王族后裔（是拉玛二世第五十八子的后代），na Ayutthaya 是一个御赐的贵族姓，表示出身阿瑜陀耶，一般译作"纳阿瑜陀耶"。资料来源：Benedict R. O'G. Anderson, *Exploration and Irony in Studies of Siam over Forty Years* (Ithaca, NY: Cornell Southeast Asia Program Publications, 2014), p. 12。——译者注

麦·阿达多·尹卡瓦尼（May Adadol Ingawanij），以及泰国顶级讽刺作家莫宏·翁帖（Mukhom Wongthet）。此外还有著名的电影制作人阿披察蓬·威拉塞塔恭（Apichatpong Wirasethakun）[①]和安诺查·苏薇查柯邦（Anocha）[②]……（4）今天的年轻一代：西里武（Siriwut）……波鹏（Pokpong），以及……？

我永远不会忘记两位伟大的美国女性给予我的帮助。塔玛拉·路斯（Tamara Loos），她为本书做了一篇精彩的导言。学术界的导言往往更像广告，内容肤浅，过于友好。但是"塔姆"（Tam）毫不犹豫地站在批判的立场，她深入分析评述了我在暹罗研究领域兴趣点的持续转移，而这是我本人还没有思考过的问题。黛博拉·霍舍尔（Deborah Homsher），她在过去20年的时间里，以敏锐的眼光、伟大的胸怀、极其幽默的风格，编辑了康奈尔大学东南亚研究计划的所有著作。她与我合作了20年，完美互补，相得益彰：我做坏警察，她做好警察[③]。

本尼迪克特·安德森

[①] 泰文名为 อภิชาติพงศ์ วีระเศรษฐกุล。——译者注
[②] 安诺查·苏薇查柯邦（Anocha Suwichakornpong）是泰国导演兼电影制作人。——译者注
[③] 好警察/坏警察是审讯时常常使用的一种心理战术，相当于中国文化中的"唱红脸/白脸"。——译者注

目　录

一生的承诺：本尼迪克特·安德森的泰国研究（塔玛拉·路斯）...... 001

对泰国国家的研究：泰学研究现状 021

撤军症候：1976年10月6日政变的社会和文化面向 060

《镜中》导言 095

暹罗现代谋杀及其演变 129

共产主义后的激进主义：泰国与印度尼西亚 147

两封无法寄出的信 163

怪兽奇闻：阿披察蓬·威拉塞塔恭影片《热带疾病》在泰国的反应 166

轮番上演的反讽：广告牌、雕像和T恤衫 185

《俗物人间》...... 193

译名对照 203

一生的承诺：本尼迪克特·安德森的泰国研究

塔玛拉·路斯[*]

  泰国军队和半官方军事组织曾两度对聚集在曼谷泰国法政大学（Thammasat University）校园里手无寸铁的示威者实施血腥镇压，而2013年10月正是其首度镇压事件的四十周年"纪念日"。[①] 第一次血腥镇压发生在1973年10月14日，或许更值得举行周年纪念。它催生了泰国现代历史上最开明的政治氛围。第二次血腥镇压发生在1976年10月6日，其叙事至今仍未终结。它拒绝顺从地融入泰国历史。四十年以后，美国康奈尔大学出版社东南亚研究计划（SEAP Publications）决定再版本尼迪克特·安德森教授著写的泰国研究论文，他关于20世纪70年代以降的政治动荡和趋势走向的研究堪称敏锐精准。

  本尼迪克特·安德森对于泰国社会及其最具实权机构的尖锐批判总能举

---

[*] 塔玛拉·路斯（Tamara Loos），美国康奈尔大学马里奥·伊诺第国际研究中心（Mario Einaudi Center for International Studies）和东南亚研究计划（Southeast Asia Program）历史与亚洲研究教授，研究方向包括泰国历史和东南亚研究，性别研究、历史中的情感与叙事研究等，主要著作包括 *Subject Siam: Family, Law, and Colonial Modernity in Thailand* (Ithaca, NY: Cornell University Press, 2006) 和 *Bones around My Neck: The Life and Exile of a Prince Provocateur* (Ithaca: Cornell University Press, 2016)。——译者注

[①] 这两次镇压及政变事件并非泰国军队最后一次干预政治。1991年，一批沙立式的保守派军队将领发动军事政变，推翻了享有将东南亚地区"化战场为市场"美誉、实则贪污腐败的差猜（Chatichai）政府。抗议军事政权的平民示威行动姗姗来迟，最终于1992年爆发，并遭到了暴力镇压（被称作"血腥五月"[Bloody May]）。国王出面谈判并达成妥协。这次谈判广受诟病，被认为是君主政治权力的关键转折点：国王成为愈发直接的干预主义者。军队于2006年再次发动政变，将总理他信·西那瓦（Thaksin Shinawat）赶下了台。挺他信的"红衫军"（Red Shirts）和出生于英国的钦定（非民选）总理阿披实·维乍集瓦（Abhisit Vejjajiva）的政府之间形成僵局，并于2010年4—5月再度招致一场军事干预。造成大约一百人丧生，两千人受伤。

重若轻，信手拈来，这一点在其精辟论证与全面分析中即可看出。不仅对于泰国，还有爱尔兰、美国、印度尼西亚和菲律宾，所有那些他或许称之为自己深深眷恋着的地方，他既是局内人，又是局外人。人们很想从他的个人经历中搜寻出他这种并存的精神疏离感和归属感的根源。尽管纯粹出于猜测，但这也许会有助于我们理解这样一个人如何改变了全球的民族主义观点，他于20世纪30年代中期出生于中国昆明，母亲是英国人，父亲是盎格鲁—爱尔兰人。

本尼迪克特从来不会心安理得地接纳自己隶属于任何一国，事实上他在1964年27岁时曾申请过爱尔兰公民身份。当时，他放弃了英国护照，以示对日渐衰落的大英帝国在其前殖领地争取独立进程中所扮演的不光彩角色的无声抗议。① 他的抗议是一种政治决定，声援爱尔兰，反对英国。事实上，他费了不少工夫才向爱尔兰政府证明自己有资格加入爱尔兰国籍：他父亲的出生地是马来西亚槟城（Penang），他祖父出生在新加坡，而他的祖母则出生在威尔士。② 虽然他祖父母都出生在爱尔兰，但是其出生证明均毁于发生在都柏林的1916年复活节起义（1916 Easter Uprising）。他之所以能够始终与民族"家园"保持一种批判距离，而非对其不假思索地抒发爱国之情，正是得益于跨国成长的经历。这种经历的负面影响则是，他无论走到哪里都一直被视作局外人："我们在英国学校里被称作'爱尔兰人'，正如此前我们曾在［爱尔兰］沃特福德（Waterford）被称作'美国人'，在加利福尼亚被称作'英国人'……我们在那里［沃特福德］也是异类：方圆数百英里内独此一家常吃米饭。"③ 久而久之，他将此转化为得天独厚的优势。尽管他和弟弟大部分教育是在英国接受的，但是感觉爱尔兰才更像家乡。他的父亲在1946年英年早逝，年仅53岁。一年后，本尼迪克特的母亲把他送进一所小学，这所学校专门为顶尖高中培养输送天资聪慧的孩子。④ 因为靠着丈夫的抚恤金

---

① Benedict O'G. Anderson, "Selective Kinship," *The Dublin Review* 10 (Spring, 2003), pp. 11, 9. 他在这篇文章中追溯了自己的爱尔兰和英国的血统系谱。另一篇关于其祖先，尤其是其父生平的文章，参见Perry Anderson, "An Anglo-Irishman in China: J. C. O'G. Anderson," *Spectrum* (London: Verso, 2005), pp. 343-388。

② Anderson, "Selective Kinship," p. 11.

③ Ibid., p. 9.

④ 同时参见 P. Anderson, "An Anglo-Irishman in China," p. 343。

度日，她清楚地告诉本尼迪克特和弟弟佩里（Perry），他们只能靠自己的聪明才智获得奖学金。他们都获得了伊顿公学（Eton）为数极少的年度奖学金，这是一所位于英格兰的贵族男校。①总之，兄弟俩上的小学和高中都是寄宿制男校。读书期间，他们每年有九个月的日子都远离家乡和母亲。

十岁以前，本尼迪克特待过许多地方：昆明、上海、加利福尼亚、科罗拉多、伦敦和沃特福德等地。这并非在限定空间中走马观花的游客观光，而是在中国南方融入当地的居家生活，他父亲当时在那里任职于中国海关总税务司（Imperial Maritime Customs Service）②。在第二次世界大战期间，因为平民不被允许乘船前往欧洲，他们还曾被困美国。在美国期间，他们从加利福尼亚举家迁往科罗拉多，最后他们全家回到了爱尔兰。他还记得在当年放学回家的路上，自己飞快地骑着单车，穿行于一众横行霸道的天主教恶徒身边。③正如他身边会讲中文的父亲和会讲普什图语（Pushtu）的祖父，本尼迪克特汲取了多种语言的滋养。他还贪婪地阅读，十岁就开始在小学里学习拉丁语，继而学习古典希腊语，在伊顿公学还学了法语、俄语和一些德语。④本尼迪克特获得奖学金入读剑桥大学，他主修的是西方古典研究，而不是政府学或政治学。他的泰国研究论文充分显示了他在语言、艺术和文学方面的博闻多识，这反映出他早年对于语言学习的热爱，同时又超越了政治学的浅表层面。

本尼迪克特很早就对语言情有独钟，并且能够敏锐地洞察人们如何使用日常生活语言。正如他所回忆的那样，他对东南亚的特别关注纯属偶然，或者说是"机缘巧合"。⑤正当本尼迪克特对剑桥大学毕业后想做什么深感迷茫之际，他收到一封朋友来信，邀请他到美国康奈尔大学做一年研究，没有硬性任务，同时兼任教学助理。从这一刻起，本尼迪克特明白了，相对商

---

① Benedict Anderson, personal communication, August 24, 2013.
② 海关总税务司成立于19世纪60年代，是近代中国丧失海关行政权以后外国主持中国海关行政的首脑机构，1912年之前称作"大清皇家海关总税务司"，1912年之后称作"中国海关总税务司"。海关总税务司的统治长达近一个世纪，于1950年真正结束。——译者注
③ Anderson, "Selective Kinship," pp. 7-8.
④ Benedict Anderson, "Bot Songthai," [Epilogue] in *Nai Krajok* [In the Mirror] (Bangkok: Aan Publications, 2010), p. 362; Benedict Anderson, personal communication, August 24, 2013.
⑤ Anderson, "Selective Kinship," p. 9.

人、政治家、外交官等职业，自己更想做一名学者。并且他还知道一点，即美国的社会环境可以提供英国或爱尔兰没有的某种个人自由。他弟弟佩里的鼓励支持非常关键。他于1958年来到康奈尔大学，师从乔治·卡欣（George Kahin），潜心研究印尼政治。

20世纪50年代末，当本尼迪克特初到伊萨卡镇（Ithaca）时，康奈尔大学东南亚研究计划才刚起步不久，已经招收了来自印尼、泰国、缅甸、越南等国的学生。由于东南亚研究计划的创始人、人类学家洛林斯顿·夏普（Lauriston Sharp）的原因，研究部最初时的强项是泰国研究，卡欣领衔的印尼研究紧随其后，居于第二。因此当本尼迪克特1967年在康奈尔大学执教伊始，他就发现身边有如此多天资聪颖的泰国籍研究生，他们大都初到伊萨卡。他们是泰国经济发展政策的受益者。这项政策令泰国发生了一系列的变革，其中之一就是20世纪60年代的大学生注册人数从不到2万增长到10万以上。[1] 其中很多人到国外大学深造，包括康奈尔大学。康奈尔大学的这批学生几乎清一色全是男性，很多人后来成了知识界的翘楚。在20世纪60年代末至70年代初的这批学生中，就有禅威·格塞希利（Charnvit Kasetsiri）、瓦林·翁韩超（Warin Wongharnchao）[2]、汶沙侬·本约塔炎（Bunsanong Punyodhayana）[3]、阿金·叻丕帕（Akin Rabibhadana）[4]、塔·查冷迭拉那（Thak Chaloemtiarana）、查拉猜·拉米达侬（Chalatchai Ramitanon）[5]、巴妮·吉拉迪塔珀（Prani Jiaraditarporn）及尾随其而来的追求者——无学籍学生素集·翁帖（Sujit Wongthet）。[6] 还有一些泰国访客如今已是声名显赫，他们当时就读于其他的美国大学，当中有塔内·阿坡素万（Thanet Aphornsuvan）、尼提·尤希翁（Nidhi Aeosiwong）和素林·披素旺

---

[1] Pasuk Phongphaichit and Chris Baker, *A History of Thailand* (Cambridge: Cambridge University Press, 2005), p. 185.
[2] 泰文原名为 วารินทร์ วงศหาญเชาว์。——译者注
[3] 泰文原名为 บุญสนอง บุณโยทยาน。——译者注
[4] 泰文原名为 อคิน รพีพัฒน์。——译者注
[5] 泰文原名为 ฉลาดชาย รมิตานนท์。——译者注
[6] 除了巴妮·吉拉迪塔珀（Prani Jiaraditarporn）外，薇拉妲·颂萨瓦（Wirada Somsawat）和尤帕·康素宛（Yupha Klangsuwan）也在康奈尔大学读书。但是平均来看，泰国男生比女生要多得多。

（Surin Phitsuwan）①。② 至于他们来访的目的，其一是为了与好友相聚，其二无疑是为了查阅图书馆里东南亚领域的经典藏书。本尼迪克特和尼提的友情愈渐深厚，因为尼提在密歇根大学博士论文的选题就是荷兰殖民统治最后几十年期间的印尼小说与小说家，时间跨度为20世纪20年代至40年代初。③

伊萨卡这一代泰国知识分子的到来，正值本尼迪克特迫于形势必须重新思考选择自己国别研究对象之际。如果我们用恋爱来形容知识分子的学术承诺，那么印尼就是本尼迪克特的初恋。应当注意的是，尽管本尼迪克特关于泰国、民族主义和菲律宾的著述如今已成经典，但是他从未停止过关于印尼问题的写作。他曾于1961—1964年期间赴印尼进行田野研究："我就这么简单地爱上了这个国家，这里的人民，这里的文化，这里的食物，这里美妙的风景，甚至这里的气息。还有就是印尼在政治上呈现的饱和状态……"④他发现，不仅是研究，就算是单纯去体验，印尼的丰富度都令人目不暇接。而愈发令他痛苦的是，他偏居于伊萨卡一隅，密切关注着1965年未遂政变后的大屠杀事件，遇害者人数约50万至上百万。这起大屠杀发生在印尼，让他迷惘之中深感到一种背叛，"就像发现自己深爱的人是个杀人犯"。⑤本尼迪克特曾在那里，或与街边摊贩们，或与前任部长们，终日厮混，同样自在。本尼迪克特与鲁思·麦克维（Ruth McVey）教授和研究生同学弗雷德里克·邦内尔（Frederick Bunnell）一道，合写了一篇"初步分析"这场政变的学术报告。这令本尼迪克特赢得了苏哈托将军（General Suharto）的至死仇恨，苏哈托政府从1972年开始禁止他入境印尼，一直到1998年这位独裁统治者下台。⑥

---

① 素林·披素旺曾先后担任泰国外交部副部长（1992—1995年）、泰国外交部部长（1997—2001年）、东盟地区论坛主席（1999—2000年）、东盟秘书长（2008—2012年）。——译者注
② 塔内获得纽约州立大学宾汉姆顿分校博士学位，尼提获得密歇根大学博士学位，素林获得哈佛大学博士学位。
③ Nidhi Aeosiwong, "Fiction as History: A Study of Pre-war Indonesian Novels and Novelists (1920-1942)" (PhD dissertation, History Department, University of Michigan, 1976).
④ Anderson, "Selective Kinship," p. 10.
⑤ Benedict R. O'G. Anderson, *Language and Power: Exploring Political Cultures in Indonesia* (Ithaca, NY: Cornell University Press, 1990), p. 7.
⑥ Benedict R. O'G. Anderson, Ruth McVey, and Frederick P. Bunnell, *A Preliminary Analysis of the October 1, 1965, Coup in Indonesia* (Ithaca, NY: Cornell Modern Indonesia Project, 1971). 他们在1966年初完成了这篇分析报告。因为文献保密工作出现纰漏，导致了安德森被印尼列入黑名单，参见 Benedict R. O'G. Anderson, "Scholarship on Indonesia and Raison d'Etat: Personal Experience," *Indonesia* 62 (1996): 1-18.

更巧合的是，一系列的国际性大事件都在这一刻重叠：泰国往康奈尔大学派出了一批思想进步的泰国知识分子，正好大概就在本尼迪克特意识到自己在印尼的日子已经屈指可数之际。他正在寻找一个新的研究对象国，而且还在考虑斯里兰卡。① 他于1967年提交了研究1945年印尼八月革命的博士论文，之后在康奈尔大学政府学系担任助教，开始了其教学生涯。② 禅威·格塞希利至今仍对他和本尼迪克特1968年夏天的旅行记忆犹新，这是后者的首次泰国之行。在从曼谷到北部的火车上，禅威聊起了自己的祖国，一个微笑的国度，自豪之情溢于言表。"我当时仍然把伟大的祖国浪漫化了……但是本尼迪克特说你的国家正在经历巨变"，而且还提到人口增长、森林破坏、土地用途改变将会使泰国的资源不再充裕。③

根据本尼迪克特所言，他决定研究泰国的原因有二。1973年"10.14"事件于他而言是喜闻乐见的，因为由此带来了军事独裁垮台后泰国进步政治持续发展的可能性。他曾在别处这样写道："恢复基本自由后的乌托邦非常具有感染力。"④ 但是同样重要的是，那些曾留学康奈尔大学的泰国学生也卷入了这场运动。⑤ 他多次与这些学生进行深谈，为其1974—1975年的曼谷研究之旅做好了准备。他在曼谷学习泰语，研究泰国正在展开着的政治局势。然而1976年"10.6"事件令本尼迪克特的观点发生了改变，因为他明白了一点：他对该国的政治批评可能会导致被驱逐出境，就像印尼那样。大屠杀镇压了手无寸铁的示威群众，军方撑腰的政府得以复辟，开明政治和政党活动被迫中断，左翼激进人士遭到严酷镇压并大批逃亡。几乎与此同时，印尼军队入侵东帝汶。此后，本尼迪克特一方面从事自己的泰国研究，一方面出席美国国会相关委员会和联合国会议，指证苏哈托的本土"古拉格"（Gulag）

---

① Anderson, "Bot Songthai," p. 362.
② 这篇论文后来出版成书，即 *Java in a Time of Revolution* (Ithaca, NY: Cornell University Press, 1972).
③ Charnvit Kasetsiri, personal communication, August 13, 2013. 后来收集到的数据证实了安德森的观点：20世纪40年代时全国森林覆盖率为三分之二，70年代时却减少到了三分之一。这是打着发展经济旗号的掠夺造成的恶果。这也是为了摧毁70年代以来反对军事独裁的游击战争的屏障，泰国由此成为冷战时期美国至关重要的同盟国，并成为越南战争时期美国的军事基地。参见 Pasuk and Baker, *A History of Thailand*, p. 157.
④ Anderson, *Language and Power*, p. 8.
⑤ Anderson, "Bot Songthai," p. 362.

集中营和血洗帝汶岛的罪行。①

尽管本选集中最早的一篇文章写于 35 年前，但本尼迪克特的文章至今仍然被广泛阅读，常被当作学生必读书目，原因在于这些文章为理解泰国的"美国时代"（American Era，20 世纪 50 年代末至 70 年代初）奠定了基调和框架。其他一些人则在许多重要方面增进了这种理解，他们将各种观点兼容并蓄，纳入考量，包括曼谷以外的地区，以及资产阶级和激进学生以外的社会阶层。例如，蒂雷尔·哈柏孔（Tyrell Haberkorn）曾在其关于北部地区激进农民的杰出著作中质疑学术研究以曼谷和学生为中心的问题。帕素·蓬派吉（Pasuk Phongphaichit）和克里斯·贝克（Chris Baker）在民族资本主义、经济利益以及经济发展与政治进程的相互交织方面的分析既精准又细腻。凯瑟琳·鲍威（Katherine Bowie）对农村右翼乡村子虎团（Village Scouts）运动的发展进行了思考。而通猜·威尼差恭基于 1973 年和 1976 年两起血腥镇压学生运动事件的记忆，大无畏地对此做了第一人称的叙述与分析。②尽管如此，这些学者均是对本尼迪克特的研究做了发展和阐释，而不是从根本上对其进行挑战。

因此，对于阅读本论文选集的头三篇文章（《对泰国国家的研究：泰学研究现状》[英文名：Studies of the Thai State: The State of Thai Studies，1978 年]；《撤军症候》[英文名：Withdrawal Symptoms，1977 年]；以及泰国短篇小说集《镜中》[英文书名：*In the Mirror*，1985 年] 的摘录导言)，有两大背景至关重要。其一是泰国的政治背景。其二是美国泰学专家的思想背景。

在美国冷战政策和资金的支持下，泰国经济持续快速发展。这种状况带

---

① 例如，参见 Benedict Anderson, "Prepared Testimony on the Question of Human Rights in Indonesia," in *Human Rights in Indonesia and the Philippines* (Washington, DC: US Government Printing Office, 1976), pp. 72-80. 另一起骇人听闻的类似事件是 1991 年底发生在帝力（Dili）的圣克鲁斯屠杀事件（Santa Cruz massacre），几个月后在曼谷发生了"血腥五月"（Bloody May）事件。在禅威·格塞希利的鼓励之下，安德森把两个事件写入一篇论文，"Two Massacres: Dili-Bangkok," *Southeast Asian Network Bulletin* 1 (December 1992), pp. 19-20.

② Tyrell Haberkorn, *Revolution Interrupted* (Madison, WI: University of Wisconsin Press, 2010); Pasuk and Baker, *A History of Thailand*; Thongchai Winichakul, "Remembering/Silencing the Traumatic Past: The Ambivalent Memories of the October 1976 Massacre in Bangkok," in *Cultural Crisis and Social Memory: Modernity and Identity in Thailand and Laos*, ed. Shigeharu Tanabe and Charles Keyes (Honolulu, HI: University of Hawaii Press, 2002), pp. 243-286; Katherine Bowie, *Rituals of National Loyalty* (New York, NY: Columbia University Press, 1997).

来了泰国政治和社会秩序的变化，包括正在茁壮成长的受过良好教育的中产阶级。这段时期见证了新近复兴的王室、泰国军队和大财团间强大的利益结盟。① 然而在20世纪70年代初时，他们这根基不稳的联盟就已四分五裂，因为人民愈发不满于商界永无休止的开发和军队精英明目张胆的贪腐。抗议来自许多角落，不仅是曼谷学生抗议政府对美国政策的盲从依附，还有工厂和农场的工人不堪忍受恶劣的工作环境和土地开发政策，佛教僧侣不满极端唯物主义和泰国文化的美国化，村民质疑政府的渗透与开发。

城市和农村的不满情绪愈演愈烈，类似康奈尔大学泰国研究生这样的群体向国内不断传播着美国大学校园里如火如荼的抗议越南战争的信息。事实上，几乎所有东南亚研究计划的泰国研究生都在左倾的批判性期刊《社会科学评论》（泰文名拉丁转写：*Sangkhomsat Parithat*；英文名：*Social Science Review*）上发表文章。这份期刊由素拉·西瓦拉（Sulak Siviraksa）于1963年创办，并在20世纪60年代末至70年代差·萨瓦希（Suchat Sawatsri）担任主编期间，文风愈趋大胆，影响愈趋深远，直到1977年初被泰国社会科学协会（Social Science Association）关停。② 这份期刊为留美的泰国研究生们提供了平台，可以揭露越南战争期间泰国政府在老挝和越南助纣为虐的行径。此外，甚至一些泰国国会下议院议员也在鼓动改革，而泰国共产党（Communist Party of Thailand, CPT）的队伍也最终得到壮大。1973年10月13日，五十多万人聚集曼谷，要求实施已经通过的宪法。然而10月14日，士兵们在驱散滞留的示威者时，杀死了近八十名、打伤了八百余名手无寸铁的平民。这一行径令军事政权仅有的一点威信荡然无存，最终将其领导人送上了流亡之路。它同时又开启了一段令人炫目的开明政治时期，几乎每天都有示威游行、民主选举、工人罢工、有序的农民骚乱，而且审查制度也逐渐宽松。这定然是一次令人兴奋的经历，尤其是对于这位年轻的政治学家和他

---

① 关于这段历史时期和发展进程的经典研究仍然当属 Thak Chaloemtiarana's *Thailand: The Politics of Despotic Paternalism* (Ithaca, NY: Cornell Southeast Asia Program Publications, 2007[1979])。
② 创刊号向其王室赞助人致以敬意，但同时又发表了素拉·西瓦拉、塔尼·尼瓦亲王（Prince Dhani Nivat）、帕耶阿奴曼拉查东（Phya Anuman Rajadhon，泰国杰出文化历史学家。——译者注）以及一些声望很高的外邦学者的文章。相比之下，该刊1976年初的最后一期，声称当时的编辑委员会汇聚了一众左倾学者，有禅威·格塞希利、塔·查冷迭拉那和班托·欧丹（Banthon Ondam）等。参见 *Sangkhomsat Parithat* 1, 1 (June 1963) and *Sangkhomsat Parithat* 14, 1-2 (January-March 1976)。

的泰国同伴们而言。

但是，泰国还有很多人，尤其是那些军事政权及与美国利益关联的受益者，对于1973—1976年这段时期里经济和政治动荡的典型局面格外警惕。国内与国际因素均对政治极化推波助澜。同样在这短短的几年时间里，美国从越南撤军；越南、老挝和柬埔寨建立了共产主义国家；持续的罢工和全球经济衰退导致泰国遭遇严重的经济危机；极端右翼势力的宣传鼓动煽动起了新近组织起来的农村和职校青年群体的极度愤怒。引燃这团火的火柴是报纸上一张伪造照片，原本是法政大学学生表演的讽刺短剧，影射两名工人被残暴吊死的真实事件。这两名工人曾张贴海报，谴责前独裁者他侬·吉滴卡宗（Thanom Kittikachorn）返回泰国一事。① 剧中两名被吊死的抗议者的面目遭人篡改，使人联想起王储的模样，这极有可能是军方情报部门所为。这张照片被蓄意歪曲成诋毁王室的行为，最终催化出了一众私刑暴徒，军队也由此获得合法性，于1976年10月6日接管了政权。泰国边境巡逻警察部队（Thai Border Patrol Police, BPP）是在美国支持下建立的机构，成为暴徒团伙的关键组织者，不惜重金厚赏参与行动的恶棍流氓。② 边境巡逻警察（便衣）、常规警察、"乡村子虎团"③ 以及"新力量"（Nawaphon）和"红牛"（Red Guars）等其他右翼组织的成员总共二十余万人，他们包围了法政大学，向一万名手无寸铁的示威群众发射火箭弹和反坦克导弹，并用手枪射击。④ 至少四十三人被杀身亡，八千余人被捕，数千名激进学生、工人、作家和农民逃离城

---

① 1973年10月14日曼谷等地出现群众大规模示威游行，时任泰国总理他侬·吉滴卡宗被迫下台流亡美国后，于1976年以一介僧侣的身份返回泰国，再度引起大规模群众抗议。——译者注
② Daniel Fineman, *A Special Relationship: The United States and Military Government in Thailand, 1947-1958* (Honolulu, HI: University of Hawaii Press, 1997), pp. 182-183.
③ 泰语名称是 luksua chaoban，luksua 是虎仔、子虎的意思，chaoban 是村民、乡民的意思。为贴近泰文，译为"乡村子虎团"。——译者注
④ "乡村子虎团"是泰国边境巡逻警察部队于20世纪70年代建立的准军事组织，旨在镇压共产主义叛乱和亲民主团体。瓦塔纳（Wattana Kiewvimol，泰国宗教复兴主义分子。——译者注）在内务部（Ministry of the Interior）和泰国国内安全行动指挥部（Internal Security Operations Command, ISOC）的支持下，建立了半官方右翼组织"新力量"（Nawaphon）。瓦塔纳声称自己在美国留学时就和美国情报机关建立了密切联系。另一个右翼组织"红牛"的成员是雇佣的治安队员，由两名国内安全行动指挥部的军官指挥。依靠美酒美女和丰厚酬金承诺的诱惑，而不是意识形态的驱动，这个组织里全是些无业毕业生、高中辍学生和流氓恶棍。参见 Bowie, *Rituals of National Loyalty*, pp. 105-106; and Pasuk and Baker, *A History of Thailand*, p. 192。

市，或潜入丛林，或逃往海外。

对于本尼迪克特而言，这标志着泰国政治的一个转折点。10月6日，军政府精心策划了这场暴徒暴动，利用一部分人作为同盟者，帮助其镇压左翼激进分子。一场政变之后，军队、官僚精英和皇王室重新掌权，而王室如今站在了军事政权的一边。书籍被付之一炬，期刊被关闭停业，政治集会成为非法活动。一个例子很具启发性，《社会科学评论》于1977年被其母体机构泰国社会科学协会停刊。停刊的理由带有深刻的政治性因素，尽管1976年后的政府并没有直接命令停刊，也没有逮捕期刊主编素差·萨瓦希，但是他早已躲了起来，因为期刊曾与泰国左翼学生有过政治结盟。《社会科学评论》的最后一期出版于1976年，其编者按语批判性地评论了泰国新的"黑暗时期"（Dark Age）以及分裂宣传标语的暴力性，如"右翼杀死左翼"。素差满怀憧憬，希望政治局势一旦正常即可返回工作岗位，但是事实上等待他的是六个月的薪水和一封泰国社会科学协会执行主席颂萨·苏多（Somsak Xuto）博士和执行主任颂巴·占托翁（Sombat Chantornwong）博士签名的解雇信。① 其给出的理由是，该期刊在财务上既不能自给自足，又不太具有学术性。② 不曾征求过该协会执行委员会成员的意见，这份期刊就被单方面地关停了。③

"国家行政改革委员会"（National Administrative Reform Council, NARC）发动了这场政变后，向国王呈递了一份名单，希望国王从中遴选一名军人出任总理。但是，国王并不希望由一名军官来执掌政府，他选了一名从未有过政府工作经验的文官。军队将领们遵从了国王的旨意。10月9日，曾任最高法院法官的狂热反共分子他宁·盖威迁（Thanin Kraiwichian）被任命为总理。然而就在一年后的1977年，一群被称作"少壮派"（Young Turks）的年轻军官发动政变，江萨·差玛南上将（General Kriangsak Chomanand）取他

---

① Thanet Aphornsuvan, personal communication, November 4, 2013.
② Thak Chaloemtiarana, personal communication, October 31, 2013.
③ 非常有趣的是，一些《社会科学评论》编委会的原班人马追随颂巴·占托翁新创办了一本英文期刊，刊名也叫 The Social Science Review（《社会科学评论》），于1976年3月开始出版。该期刊刊载了包括查提·纳塔素帕（Chatthip Nartsupha）、田素·努暖（Thamsook Numnonda）、塔·查冷迭拉那、颂巴·占托翁、阿曼·暹瓦拉（Ammar Siamwalla）等人的文章，这些人后来均成为各自领域的大腕级人物。两份期刊有着紧密关联，仅凭这一点即可一窥当时政治紧张局势在进步人士群体中的渗透和分裂，而这并非仅限于左翼和右翼之间。

宁而代之。让国王惊愕不已的是，江萨竟然制造了一场重大的新闻事件。他释放了"曼谷十八斗士"（Bangkok 18），他们是 1976 年镇压后被监禁的左翼激进分子，还邀请他们到家里吃面条（而且还有媒体拍照）。江萨通过颁布大赦令成功地瓦解了泰共内部的激进学生群体，大多数学生走出丛林并接受招安。20 世纪 80 年代中期时，泰共已经解散。

尽管本尼迪克特没有一直研究君主制问题，但是一旦有君主制难辞其咎之处，他总能非常自然地将其引入。他在《撤军症候》中指出："应该谨记于心的关键之处在于，整个右翼攻势围绕运行的支点就是君主制。"（见原著第 74 页，本书第 93 页）这种影响力的关键在于国王最初试探性的支持，即便并非支持学生，至少也是为了制约 1973 年军队和警方的暴行。然而，媒体报道令国王立场突然逆转这一事实难以否认，因为《纽约时报》（*New York Times*）早在 1976 年 10 月 10 日就刊载了照片，国王正在签署御令任命军政府新首脑。[①] 几天之后又刊载了一张照片，国王在签署一份空洞无物的新宪法草案，而这部"宪法没有具体公民权和人权的保障"。[②] 如果美国政府和公众一直关注的话，就会深知美国在其中扮演的角色：怂恿泰国军事独裁卷土重来，通过中情局资金为泰国安全机构和职校学生治安维持会提供间接支持，而这些机构在 1976 年 10 月大屠杀事件中曾犯下最惨无人道的暴行，并公然侮辱激进学生。[③]

本尼迪克特在康奈尔密切关注着这一系列事件，最终不得不采取行动。他致信《纽约时报》，公开谴责凶手，以及美国国务院的虚伪立场。然而，本尼迪克特联络的许多美国泰国问题专家却拒绝在这封公开信上签名。[④] 事实上，在 20 世纪 70 年代，康奈尔大学校园内和东南亚研究计划中的教师队伍已经出现分裂。分歧不仅是在美国的越战问题上，而且还在美国政府对泰

[①] David A. Andelman, "Coup Driving Leftist Leaders in Thailand into Hiding," *New York Times*, October 10, 1976, p. 3.

[②] David A. Andelman, "King of Thailand Gives Approval to New Rightist-Military Regime," *New York Times*, October 23, 1976, p. 2.

[③] David Morell and Susan Morell, "Thailand and the US," *New York Times*, November 22, 1976, p. 25.

[④] 在这封信上签名的有安德森、印尼和越南问题专家乔治·卡欣（George McT. Kahin）、印尼问题专家丹尼尔·列（Dan Lev）和中国问题专家杰罗姆·柯恩（Jerome A. Cohen）。Benedict R. O'G. Anderson, et al., "Thailand: The New Dictators," *New York Times*, November 2, 1976, p. 26.

国的介入问题上。激进的学生和专家教授群体谴责康奈尔大学部分泰国问题专家助纣为虐，帮助美国政府在泰国实施反叛乱行动，并由此卷入了在全国几所大学陆续上演的"泰国问题争议"（Thailand Controversy）。① 对于本尼迪克特来说，致《纽约时报》的公开信竟然得不到泰国问题专家们的支持，这令他感到既愤慨又沮丧。这也有助于阐释他在《对泰国国家的研究》一文中所称的"洛特维勒牧犬"式的强悍方法（"Rottweiler" methods）②，他重拳出击，严厉谴责了以英文写作的泰国问题研究学者们对于泰国历史和政治毫无批判性的论述。

1978年3月，他参加了美国泰学会（Council on Thai Studies）与美国亚洲研究协会（Association for Asian Studies，AAS）年会在芝加哥联袂召开的一次专门会议，并在大会上宣读了一篇英语世界中泰国研究的现状述评。③ 出席会议的全是泰国问题研究领域的学界泰斗：赫伯特·菲利普斯（Herbert Phillips）、大卫·威尔逊（David Wilson）、素拉·西瓦拉、迈克尔·莫曼（Michael Moerman）、皮利亚·格莱勒（Piriya Krairiksh）、卢森特·汉克斯（Lucien Hanks）、克拉克·内尔（Clark Neher）、查尔斯·凯斯（Charles Keyes）等。我们完全可以想象出当时房间里是何等的剑拔弩张：满座皆是功成名就的泰学专家，而一名年轻的学术新人则勇敢无畏、直截了当地在述评中逐一指出他们著述中政治意蕴的保守性。会议召集人埃利泽·埃亚尔（Eliezer Ayal）曾说："引起最大反响的那篇［论文］是本尼迪克特的，因为他对许多长期以来被接纳的观点发起了挑战。"④ 这篇文章最终发表于1978年，其开阔的视野和精湛的学识为此后大量的批判性泰学研究确定了基调。

---

① Eric Wakin, *Anthropology Goes to War: Professional Ethics and Counterinsurgency in Thailand* (Madison, WI: University of Wisconsin Center for Southeast Asian Studies, Monograph 7, 1992).

② 洛特维勒牧犬（Rottweiler）产于德国，体格强悍，素以凶猛著称。当本尼迪克特在会上陈述并在此后发表该篇泰国研究述评时，他对该领域学术研究进行了毫不留情、毫不妥协的批判，并且他并未沿袭学者们学术评论时彬彬有礼、细腻入微的惯常套路。资料来源：译者与本文作者康奈尔大学历史系教授Tamara Loos电子邮件沟通，2018年1月23日。——译者注

③ 我特别感谢美国亚洲研究协会会议负责人罗宾·琼斯（Robyn Jones）帮助我查阅协会于1978年联合举办的泰学研究会议的资料信息。Eliezer B. Ayal, *The Study of Thailand: Analysis of Knowledge, Approaches, and Prospects in Anthropology, Art History, Economics, History, and Political Science* (Athens, OH: Ohio University, Center for International Studies, Southeast Asia Series No. 54, 1978).

④ Ibid., p. ix.

本尼迪克特在学术上是位通才、全才，涉猎颇多，又能读多种语言的文本。然而在他刚开始深入这个国家历史、政治和文化领域的冒险之旅时，关于泰国的出版物并不多。看看他做的脚注，就可知道他遍读了已有的全部学术成果，包括还未出版的学位论文。即便使用相同的资料，他也能犀利论证，大胆得出截然不同的泰国问题结论。

他揭露出泰国政治研究的贫乏现状，并罗列了一份长长的尚待研究的题目清单。这对于那些需要选题的博士生来说曾是（如今仍然是！）一份福利！他关于尚待深入考察题目的一句话，催生了一批作为学位论文而后成书的研究。这篇文章绝不仅仅是学究式的学术分类梳理，它还暴露出该领域研究盲点背后的政治含义，通过毫不掩饰地揭露出泰学研究的这些政治性因素，再将这些暴露出来的政治含义碎片进行重新组合。他提出四条反直觉的"诽谤性假说"：泰国被间接殖民过，故而是不幸的；它是东南亚最后一个民族国家；它是一个具有"现代"殖民政权特征的现代国家，不是一个独立的民族国家；其领导人缺乏灵活变通，国家动荡也是众所周知，而远非大多数学术研究所认为的那样灵活和稳定。视角的转换使得学者们以不再一味阿谀奉承的新方式来反观自己的研究，这无疑会令他们深感惶恐，但同时也打破了泰学研究墨守成规的桎梏。这迫使西方学者以批判的姿态面对泰国及其君主制度。这是革命性的，如果我们可以把这个概念用到学术工作上。如今可以肯定地说，这些诽谤性假说都已被视作不证自明的公理。

本尼迪克特写作《撤军症候》（1977年）和《镜中》导言（1985年）的基调都与《对泰国国家的研究》（1978年）相同。《撤军症候》发表时间最早，令本尼迪克特借此成为一名泰国问题研究学者。他在此同样颠覆了关于1976年政变意义的常规假设。这种常规假设认为，与作为泰国现代史典型特征的其他那些司空见惯的政变与反政变相比，1976年政变具有独特性和革命性。虽然其关于阶级内部分化和跨阶级联盟的论述可能看似晦涩难懂，但是这篇文章坚持认为小资产阶级和中产阶级的成长为旧统治集团提供了新兴"大众"盟友。1976年血腥镇压学生事件中的"大众"参与反映出了冷战时期影响泰国社会的政治与经济变迁的矛盾性。

如果说《撤军症候》提供了关于右翼势力所犯暴行的分析，那么《镜中》的编者导言则是一篇堪与之媲美的关于社会文化历史和泰国左翼文学作品的文章。① 本书再版的该书导言摘选部分追溯了 19 世纪 80 年代至"美国时代"前的泰国短篇小说史。遴选翻译的短篇小说反映了这个时期后半段里发生的诸多重大变迁。基于与几乎清一色男性的泰国知识界同仁们的深入探讨，以及对《社会科学评论》的仔细研读，本尼迪克特坚信一点：军政府势必会不遗余力，不断将倡导根本性社会变革的书籍和名人从公众记忆和教育体系中彻底抹去。这一代作家大多出生在曼谷以外的外府地区，并且对 20 世纪 70 年代的政治局势有着深刻的觉察。出版他们的小说译本将会保留下他们的声音，不使其被沙立和后沙立时期政权所压制。这也会让非泰读者群体得以了解"真实的暹罗"。

20 世纪 90 年代，本尼迪克特关于泰国问题研究的深层主旨已然发生了转变：更少痛苦愤懑，更多冷嘲热讽。《暹罗现代谋杀及其演变》（英文名：Murder and Progress in Modern Siam）一文发表于 20 世纪 90 年代，该文绘制出了泰国政治暗杀演进史的图景。这是他第一次做电影分析。影片《枪手》（泰文名拉丁转写：Mue Puen，英文译名：The Gunmen，1983 年）触发了一种违反常理的观点：20 世纪 80 年代暗杀议员事件频增是政治进步的标志。新兴资产阶级在政治上曾处于动辄发动军事政变的军方保守派和左翼势力之间，在 20 世纪 70 年代左翼势力威胁被彻底消除之后，他们更加自信满满：泰共已被彻底打败，左倾党派消失殆尽。从这支新贵队伍（nouveau riche）中，许多国会议员脱颖而出，他们凭借自己在外府的经济与社会根基攀入国家机构任职，最终掌握了政治事务的话语权。本尼迪克特认为，资产阶级不断巩固自己的势力，他们不仅向根深蒂固的军队—官僚权势发起挑战，还赋予了国会议员职位以市场价值：实在值得暗杀。这个小顿悟讽刺意味十足，完全颠覆了军队—官僚政府保守势力掌握实权这一假设。这个观点无疑是反常乖戾的，但却引人入胜。

《共产主义后的激进主义：泰国与印度尼西亚》（英文名：Radicalism after Communism in Thailand and Indonesia）一文发表于 1993 年，它提醒着我们：在从事泰国问题研究的同时，本尼迪克特从未停止过关于共产主义或印尼的

---

① 安德森关于他主编并为之撰写导言的《镜中》所处语境的思考，为我提供了为其研究与研究背景撰写述评的重要信息。Anderson, "Bot Songthai," pp. 361-373.

比较思考。这篇文章比较了印尼和泰国共产主义历史和轨迹的本质区别，两国在阶级、教育、民族、族群认同以及政治经历方面鲜有共同之处。两国共产主义人士的结局也迥然相异。本尼迪克特这样写道："20世纪80—90年代初期，在泰国当时蒸蒸日上、一夜暴富、腐败横行的半民主资本主义社会中，激进思想者们生活安逸，怡然自得，不像他们的印尼同志们那样，还处于军政府残暴不仁的恐怖统治之下。"（原著第124页，本书第158页）他清楚地指出，自己坚信泰国"十月青年"一代必定会不停地追问自己：他们与共产主义"调情"的终极意义和无意义性何在。很多泰国左翼人士一直将本尼迪克特奉为导师，即便从未与之正式或直接地共事过，这篇文章可能已令他们驻足细思了。也许并不令人奇怪的是，他独独对三位前激进分子的研究大加褒扬。而这三人都曾留学西方，均为男性，而且现在（2013年）仍然是高产学者。正如《想象的共同体》（英文名：*Imagined Communities*）中所言[①]，民族主义（最终激发了他在《共产主义后的激进主义》中提到的这些艺术家和知识分子的毕生政治事业）就是一位男性努力追求的卓越。

　　1990—2006年，本尼迪克特先后出版了《语言与权力：探索印尼的政治文化》（英文书名：*Language and Power: Exploring Political Cultures in Indonesia*，1990年）、《比较的幽灵》（英文书名：*The Spectre of Comparisons*，1998年）和《三面旗帜下》（英文书名：*Under Three Flags*，2005年）[②]，但没有一本书是关于泰国的。他一直忙于东帝汶国家独立、人民解放的写作和四处游说。他还一直坚持教学，编写著作，指导学生，评审其他学者的著作，做演讲，还有旅行。繁重的工作负荷加上对所有政治事务的密切关注对他的健康造成了损害，所以他只得降挡缓行，慢慢调整为半退休状态，退出政治分析领域，以文化研究取而代之。当2006年再度发表关于泰国的文章时，本尼迪克特已经年逾六旬，从事泰国政治研究也约有四十个年头了。早期文章中的

[①] Benedict R. O'G. Anderson, *Imagined Communities* (London and New York, NY: Verso, 1983).

[②] Benedict R. O'G. Anderson, *Language and Power: Exploring Political Cultures in Indonesia* (Ithaca, NY: Cornell University Press, 1990); Benedict R. O'G. Anderson, *The Spectre of Comparisons: Nationalism, Southeast Asia, and the World* (London and New York, NY: Verso, 1998); and Benedict R. O'G. Anderson, *Under Three Flags: Anarchism and the Anti-colonial Imagination* (London and New York, NY: Verso, 2005).

愤懑不满、措辞严厉、冷嘲热讽，如今已让位于恶作剧式的戏谑调笑。一如既往的是，他所有的文章都充满着挑衅。

例如，他在 2006 年发表了一篇关于导演阿披察蓬·威拉塞塔恭的故事片《热带疾病》（泰文名拉丁转写：*Sat pralaat*；英文译名：*Tropical Malady*）的文章——《这究竟是何怪兽啊！》（泰文名拉丁转写：Sat Pralaat Wa!；英文名：What in the Heck is this Strange Beast?!）[①]。这篇文章用泰语写作，其面向是《文化艺术》（泰文名拉丁转写：*Sinlapa Watthanatham*）期刊的曼谷读者群，大多数读者是中产阶级的华裔泰人。本尼迪克特在文中质问这些受过良好教育且见多识广的读者们：为何他们看不懂《热带疾病》，而泰国农村人却能看懂呢？[②] 这部电影曾荣获 2004 年戛纳国际电影节评委会大奖，讲述了两个青年男子之间的恋情。一个是低阶士兵，一个是穷苦的乡下男孩，两人坠入爱河。电影展现了他俩一起徜徉在风光旖旎的乡间美景中，时光慢慢地流淌着，神怪故事与现实交织一体，直到乡下男孩化身为一只老虎在丛林里士兵的身边徘徊。

中产阶级的华裔泰人对这部电影嗤之以鼻，认为它太过抽象，一味迎合西方。但这部电影荣获了最权威的国际大奖，这一不争事实令他们陷入窘境。他们希望这部影片得到这样的公认，既达到了世界级的水准，又反映出泰国人民的伟大。但让他们难以理解的是，这部电影完全不讲曼谷、异性恋或中产阶级，而是集中描述两个来自外府社会底层的男子之间的爱情故事。相比之下，泰国乡下人一贯被中产阶级视作愚昧无知，但他们却认为这两个男子的关系太稀松平常，几乎不值得评论。简言之，本尼迪克特认为只有地

---

① Benedict Anderson, "Sat Pralaat Wa!" *Sinlapa-Watthanatham* 27,9 (July 2006): 141-153. 本文英文版由莫宏·翁帖（Mukhom Wongthet）翻译成泰语。三年后发表了用英文写作的修改版《怪兽奇闻：阿披察蓬·威拉塞塔恭影片〈热带疾病〉在泰国的反应》（英文名：The Strange Story of a Strange Beast: Receptions in Thailand of Aphichatpong Weerasethakul's *Sat pralaat*，收录入本书，原著第 131—146 页，本书第 166—184 页）。英文原文参见 Benedict Anderson, "The Strange Story of a Strange Beast: Receptions in Thailand of Aphichatpong Weerasethakul's *Sat pralaat*," in *Aphichatpong Weerasethakul*, ed. James Quandt (Vienna: Synema, 2009), pp. 158-177.

② 丽莎·红（Lysa Hong）曾间接写到过《文化艺术》（泰文名拉丁转写：*Sinlapa Watthanatham*）消费市场的变化。这份期刊最初曾发表许多文章，挑战铁板一块式的泰国官方历史叙事。但是出于经济上的原因，不得不瞄准更加墨守成规的中产阶级读者群。Hong Lysa, "Of Consorts and Harlots in Thai Popular History," *The Journal of Asian Studies* 57,2 (May 1988): 337-338.

道的泰国乡下人才能"懂得起",他用几则对农村观影者的采访有趣地论证了这一点。因为许多中产阶级读者和知识分子已经开始崇敬本尼迪克特,并认同他一些重要的学术政治观点,这篇文章有悖传统地颠覆了社会层级,造成了他们精神上的挣扎,从而令他们一改最初时对这部电影的评价。通过这种方式,他幽默的揶揄所达到的效果绝不仅仅停留在字面上。这同时也把那些对他和他的观点不请自来的盲目崇拜拒之门外。

与他早期的泰国研究不同,本选集中后面几篇文章考量的是性取向、性别、艺术创作、纪念建筑物和纪念品。本尼迪克特属于那种研究方向深受同伴兴趣影响的学者,因此完全可以理解他的朋友圈子和学术焦点会同步变化,正如其千禧年后发表的泰国研究文章中学术焦点转移那样。

他与新一代的年轻出版人、知识分子和艺术家结交畅谈,他们很多是公开身份的同性恋者和 / 或女性,这显而易见令他增长了智识,更对其研究大有裨益。与他的艺术和生活分析并肩嬉戏的,还有他对资本主义的委婉批判,对君主制长期不懈却看似顺带的控诉,对中产阶级诸般苦楚的执着诊断。他坚持不用晦涩难懂的学术术语写作,让人耳目一新。而且他还更多地先用泰语发表文章,而不是英语。本尼迪克特一直强调将东南亚文学、演讲、回忆录等文献译成英文的重要性,尽管他的政治学家同仁们认为难以理解,因为这绝不会令其在本领域持续精进。然而,他在后期研究中开始转向相反的方向,为他深爱着的泰国、印尼、日本和菲律宾等国的年轻读者们写作,而不是为盎格鲁血统的美国人。这即是说用这些国家的主导语言写作,或者将其作品翻译成该国的主导语言。

此外,这些泰语文章发表在《阅读》(泰文名拉丁转写:Aan)这份政治上非常大胆的文化与文学期刊上,主编是女权主义者艾达·阿伦翁,竟有一种意想不到的自由度。本尼迪克特对于最新一手资料的观察研究可以在文章中发芽开花,既可发展成深刻的政治评论,也可衍生出疯狂而有趣的洞见。例如,他发表于 2011 年的文章《两封无法寄出的信》(英文名:Two Unsendable Letters)简洁明快,文中的辛辣嘲讽多年来一直刺痛着泰国历届政府,因为他们的政治行为是如此的不道德,而且他们从未为掠夺邻国的土地和遗产表达过一丝的悔意。《轮番上演的反讽:广告牌、雕像和 T 恤衫》(Billboards, Statues, T-Shirts: Revolving Ironies)一文对这个被具象化为 T 恤衫、佛牌、广告牌和雕像等纪念物品的主题进行了认真思考。他对日本和菲律宾两国类似事物的观察，对无序的街头消费主义与有序的国家组织化的实物崇拜之间的巨大反差提供了开放式的评论。由于泰国和日本两国君主立宪制的原因，以平民英雄为主题并向其致敬的雕塑或广告牌并不多，因此只有在他们出生的地方小镇上才能看到他们的塑像。但是在菲律宾共和国，几乎每个小镇都塑有国家英雄的雕像。在泰国和菲律宾的广告牌中，消费主义的表现存在不同之处。在菲律宾，我们不会在广告牌上看到天主教的肖像画，但会遭到身材火辣、凹凸有致的模特销售的各种商品的轮番轰炸。相比之下，在泰国这个追求感官快乐的国家，广告牌并未反映其资本主义文化中的这一方面。相反，泰国的广告牌展现出贪婪推销佛牌的佛寺住持的形象。相比世事无常的佛教观念，这些佛牌的代理商似乎抛出的更是对各种俗世追求的承诺。本尼迪克特在发表这篇文章的同年（2012年），还出版了专著《农村地狱的命运：泰国佛教的禁欲主义与欲望》（英文名：*The Fate of Rural Hell: Asceticism and Desire in Buddhist Thailand*, London: Seagull Books, 2012），他在书中关于由钢筋水泥筑就的、奇妙的佛教地狱主题公园的思索，同样尽显反讽意味。

本选集的最后一篇文章是关于安诺查·苏薇查柯邦（Anocha Suwichakonpong）的电影《俗物人间》（英文名：*Mundane History*；泰文名拉丁转写：*Jao nok krajok*），其核心焦点是电影框架内的内容，而非电影的制作和接受所处的政治经济背景。本尼迪克特以此对男性问题、边缘化和君主制的表现进行了认真的思索。他指出这部电影可被诠释为对中产阶级日益衰落的政治讽喻，抑或是关于君主政体日薄西山的寓言隐喻。这部电影可以说是在君主垂垂将死这样一个高度焦虑的政治背景之下，对父与子关系多重意义的一种解读。这位君主一直被塑造为国父形象，这种形塑本身既敏感，又不容置喙。但对本尼迪克特来说，这部电影的核心力量在于它表现出的阳刚之气和某些男性特征，尤其是跟积极有为、目标明确的泰国女性相比，他们显得无所事事，漫无目标，充满焦虑。"这部精彩的影片并未言明的主题就是焦虑感与脆弱性，或许最终还有那些数以百万计的各阶层人们之间的依恋／暴力。这些人记不得自己曾如何出生，也不知道自己将何时离世，而且……还不能生儿育女。"（原著第166页，本书第202页）

他的分析研究从政治转向文化，从军事政权和左翼男性转向电影和男性问题，从英语发表至上转向泰语发表至上，这远不止表明其广泛的求知欲望。同时，这还表明了来自两代泰国同仁的相互影响：20世纪70年代"十月青年"的一代与也许被称作"失落的一代"或（1992年）"五月事件"的一代。这些朋友极大地丰富了本尼迪克特关于泰国政治和文化的智识，因此他们的独特构成是有重大意义的：20世纪70年代几乎清一色男性的这代人，以及20世纪90年代大多与时代格格不入的女性知识分子或同性恋者。这些学生领袖们，本尼迪克特曾对之以朋友相待，还在早期作品中为其提供声援，他们在江萨颁布大赦令①之后回归主流社会，从此过上完全不同的生活。他们大多被吸纳进入学术界、家族企业或自己创办企业、非政府组织，或做职业作家，或投身选举政治。虽然他们在20世纪70年代竭力打破传统，但是最令人震惊的也许是他们在1976年后的政治生涯。这些曾经的激进分子已经年逾四旬或年过半百，很多都加盟了华裔泰人资本家他信·西那瓦（Thaksin Shinawat）政府，或者加入"红衫军"（Red Shirts）；甚至其中一些还加入了右翼保皇派"黄衫军"组织"泰国人民民主联盟"（People's Alliance for Democracy，PAD）。②此外，如今的泰国不同于20世纪70年代，已无明显进步的政治立场可选，也无明显进步的政党可入。对于20世纪90年代这批左倾知识分子而言，泰国政治没有道德准则。在这种意义上，他们眼下已沦为"失落的一代"。本尼迪克特大无畏地对"十月青年"（Octoberists）做出评价，这为年轻一代表达自己的政治社会抱负与批判打开了一片天地，甚至包括备受吹捧的"十月青年"一代。本尼迪克特与两代泰国同仁在社会、政治和思想上的同志情谊为二者架起了互通的桥梁。

这座桥梁是由无数个漫长炎热下午的热带炽烈阳光和同样高温的交谈所铺就的。皆大欢喜的成果就是这部选集。几乎没人能像本尼迪克特·安德森这样，仅凭几篇论文即对泰学研究产生了如此深远的催化影响。几代泰国知

---

① 陆军上将江萨·差玛南（Kriangsak Chomanan，1917—2003年），1977—1980年担任泰国总理。他在任期间推行了一项精明的大赦政策，真正大赦有意离开泰国共产党丛林游击斗争的回归者，大批泰共党员和激进学生骨干分子接纳江萨的大赦令，回归城市和主流社会，从而瓦解了泰共的内部力量。——译者注

② "Epilogue," pp. 369-373, 对20世纪70年代这一代后来的政治生涯做了探讨。

识分子又对他关于第二故乡的理解产生了同样深远的影响。所有再版于此的文章瞬间勾勒出一段满载着一位学者的深情厚谊和伦理承诺的思想之旅、人生之旅。这位学者终其一生，献身于东南亚的政治、艺术和文化。

对泰国国家的研究：泰学研究现状 *

> 这个国家究竟好在哪里？你根本就不能将之与其他国家相比！
> ——大卫·威尔逊（David Wilson）**

关于泰国政治研究的英文写作世界非常奇特。就想想下面几个奇特之处吧：（1）东南亚地区没有任何一个国家，或许菲律宾除外，比泰国更加长期地对西方学者开放，然而已出版的关于现代泰国政治生活的严肃性专著却仅有六部——约翰·科斯特（John Coast）、弗兰克·C. 达林（Frank C. Darling）、弗雷德·W. 里格斯（Fred W. Riggs）、威廉姆·J. 西芬（William J. Siffin）、G. 威廉·施坚雅（G. William Skinner）和大卫·威尔逊。① （2）所

---

* 这篇论文最初发表于 The Study of Thailand: Analyses of Knowledge, Approaches, and Prospects in Anthropology, Art History, Economics, History, and Political Science, ed. Eliezer B. Ayal (Athens, OH: Ohio University Center for International Studies, 1978), pp. 193-247. 经授权许可再版。

** Herbert P. Phillips, "Some Premises of American Scholarship on Thailand," in Modern Thai Politics: From Village to Nation, ed. Clark D. Neher (Cambridge, MA: Schenkman Publishing Co., 1976), p. 452; orig. pub. in Foreign Values and Southeast Asian Scholarship, ed. Joseph Fischer (Berkeley, CA: University of California Center for South and Southeast Asian Studies, Research Monograph 11, 1973). 这是迄今为止唯一一篇正式发表的关于美国暹罗研究的严肃评论文章。

① 参见 John Coast, Some Aspects of Siamese Politics (New York, NY: Institute of Pacific Relations, 1953)。Frank C. Darling, Thailand and the United States (Washington, DC: Public Affairs Press, 1965) 是现有关于美泰关系的最佳文献，但如今已显陈旧；也是对美国支持泰国军国主义的惯常自由主义评论。Fred W. Riggs, Thailand: The Modernization of a Bureaucratic Polity (Honolulu, HI: East-West Center Press, 1966) 是构建理解现代暹罗政治的政治学框架的一次早期尝试。这部著作收集了非常有价值的数据资料，涉及 20 世纪 50 年代泰国军人政治家们的经济活动和相互关系。William J. Siffin, The Thai Bureaucracy: Institutional Change and Development (Honolulu, HI: East-West Center Press, 1966) 以"公共管理"的视角，直截了当地对 19 世纪末到 20 世纪 50 年代暹罗官僚制度的变迁展开讨论。G. William Skinner, Leadership and Power in the Chinese Community of Thailand (Ithaca, NY: Cornell University Press, 1958) 是关于 20 世纪 50 年代华人社群权力结构及其与泰国政治精英关系的系统研究。David A. Wilson, Politics in Thailand (Ithaca, NY: Cornell University Press, 1962) 如今已经严重过时了，但仍然是研究泰国政治最好的一本综合性英文政治学书籍。

有的重大研究都完成于 20 世纪 50 年代。除了泰国人塔·查冷迭拉那（Thak Chaloemtiarana）尚未出版的学位论文，关于沙立（Sarit）独裁统治的英文专著都不令人满意；[1] 没有一部关于巴博—他侬（Praphat-Thanom）时代的研究；也没有一部关于 1973—1976 年 "民主开明时期" 的研究。(3) 尽管军队和王室明显是 20 世纪泰国政坛中最重要的两大政治机构，却鲜有关于二者的深度研究。[2] 没有关于政党问题、立法行为、左翼运动或泰国少数族群政治经验（除施坚雅出色的华人研究外）方面的重要著作。[3]

事实上，研究尚未涉足的领域清单还可以无限地加长。(4) 我想不出哪怕一本政治传记可跻身现有最具价值的东南亚人物书籍之列，例如关于胡志明（Ho Chi Minh）、吴努（U Nu）、苏加诺（Sukarno）或麦格赛赛（Magsaysay）

---

[1] Thak Chaloemtiarana, "The Sarit Regime, 1957-1963: The Formative Years of Modern Thai Politics" (PhD dissertation, Cornell University, 1974). 这是关于沙立政权的最佳研究，对第二次世界大战后的泰国意识形态和泰国君主政治进行了创新性分析。

[2] 关于王室问题，有两部未出版的重要著作：Stephen Greene, "Thai Government and Administration in the Reign of Rama VI (1910-1925)" (PhD dissertation, University of London, 1971). 这篇论文中规中矩，梳理详尽，研究了有争议的君主统治下的宫廷政治，并采用了一些有利于王室的资料。Benjamin A. Batson, "The End of the Absolute Monarchy in Siam" (PhD dissertation, Cornell University, 1977). 这项研究是关于拉玛七世（Rama VII）统治，以及王室以 1932 年政变领导权为代价达成的错综复杂的修正式复兴，思维清晰，很有价值。我得到沃特·维拉（Walter Vella）1978 年出版的专著时已经为时太晚，来不及将其纳入这篇论文的讨论之中。参见 Walter F. Vella, *Chaiyo! King Vajiravudh and the Development of Thai Nationalism* (Honolulu, HI: University Press of Hawaii, 1978)。关于军队的研究，威尔逊、梅登（von der Mehden）和利萨克（Lissak）都差强人意。参见 David A. Wilson, "The Military in Thai Politics," in *The Role of the Military in Underdeveloped Countries*, ed. John J. Johnson (Princeton, NJ: Princeton University Press, 1962), pp. 253-275; Fred R. Von der Mehden, "The Military and Development in Thailand," *Journal of Comparative Administration* 2,3 (1970): 323-340; and Moshe Lissak, *Military Roles in Modernization: Civil-Military Relations in Thailand and Burma* (Beverly Hills, CA: Sage Publications, 1976)。在知识的深度和分析的复杂性方面，这些研究完全不能与诸如哈罗德·克劳奇（Harold Crouch）、赫伯特·费斯（Herbert Feith）、丹尼尔·列弗（Daniel Lev）、鲁思·麦克维（Ruth McVey）和乌尔夫·宋德豪森（Ulf Sundhaussen）等学者关于印尼军队研究的著作相提并论。

[3] G. William Skinner, *Chinese Society in Thailand: An Analytic History* (Ithaca, NY: Cornell University Press, 1957)（无疑是关于现代暹罗的唯一一部最优秀的书籍), and Skinner, *Leadership and Power in the Chinese Community of Thailand*. 理查德·考夫林（Richard Coughlin）的 *Double Identity: The Chinese in Modern Thailand* (Hong Kong: Hong Kong University Press, 1960) 并不太令人满意。Peter A. Poole 的 *The Vietnamese in Thailand* (Ithaca, NY: Cornell University Press, 1970) 这部关于泰国越南裔的研究，是一本反叛乱的小册子，其缺陷在 E. 撒迪尤斯·弗拉德的文章中一览无遗，参见 E. Thadeus Flood, "The Vietnamese Refugees in Thailand: Minority Manipulation, and Counterinsurgency," *Bulletin of Concerned Asian Scholars* 9,3 (1977): 31-47（关于现代越南裔少数族群政治命运的最精彩论述）。

的传记。① （5）克拉克·D. 内尔（Clark D. Neher）新近汇编的一部合集《现代泰国政治》（英文书名：*Modern Thai Politics*）很有助益，出版于 1976 年，但是其中一半以上的内容是十多年前写的，而且只有三分之一的部分是由政治学家撰写。② （6）最后一点也许最有趣，据我所知，除赫伯特·P. 菲利普斯（Herbert P. Phillips）写于 1973 年的论文《美国泰学研究的诸项前提》（英文名：Some Premises of American Scholarship on Thailand）外，在西方（或美国）的现代泰国历史政治著述中，完全没有关于更宏大的路径或方法问题、而非范式问题的自我意识和自我批判的著作。菲利普斯的这篇论文，尽管非常有趣，但没有人感觉到它在泰国问题专家中激起过任何重大的反响或讨论；事实上，公平地讲，我认为与其说这篇文章本身是对作者自身领域或平行领域理论问题的回应，更不如说是对越南战争在东南亚人民中造成的普遍政治—伦理危机的回应。

关于这一奇特现象的各种解释频频出现；我想罗列部分解释以供考虑，依照其与本文的关联程度（以及其内在的复杂性）排序。

（1）为数极少的西方泰国问题专家及其单一的文化和阶级背景，理所当然地成为重要因素。相关著作大多是在美国完成，而作者都是美国中产阶级白人男性。可以说，泰国政治研究并未像印尼政治研究那样，从全球范围内其他研究中心的繁荣发展中获益。例如，在印尼政治研究领域，美国学者必须密切关注澳大利亚、英国、法国、荷兰和日本等国的相关研究。相当多的非美国学者（仅列举几位比较知名的学者：赫伯特·费斯 [Herbert Feith]，吉斯特斯·克里尔夫 [Justus Maria van der Kroef]，克莱尔·霍尔特 [Claire Holt]，盖·波克儿 [Guy Pauker] 和哈利·本达 [Harry Benda]），也在美国的印尼研究中博采众长。尽管这些学者来自各自不同的"知识领域"，无论其各自的研究视角是多么狭窄，他们所提出的非美国性问题往往会触动美国

---

① 参见 Jean Lacouture, *Ho Chi Minh: A Political Biography* (New York, NY: Random House, 1968); Richard Butwell, *U Nu of Burma* (Stanford, CA: Stanford University Press, 1963); John D. Legge, *Sukarno: A Political Biography* (New York, NY: Praeger, 1972); and Frances L. Starner, *Magsaysay and the Philippine Peasantry* (Berkeley, CA: University of California Press, 1961)。

② Neher, *Modern Thai Politics*. 供稿的政治学家包括：塔瓦·蒙格拉蓬（Thawatt Mokarapong），唐纳德·欣德利（Donald Hindley，曾赴印尼访学），大卫·威尔逊（David Wilson），詹姆斯·斯科特（James Scott，曾赴马来西亚访学），克拉克·内尔（Clark Neher），威廉姆·西芬（William Siffin），弗雷德·里格斯（Fred Riggs），以及维查拉·维奇－瓦达甘（Vicharat Vichit-Vadakan）。

人的自我意识。例如，很有启发的一点是，关于理解印尼路径的长期理论论争的最早数枪，是在一位奥地利—澳大利亚犹太裔政治学家和一位捷克—美国犹太裔历史学家之间打响的（参见费斯 1962 年的著作，本达 1964 年对这部著作的评述，以及费斯 1965 年对本达的回应）。①

（2）如果真是这样，也可能并不完全如此，泰国人由于未曾被西方国家直接殖民而得天独厚，而西方学者却因此先天不足。倘若没有殖民地政府官员学者们的权威著作做基础，很难想象关于缅甸、印尼、越南和菲律宾的当代学术研究会取得今天这样的成就，如 D. G. E. 霍尔（D. G. E. Hall）、傅乃华（J. S. Furnivall）、G. H. 卢斯（G. H. Luce）、拜泰姆·斯赫里克（Bertram Schrieke）、雅各布·范卢（Jacob C. van Leur）、威廉·弗雷德里克·斯塔克海姆（Willem Frederik Stutterheim）、特奥多尔·G. T. 皮若（Theodoor G. T. Pigeaud）、克里斯蒂安·斯努克·克赫格隆（Christiaan Snouck Hurgronje）、皮埃尔·高罗（Pierre Gourou）、依夫·亨利（Yves Henry）、保罗·穆斯（Paul Mus）、约瑟夫·罗尔斯顿·海登（J. Ralston Hayden）等许多学者。

然而（在心地善良的西方学者与其研究对象的民族命运之间的关系问题上，这提供了一个极富讽刺意味的视角）这种学术研究之所以成为可能，正是拜殖民地独裁统治本身所赐。这些学者不会受限于 12 个月或 18 个月的资助项目、残缺不全的资料、田野调查环境政治动荡，以及其他状况。他们多年居住在自己研究的对象国，通常掌握了深厚的语言文化知识，又有非常便利的官方渠道，能够通过殖民政府收集资料，并且在殖民统治后期的总体（如果说是被过分保护的话）平静时期从事研究。当代泰国研究基本上必须从头开始，不仅是在资料与分析方面，甚至还包括下文即将提及的基本视角方面。②

---

① Herbert Feith, *The Decline of Constitutional Democracy in Indonesia* (Ithaca, NY: Cornell University Press, 1962); Harry J. Benda, "Democracy in Indonesia," *Journal of Asian Studies* 23, 3 (May 1964): 449-456; and Herbert Feith, "History, Theory, and Indonesian Politics: A Reply to Harry J. Benda," *Journal of Asian Studies* 24, 2 (February 1965): 305-312.

② 当然，我提到学术著作时，是与游记和回忆录等相对而言的。第二次世界大战之前最重要的暹罗研究学术著作，按照出版时间顺序依次是：H. G. Quaritch Wales, *Ancient Siamese Government and Administration* (London: Quaritch, 1931); Kenneth P. Landon, *Siam in Transition* (Chicago, IL: University of Chicago Press, 1939)——这也许是美国最早关于 20 世纪泰国政治的著述，并且仍然有很高的阅读价值；以及 Virginia Thompson, *Thailand: The New Siam* (New York, NY: Macmillan, 1941)。尽管这些著作很有价值，但是不能与上文提及的殖民时期学者们的著作相提并论。

（3）这种状况的一大必然结果就是，在伦敦、巴黎、莱顿、海牙以及美国各地，大量关于殖民地政治内幕的档案资料堆积如山。总体而言，这些资料组织良好，分类规范，大多以西方语言书写，而且对有志于此的学者们愈加开放。泰国人躲过了直接殖民统治命运这一现实，意味着学者们没有堪比前述的泰国早期现代史资料。不仅大多数水平相当的精华资料是以泰文书写，而且一直被泰国统治者和统治阶级小心翼翼地守护着。

（4）第二次世界大战后，研究东南亚新兴独立国家的学术成果更具价值，大多受到反殖民的共鸣同感的启发与鼓舞。自不必说，这种共鸣同感本身丝毫不能保证这些作品的吸引力和声望。但是这种共鸣同感的确与现实既存的政治局势一道，推动当代学者迫切地采取批判立场。尽管程度不同，面向的领域不同，但是这种推动力量在两个不同层面上发挥作用。在政治层面，由于美国政府在不同时期为垂死的殖民政权提供不同程度的援助和支持，许多学者不得不打一开始就与美国政策保持距离，并且习惯了这种观点：国家政策和学术研究可有各自不同的价值取向和目标。

在智识层面，发生了更有趣的事情。由于研究殖民地国家的优秀著作的作者大多是殖民政府官员，而且最好的资料也大多来自殖民政府渠道，二战后的自由派学者们自然而然地与自己从研究之初就投身其中的知识思想界处于一种有益的对抗状态。如果他们想要成功挑战殖民统治的庞大体系，就必须想清楚自己的站位；如果他们想要透过白人殖民政府的档案资料深入了解本土现实的话，就必须以审判官的心态对这些殖民地资料提出质问。

但是准确地说，由于泰国没有被直接殖民过，对泰学研究专家而言，全部过程却是逆向行进的。在政治层面，如果杜鲁门政府（Truman Administration）匆忙舍比里（Pridi）保披汶（Phibun），那么其在两个泰国领袖之间的抉择，就远不及在苏加诺和范·莫克（Hubertus van Mook）[①]之间或尚达礼（Thierry d'Argenlieu）[②]和胡志明之间的抉择那样严肃慎重。可能有

[①] 范·莫克（Hubertus van Mook, 1894—1965 年）是 1942—1948 年期间荷属东印度（Dutch East Indies）代理总督。1945 年 8 月，民族主义运动领袖苏加诺和穆罕默德·哈达宣布印尼独立，并发动八月革命（又称为"印度尼西亚民族革命"或"印度尼西亚独立战争"），1949 年 12 月，荷兰移交主权，苏加诺出任印尼联邦共和国总统，哈达出任联邦政府总理。——译者注

[②] 尚达礼（Thierry d'Argenlieu, 1889—1964 年）。1945 年日本投降后，法国临时政府意图卷土重来，恢复对印度支那的殖民统治，任命尚达礼海军上将为越南总督和印度支那高级专员。资料

人会对杜鲁门政策持批评态度，正如许多资深泰学研究专家们曾经那样；然而学者们可以一直与披汶政府关系友好，但与范·莫克政府或尚达礼政府就很难这样了。

然而更为重要的是，泰学研究专家们没有汗牛充栋的殖民时期学术成果需要应付。随着其东南亚同仁们满怀本土情结的时代到来，他们也以同样的柔情贴近泰国人民、泰国政府和泰国历史。拉玛六世（Rama Ⅵ）和銮披汶·颂堪（Phibunsongkhram）被归于巴莫（Ba Maw）[①]、苏加诺、潘佩珠（Phan Boi Chau）[②]或何塞·黎萨（José Rizal）[③]同等范畴，而非与弗朗西斯·伯顿·哈里森（Francis Burton Harrison）[④]、博尼费修斯·科内利斯·德扬（B.C. De Jonge）[⑤]、雷金纳德·克拉多克（Reginald Craddock）爵士[⑥]或阿尔贝特·萨罗（Albert Sarraut）[⑦]同等范畴。这些学者打着民族主义的旗号，通常防范性比较强，因此难以对自己研究的对象和资料秉持批判的态度。这仅仅是泰国与西方关系的众多反讽之一：正是这种种的相同因素，在东南亚其他地区研究领域中营造出学术批评氛围，反而助长了泰学研究专家群体观点主张上的畏首畏尾，权且不说是墨守成规。

或许值得强调的是，这一悖论还更加错综复杂。因为印尼、缅甸、越南和菲律宾曾经沦为殖民地，所以他们都毫不困难地融入了"新兴国家"这个

来源：温亚昌：《二战末期驻越法军退入中国及战后重返越北论析》，《中山大学学报（社会科学版）》2004年第4期，第89—90页。——译者注

[①] 巴莫（Ba Maw，1893—1977年），缅甸政治领导人，独立运动家。——译者注
[②] 潘佩珠（Phan Boi Chau，1867—1940年），越南民族解放运动领袖，近代史上著名的思想家和文学家，资产阶级民族民主主义革命家，主要作品有《越南亡国史》《越南国史考》《重光心史》等。——译者注
[③] 何塞·黎萨（Jose Rizal，1861—1896年），菲律宾反西班牙殖民主义运动领袖，被尊称为菲律宾国父，代表性著作有《社会毒瘤》和《贪婪的统治》。——译者注
[④] 弗朗西斯·伯顿·哈里森（Francis Burton Harrison，1873—1957年）是出生于美国的菲律宾政治家，曾效力于美国众议院，并被美国总统伍德罗·威尔逊（Woodrow Wilson）任命为菲律宾总督。——译者注
[⑤] 博尼费修斯·科内利斯·德扬（Bonifacius Cornelis De Jonge，1875—1958年），荷兰政治家，1931—1936年期间担任荷属东印度总督。——译者注
[⑥] 雷金纳德·克拉多克（Reginald Craddock，1864—1937年），英国政府和殖民地官员，1882—1907年曾于英属印度文职机构任职，官至省督。——译者注
[⑦] 阿尔贝特·萨罗（Albert Sarraut，1872—1962年），法国激进政治家，曾两次担任法兰西第三共和国总理，两次出任印度支那总督（1912—1914年，1917—1919年），以其殖民政策和在印度支那总督任内的开明统治而极负盛名。——译者注

一般性的概念范畴。他们都曾被看作一般性问题或情况。相当一部分写于20世纪50—60年代的著作缺乏深度（仅个别具有智识性），采用全球化的比较视角，意在证明：无论这些前殖民地国家想象自己如何具有独特性，事实上在绝大多数严肃问题上，他们不仅彼此之间非常相似，而且各国与工业化西方世界之间的关系也非常相似。东南亚问题专家迫于比较学这门显赫学科的压力，出于良好的学术目的（也常有个人不良企图），不得不拼命证实并阐释各自对象国的独特性。第二次世界大战后关于东南亚前殖民地国家的学术佳作大多带有这种特征。[①]

然而暹罗没有被殖民过，因此被认为具有"独特性"。并且这种"独特性"迎来的通常是一片欢呼，而非审慎研究或具体论证。再者，东南亚地区主义（Southeast Asianism）的总体影响对泰学研究是不利的。但凡其他人想要阐明缅甸、印尼或越南的特殊性，泰国问题专家就可能会，并且的确如此傲慢自大地声称泰国具有独特性。就拿暹罗来说，如果采取一种批判性立场的话，原本会提出一些比较性问题，也会吸引巴林顿·摩尔（Barrington Moore Jr.）[②]、艾森斯塔特（Shmuel N. Eisenstadt）[③]和萨米尔·阿明（Samir Amin）[④]参与其中，以便对泰国经验特殊性孰真孰伪进行透彻的评估。这种批判性立场不会接纳其他东南亚学者基于一般立场的辩解，他们正面临着千差万别的视角问题和方法论问题。

我认为，以上四大局限性造成的最终后果是，学者们（只有极个别但很重要的例外，如诺曼·雅各布斯[Norman Jacobs][⑤]和E. 撒迪尤斯·弗拉德[E.

---

① 鲁思·麦克维（Ruth McVey）的杰作《印度尼西亚共产主义的崛起》（英文名：*The Rise of Indonesian Communism*）具有相似的特征，旨在论证印度尼西亚早期共产主义的自治性特征和模式，以反驳将第三世界国家共产主义政党当作苏联忠实的复制品和工具的"比较学"定势；参见 Ruth T. McVey, *The Rise of Indonesian Communism* (Ithaca, NY: Cornell University Press, 1965).
② 巴林顿·摩尔（Barrington Moore Jr., 1913—2005年），美国著名社会学家、历史学家、比较政治学家，代表作有《专制与民主的社会起源》。——译者注
③ 艾森斯塔特（Shmuel N. Eisenstadt, 1923—　），以色列著名社会学家、政治学家、现代化问题专家，代表作有《大革命与现代文明》。——译者注
④ 萨米尔·阿明（Samir Amin, 1931—　），法国新马克思主义理论家和左翼社会活动家，著名全球化问题专家，国际政治经济学家、社会学家、历史学家。——译者注
⑤ 诺曼·雅各布斯（Norman Jacobs），关于泰国和亚洲的著作包括 *Modernization without Development: Thailand as an Asian Case Study* (New York, NY: Praeger, 1971); *Origin of Modern Capitalism and Eastern Asia* (NY: Octagon Books, 1980) 等。——译者注

Thadeus Flood]①）就关于现代暹罗的一系列不证自明的公理性结论达成了令人满意的共识，我将在下文中对这一系列公理性结论进行概述。泰国问题专家们长期以来一直对这些公理性结论深信不疑，直到从1976年10月6日开始的一系列事件才逐渐撼动其思想堡垒。然而我们可以将泰国研究与15世纪末天文学的发展做类比。在那个时代，天文学家们发现自己的观察结果与托勒密宇宙学说公理之间出入越来越大，为了"挽救这个现象"，最终导致对其学说公理的外推越发歪曲变形，复杂难懂。但是，地球绕太阳旋转，一旦做出这个本质性简化和轴向扭转，其结果是：许多天文学常规问题根本无须再提，而许多卓有成效的新问题则变得可以想象。我认为同出一辙的是，20世纪60年代末至70年代初的泰学研究正在产出翔实的资料，而只需详细阐明限定条件和理论方面的"转租"问题，这些翔实资料即可在这套旧公理的框架内得到阐释。

在继续深入讨论之前，请容我对自己所理解的部分公理性结论做一概述。与此同时，实际上他们在这一系列隐形比较方面毫无建树（正如我们难以想象独特性）：

（1）非殖民化（non-colonization）纯粹就是一种福分，这令暹罗在19世纪至20世纪初的东南亚史上具有独特性。

（2）与此相应，暹罗实际上是东南亚首个独立的现代民族国家。

（3）却克里王朝（Jakri dynasty）的历史贡献是"现代化"和"民族化"。

（4）暹罗的成功主要源于泰国社会基础"稳定性"和其爱国领袖们著称于世的"灵活性"。

倘若以上是核心的公理性结论，请容我介绍两种论证其合理性、大体属于隐形比较的观点。第一种观点，即公理性结论3和公理性结论4的根基，认为应该这样理解这个王朝的历史地位，即堪比自菲律宾的何塞·黎萨这代以来的东南亚其他国家民族主义领袖。这即是说，无论却克里家族意识到与

---

① E. 撒迪尤斯·弗拉德（E. Thadeus Flood, 1932—1977年），1966年起任教于圣塔克拉拉大学（Santa Clara University），讲授亚洲史，研究领域原为日泰关系，后于20世纪70年代开始关注泰国共产主义运动，先后在《关心亚洲问题学者公报》（*Bulletin of Concerned Asian Scholars*）杂志上发表多篇有影响力的文章，包括 The Thai Left Wing in Historical Context 和 The Vietnamese Refugees in Thailand: Minority Manipulation in Counterinsurgency 等。资料来源：杜洁：《马克思主义在泰国的传播与影响研究》，中国社会科学出版社2017年版，第9、262页。——译者注

否,他们本身就是民族主义爱国者。① 第二种观点,即公理性结论1和公理性结论2的根基,认为暹罗现代史应该基本上堪比日本现代史;可以说在这两个国家,君主政权都很有头脑,为了躲避被殖民的命运以及推动"传统"社会的现代化进程,对西方扩张主义做出了必要的灵活顺应。②

无须多言的是,学者们不断发现的事实令这两种类比观点都愈发难以自圆其说。暂且不再寻究"挽救这个现象"的限定条件和详细阐释,我们先考虑以下无疑当属诽谤性假说的观点:

(1)在某些重要方面,暹罗是不幸的,其不幸不在于被殖民,而在于被间接殖民。

(2)在某些重要方面,暹罗几乎是东南亚最后一个取得独立的民族国家。

(3)如果说却克里王朝的贡献在于现代化,这种现代化也仅体现在殖民地总督式政体的现代化这种特殊意义上。

(4)应该将暹罗的"成功/失败"首先理解为欧洲帝国主义平定东南亚的结果;泰国领导者们事实上一直不太灵活,而且泰国政治生活一直(至少自20世纪30年代以来)是不稳定性的典型案例。

这些假说基于比较方法,丝毫不逊于此前的结论。但是如今比较的不再是苏加诺和胡志明,也不是日本明治维新改革家,而是被间接统治的东南亚候

---

① 这种洞察力显然为怀亚特的《泰国政治改革》(英文书名:*The Politics of Reform in Thailand*)打下了基础,这是迄今为止关于朱拉隆功(Chulalongkorn)统治时期的最杰出著作。这种洞察力在该书结语的这句话里清晰可见:"国王的职责,首先是从他父辈那里夺得权力,然而利用手中权力将这个国家带往这个方向,让国家接纳他的梦想,并把他的梦想变成国家的梦想。"David K. Wyatt, *The Politics of Reform in Thailand* (New Haven, CT: Yale University Press, 1969), p. 378. 原文文字有强调。该书是关于拉玛五世(Rama V)统治时期更加宽泛政治背景下的教育政策改革的一项颇有价值的研究。

② 其至连一向打破常规的雅各布斯也接纳这个类比。他在著作 *Modernization without Development* 中写道:"暹罗或泰国案例特别引来发展研究的关注,原因在于19世纪中叶时其与日本的相似度极高。在这段时期,现代发展首度给两个社会都带来了挑战。两个社会都具有独立性,文化同质性都极高,民族身份意识都极强,都有富于创新且往往才华横溢的精英群体,而这些精英能够极有策略地居于决策职位并实施建设性的革新,都有一批官员有能力有意愿去执行精英决策,都对外国人(尤其是欧洲人)的欲图和势力持现实主义态度,都能敏锐觉察社会创新的必要性而非仅以纸上谈兵反应对威胁,都将经济作物用作实施生产改革的关键——以上仅提及了常被议为达成现代发展的部分关键因素。然而,日本发展起来了,而暹罗却没有……"参见 Norman Jacobs, *Modernization without Development: Thailand as an Asian Case Study* (New York, NY: Praeger, 1971), pp. 3-4, 原文文字有强调。这项关于泰国社会和政治的研究打破常规,采用了韦伯学派的传统范式。该项研究认为,泰国的"现代化"是对外来压力的浅表性适应,其传统势力结构却并无本质性的改变。

国（例如文莱，爪哇的 Vorstenlanden [德语，意为"烟叶原料产地"。——译者注]，以及马来属邦）和"现代化"的东南亚殖民政权，而且比较方法各不相同。①（以世界历史时间的观点简而言之，这些比较看似更加合理：朱拉隆功改革更是一度与荷属东印度和法属缅甸的"新"殖民政策如出一辙，而非明治维新。② 相比印尼、缅甸和越南的民族主义运动，他们全都提前了一代。）

情况立即就一目了然，这些假说对一些公认观点提出了质疑，关于现代泰国王室的问题，更重要的还有王室与暹罗现代民族之间的关系问题。他们并不认为两者之间是融洽传承的直系血亲，而是指出两者之间存在诸多矛盾对立。事实上他们试图要证明的是，一直以来正是两者的身份认同，在学术层面上歪曲了对于20世纪泰国政治的理解，在政治层面上妨碍了暹罗民族的进步。在一些重要方面，令暹罗"落后于"被直接殖民的邻国。本文以下部分将详细阐释这一论点。因为我坚信，这会有助于提供一种"轴向扭转"，使暹罗现代政治史学的一些问题更加简明清晰。

* * *

若要阐明泰国王室在19世纪到20世纪初的历史地位，最好的办法莫过

---

① 巴特森（Batson），一直对却克里家族倍加推崇，曾清晰地阐释了第二种类比观点。"十九世纪末期的泰国政府，以技术开发、执政合理性以及中央政权控制权从中心到边远地区的扩张为目的，在许多方面与邻国的殖民政府非常相似。相比马来亚的英国地区官员或者印度支那的法国驻地官员，从曼谷派到清迈（Chiengmai）或乌汶（Ubon）督导当地政府的泰国官员的异族化程度不过稍逊一筹而已。"（Batson, "The End of the Absolute Monarchy in Siam," p. 18. 原文文字有强调）
② 尼奥尔·巴提耶（Noel Battye）指出，年轻的朱拉隆功曾于1870年访问被殖民的新加坡和巴达维亚（Batavia [即现在的雅加达。——译者注]），1872年访问英属印度，用朱拉隆功自己的话来讲，其目的在于"选择可能的安全模式"。参见 Noel A. Battye, "The Military, Government, and Society in Siam, 1868-1910: Politics and Military Reform during the Reign of King Chulalongkorn" (PhD dissertation, Cornell University, 1974), p. 118. 巴提耶的著述是唯一未经删节的关于泰国现代史上王室与军队关系的研究。资料非常丰富；从理论上讲，有点冗长。正如巴提耶嘲讽地指出："殖民地依靠短小精悍的军事机构维持秩序而繁荣发展，这既带来了诱惑，又给予了启发。"（p. 120, 原文文字有强调）年轻的君主并未同样地出访过日本，由此可见一斑。此后，他将自己的子嗣送往宗主国（就此而言，即英国）接受教育，这种方式被许多思想更加开明的"受保护国"统治者纷纷仿效。

于认真思考泰国军队的"现代化"问题。(此外我还认为，如果没有清楚理解泰国军队的历史渊源，就不可能理解其当代政治地位。)这最能充分说明朱拉隆功政权与日本明治时代寡头政权的不平行度问题，以及其与19世纪东南亚被间接统治国家的平行度问题。

明治时代寡头政权于1868年通过政变上台。他们得益于西式军队建制、军事战术和军需供给，废除了幕府的旧式征兵制，进而很快打着"王政复古"的旗号建立了真正的军事独裁政权。他们不仅依靠舶来的技术手段，而且通过国家部署管控下的义务兵役制（1873年），对封建军队残余力量予以清算。一项大众教育计划于1872年就已启动，其目的是为大规模常备军和国家政体打下民意基础。陆军（和海军）主要用于对外作战，他们仅在一代人的时间里，就以对中国和俄罗斯帝国的胜战证明了自己的实力。

相比之下，虽然朱拉隆功于"王政复古"政变建立明治政权的同年登基，但是直到1894年才成立泰国军政部（Thai Ministry of War），即中日甲午战争（Sino-Japanese War［西方称"第一次中日战争"。——译者注］）之前一年①。直到1905年才引入义务兵役制，比日本整整晚了一代人的时间。②此外，一直没有试图说明教育发展与军队需求有怎样关联的尝试；事实上，直到拉玛六世（Rama VI）时期，才正式实行义务制现代基础教育。③

---

① 原文此处不太准确，中日甲午战争爆发于1894年7月25日，以1895年4月17日中日签署《马关条约》而告终。——译者注
② Battye, "The Military, Government, and Society in Siam, 1868-1910," p. 429.
③ 截至本世纪初（即20世纪。——译者注），日本几乎所有的儿童都接受了基础教育，其中等教育和高等教育机构构成了一个全国性的金字塔体系，运行良好。相比之下，泰国政府于1957年才欣然宣布，其71府中有14个府小学毕业者已超过人口的半数。参见 Harvey H. Smith et al., *Area Handbook for Thailand* (Washington, DC. US Government Printing Office, 1968), p. 161，直到1974年，泰国国民平均受教育年限为5.56年，仅稍长于初等小学年限。参见 Bevars D. Mabry, "The Development of Labor Institutions in Thailand" (1977), to be published as Cornell University Data Paper 112, Southeast Asia Program Publications, 1979, p. 11. 第一所大学（朱拉隆功大学［Chulalongkorn University］）创建于1917年，如今羽翼已成，比东京帝国大学（Imperial University in Tokyo）晚了40年。而且正如威尔逊所论："直到第二次世界大战，最好的中学都是欧洲人管理的，而大学里院长往往都是欧洲人"（Wilson, *Politics in Thailand*, p. 62）。

纵使暹罗和日本在发展道路上的出入之处躲过了泰国君主们的法眼，但是对于一些臣民而言，这却是显而易见的。史蒂芬·格林（Stephen Greene）指出，1912年反对拉玛六世（Rama VI）的未遂政变头目曾效仿日本，要求改革国家教育体系，削减政府某些方面的支出，推行现代化。他们认为，若非如此，暹罗将"继续落后于世界上其他国家，并且继续得不到所有发达国家的尊重"（Greene, "Thai Government and Administration in the Reign of Rama VI [1910-1925]," p. 133. 原文文字有强调）。

大概在 1840—1940 年这段时期，该国不仅不再参战，甚至不再认真考虑参战一事。这一关键的事实为理解泰国王室和泰国军队的整个发展史提供了框架。① 早在（爆发于 1885—1909 年期间）法英两国入侵以前，泰国这个君主制国家的外部安全事实上已经得到了欧洲帝国主义列强的保护。缅甸、柬埔寨、老挝和越南，泰国统治者的这些所有宿敌，都解除了武装，向欧洲殖民主义臣服。②（所有尚存的东南亚君主都同出一辙，将对外关系交由这个或那个殖民势力来"平定"。）

因此，"现代暹罗"陆军（和海军）并不真正具备对外防御能力，而且事实上除了对付"国内"势力外还从未真正有过战事（对比一下日本！）。泰国军队主要是巩固国内保皇势力的工具；③ 此外，面向外部世界，它还是

---

① 正如巴提耶指出："蒙固王（Mongkut, 拉玛四世 [Rama IV]）是首位从未带军征战的却克里王朝君主，而且国家重臣（素里耶旺 [Sisuryawong]）仅曾发动过一次战争，并且以失败告终"（Battye, "The Military, Government, and Society in Siam, 1868-1910," p. 66）。施坚雅研究发现："拉玛三世（Rama III）的继承者们都会避免'打响'战争"（Skinner, *Chinese Society in Thailand*, p. 30）。

也许应该补充一句，"泰国军队"这个术语根本不合时宜。巴提耶（"The Military, Government, and Society in Siam, 1868-1910," pp. 20-22）指出，19 世纪为却克里王朝君主们效力的部队根本就不是泰人（就跟 18 世纪普鲁士军队根本没有普鲁士人同出一辙）。这些部队大多招募越南人、高棉人、孟族人和老族人——要么是战俘的后代，要么是移民冒险者，自愿为国王效力。"在拉玛三世和拉玛四世统治时期，非暹罗人——早就服役于第二和第三近卫步团（Second and Third Foot Guards）——但凡有新组建军队的要求，他们总是首当其冲。"在拉玛三世统治时期，雇用越南人并将其训练为"印度兵"（sepoy）式炮兵部队，雇用孟族人并将其训练为"印度兵"式步兵部队。1852 年，高棉人和曼谷地区老族人被重新整编进国王卫队（King's Guards）。非暹罗人在"技术性更强的新式"部队中比例更高。"泰国"海军战士以占族人（Cham）和马来族人为主。

② 泰国统治者们充分意识到，从某种意义上他们从欧洲殖民主义中获益匪浅。直到 1930 年，同年，越南爆发了义安省（Nghe An）与河静省（Ha Tinh）农民暴动和安沛地区（Yen Bay）武装起义，拉玛七世指出："只要法国继续统治越南，它就是暹罗的'保护伞'。无论我们有多么同情越南人，一旦想到此可能引发的威胁，我们就不得不寄希望于越南不要轻易摆脱法国势力的控制。除了有必要与法国维持友好关系外，我认为我们不要为越南起义提供保护，也不要以任何形式帮助越南人抵抗法国统治的解放运动，暹罗将直接从中受益。"参见 Batson, "The End of the Absolute Monarchy in Siam," p. 183. 不言而喻，很难想象那时候胡志明、苏加诺或者昂山（Aung San）会冒出这样的想法。

③ 尽管巴提耶本人几乎没有注意到，这一点在其文献中得到了透彻的论证（Battye, "The Military, Government, and Society in Siam, 1868-1910"; 本脚注的全部参考资料均引自该著作）。他指出，在蒙固王执政初期，王家部队的军备力量不及缅甸景栋的领主（Lord of Keng Tung）。但是这种局面很快得到改观，当时"曼谷开始积蓄新的力量，因为西方的帆船和汽船可以迅速地调度到新武器"（p. 76，原文文字有强调）。年轻的朱拉隆功年届加冕登基后，最先实施的一项"改革"就是组建一支王室特卫队，这"在政务通达的登基元年，就为国王的'党羽'或派系提供了至关重要的支持面"（p. 133）。但是年轻国王的野心在迅速膨胀。"国王念念不忘的是，英属印度

现代性的象征。① 鉴于此，我们就更能理解泰国军队的地位恐慌，当时拉玛六世建立了另一支与军队竞争的玩具士兵——"野虎队"御林军（Wild Tigers）。② 如果泰国军队对外防御能力过硬的话，是不会引起这种恐慌的。

泰国军队尽管在国防方面百无一用，但是（更确切地说，正是因为它并不具备对外防御能力）最终却主导了国内政治进程，并转而对付曾经创建它③的君主们，这种模式最近在利比亚、埃及、埃塞俄比亚、伊拉克和柬

（[British] Raj）和荷属东印度公司（[Dutch] Kumpeni）的军队与其有效政府和繁荣兴盛之间的关联……他想要有足够的力量来镇压国内的不法分子……"（p. 132）。他于1874年3月致信给印度总督说："我们必须想法控制地方"；他还及时将钦差大臣派往清迈，并带一支驻防部队随行（p. 146）。巴提耶还补充说："我们没有理由不相信英国领事的报告内容，即['现代']军队这个暹罗土地上的新事物，是为'国内政治而非对外军事目的'而建的。"（p. 226）

由于引进矿山开发（最初其新奇程度令当地反对人士惊骇万分），泰国东北（Isan）地区于1885年战事告捷。之后，朱拉隆功在1886年生日演讲中，首次开讲他的老挝诸"行省"（pp. 251ff.）。19世纪80年代末至90年代初，"朱拉隆功国王在启动政府重大改革之前，实施了具备国内政治保障全部特征的系列军事改革"（p. 268）。巴提耶最后指出，颁布于1905年的军队义务兵役制是由于1902年所谓的圣人起义和掸族起义（Holy Man and Shan rebellions），这两次起义反过来又是"对暹罗政府势力向曾经的附属国扩张与强化的反抗……对国内安全的信心[原文如此]被动摇……认为国家军队义务兵役制是内部治理必要手段的观点……出人意料地越来越有影响力"（pp. 429-430. 原文文字有强调）。

① "许多外国人认为，暹罗的军事力量用于维持国内秩序则过大，用于对抗欧洲大国则过小，而无论如何现在（20世纪20年代）对抗欧洲大国的可能性仍然微乎其微。由于暹罗所有的邻国都是英法殖民领地，暹罗军队适合打什么样的敌人并不清楚……然而许多泰国人认为国家荣誉需要大规模的军队编制"（Batson, "The End of the Absolute Monarchy in Siam," p. 51）。泰王国政府财务顾问爱德华·库克爵士（Sir Edward Cook）于1925年指出，23.3%的预算用于"国防"，该项预算比例高于日本、荷兰、西班牙等国（Ibid., p. 29）。"国家荣誉"预算严重过度支出这一先例很能说明问题。

② 关于"野虎队"御林军的有价值资料，参见 Greene, "Thai Government and Administration in the Reign of Rama VI (1910-1925)," pp. 103-113. 他认为，拉玛六世组建这支军队，完全与其父拉玛五世1873年和1874年的做法同出一辙：组建一支王家军队，以此巩固摇摇欲坠的政治地位，并挑战根基稳固的政治"老卫队"。我认为，"野虎队"御林军基本上就是"玩具士兵"这一观点已被公认；但是这个术语却不太适合用于泰国军队。

巴提耶（"The Military, Government, and Society in Siam, 1868-1910"）的资料再度阐明了这个问题。关于1893年的法暹战争，他评论说泰国舰队"更熟谙于王家假期的野餐安排和后勤事务，而不是格斗技巧"（p. 325）。他还引用了（p. 326）亨利·诺曼（Henry Norman）1893年发表在《当代评论》（Contemporary Review）上的一句话："只要有两艘来势汹汹的英法炮艇和登陆的一千名士兵，整个暹罗就会像纸牌屋一样轰然倒塌……"这样的观点不能被当作歧视性的殖民思维而置若罔闻。拉玛五世的财政部长玛希王子（Prince Mahit）曾于1906年这样尖刻地写道，暹罗应该"停止扮演士兵"了（p. 463）。一位权威法国海军事观察家于1908年平静地指出："这种海上力量实际上为零。"（p. 533）

③ 巴提耶和巴特森提供了描述泰国军队及其国内政治地位的两幅插图。巴提耶（Ibid., pp. 263ff.）评论指出，在19世纪80年代中期，留学欧洲的年轻改革派——虽然并不奢望对外防御能对付西

埔寨被纷纷翻版复制。(鉴于此,若将拉玛七世和伊德里斯一世[Idrus 应为 Idris,原书有误。——译者注]①、法鲁克一世[Farouk]②、海尔·塞拉西一世[Haile Selassie]③、费萨尔一世[Faisal]④ 以及西哈努克[Sihanouk]⑤ 进行类比,将会大有启发。)

然而在许多基本方面,1932 年政变并未令泰国军队在基础地位、发展前景和作风习气上发生改观。⑥ 事实上,这些顽存的作风习气(尽管有泰式"灵活性"),有助于说明自从欧洲帝国主义绥靖政策世纪终结以来泰国军队并不那么辉煌的地位,泰国人发现自己再度面临来自高棉人、越南人、缅甸人及其他民族的威胁。在 1950—1976 年这段时期,暹罗在国防方面一直得到外国的护佑(这里指美国军队),泰国境内入驻外国军队规模之大超过历史上任何时期。⑦ 在朝鲜、南越和老挝,泰国军队的对外角色与其经济影响相差无几。泰国军队承担着先辈的重任,至今仍然是一个专注自身利益和地位的官僚特权集团,正如其快被遗忘的远房兄弟"野虎队"御林军。(我们仅需将"泰国"军队 1840 年前在东南亚地区的英勇善战与其 1940 年后的表现做一对比。)

方——仍然强烈支持军队现代化,推行国内改革,打压保守反对派和外府势力。巴特森("The End of the Absolute Monarchy in Siam," p. 202)让我们注意到波汶拉德王子(Prince Boworadet)于 1928 年写给拉玛七世的一份备忘录。时任军政部长的王子在这份备忘录中批评泰国军官"懈怠并普遍冷漠","满脑子阴谋诡计","贪污腐败",又补充说:"事实上军官们的精神世界糟透了,如果左翼甚至还可能成为威胁源的话,我们必须牢记一点:我们所处的这个时代,颠覆性的宣传很可能四处蔓延。"拉玛七世在回信中说,预备军官学校情况如此糟糕,以至于他一度曾认为唯一的做法就是关停学校,"等坏榜样已被遗忘后再重新开办"。

① 伊德里斯一世(Idris, 1889—1983 年),利比亚国王(1951—1969 年在任),在 1969 年卡扎菲发动军事政变后流亡埃及,最后卒于那里。——译者注
② 法鲁克一世(Farouk, 1920—1965 年),第二任埃及和苏丹国王(1936—1952 年在任),在 1952 年军事政变后被迫退位,流亡希腊和意大利,埃及废除君主制,建立共和制。——译者注
③ 海尔·塞拉西一世(Haile Selassie, 1892—1975 年),埃塞俄比亚帝国末代皇帝(1930—1974 年在任),在 1974 年军事政变后宣布退位,1975 年在拘禁中去世。——译者注
④ 费萨尔一世(Faisal, 1883—1933 年),伊拉克国王(1921—1933 年在任),1933 年在瑞士做常规检查时死于心脏病突然发作。——译者注
⑤ 西哈努克(Sihanouk, 1922—2012 年),柬埔寨王国前国王(1941—1955 年在任)、国家元首(1960—1970 年在任),1970 年朗诺发动军事政变后流亡中国和朝鲜。——译者注
⑥ 参见 Jacobs, *Modernization without Development: Thailand as an Asian Case Study*, esp. 43ff.。
⑦ 1968 年,泰国境内仅美国驻军就有至少 46000 人,几乎是 20 世纪 30 年代荷属东印度殖民地军队的三倍规模。(关于 1968 年数据,参见 *New York Times*, April 14, 1968)

与此同时，根据这一观点，1932年政变再清楚不过地表明，将明治时代的日本与却克里王朝的暹罗对比是肤浅之举。因为日本从未发生过"1932年"政变，并且现代史上日本军队从未对日本王室倒戈相向。原因非常简单，但是很有启示性。尽管下级武士中精明能干的"政治寡头"们声称要抵制幕府篡权、实行奉还大政，但是事实上他们从未允许天皇活跃于政坛。政治寡头们依靠天皇的神圣威望，获得大众合法性，取消等级制度，废除武士的政治军事特权，并以某种意义上的"公民"身份参与激烈的政治角逐。

在很大程度上，日本明治时代的实权落到了"平民"手中，并按照"精英治理"的渠道运行。君主一直是政治"客体"，而非政治"主体"。暹罗却克里王朝，像19世纪东南亚其他国家王室一样，直到很晚还仍然扮演着"主体"而非"客体"的角色。① 正因为此，政治和军事人才储备一直严重不足。于是，"唯贤者论"与"唯血统论"的抗衡成为政治问题，而这在日本是不可思议的。②

---

① 当读者在阅读怀亚特著作中关于拉玛五世效法其父"海外置办资产，以备退位和流亡之不时之需"的片段时，往往会产生一种时间错位感（Wyatt, *The Politics of Reform in Thailand*, p. 61）。他们会是最早办理此类政治生涯保险的东南亚政治人物吗？很难想象明治天皇（Emperor Meiji）会干出这样的事。暹罗王室非常清楚自身与日本天皇的不同之处，这在拉玛六世1925年对其内阁的讲话中可见一斑，他并不愿意"像日本天皇"那样被挤到一边（参见 Batson, "The End of the Absolute Monarchy in Siam," p. 30）。

② 人们有时会认为这仅仅在拉玛七世时期才真正成为一个问题。然而，巴提耶的著作（"The Military, Government, and Society in Siam, 1868-1910"，本条脚注所有资料的出处）很令人信服，揭示了朱拉隆功时期的军事政策如何坚决抵制专业精英纳贤标准。例如，当最终颁布义务兵役制时，应征入伍的文官官员被授予与其此前服役文职部门职务相当的军衔，其军事才能和任职资格被置之不顾（pp. 454-456）。1906年，陆军军官学校（Military Academy）入学条例做了调整：自此以后，报考者必须父母声誉良好，并且有一名现任政府官员保荐（p. 494）。

1909年，学制三年的陆军军官预备役学校清一色只招收王室家族、邦昌（Bang Chang）母系家族（邦昌家族在泰国是贵族。——译者注）、军官家庭的子弟。此外，还为殿下（Serene Highness）及以上级别的王室子弟、有少尉和准尉及以上军衔军官的子弟开办了一个特招班级；该班没有入学考试的门槛（p. 495）。在朱拉隆功去世的1910年，只有王室家族成员才享有上将（General）和中将（Lieutenant-General）军衔；13名少将（Major-General）中有6名也是出身王室家族。军政部上层中王族成员比重远高于其他任何部门；9名军区司令（Divisional Commander）中有5名也是王族出身，包括（位于曼谷的）第一军区和（位于那空猜希[Nakhon Chaisi]的）第二军区的司令。事实上他们大多相当年轻。"20多岁的上将很常见。"（p. 519）

无论朱拉隆功的兄弟们、儿子们和侄子们在国家治理的其他领域有何天赋，但是没有任何令人信服的证据表明他们具有军事才能，这正是因为泰国军队严格意义上没有打过可让此类人才脱颖而出的战争。因此，军政部中王族青年人满为患，势必令人认为这种恩宠主义尤其恶劣，而且违反职业道德标准。

我们也许注意到还有一种关键的比较意义。日本皇位继承之所以能够一直保持旧制，而不是将近亲婚配和现代的一夫一妻制糅在一起，是因为日本皇室只具象征意义。如果日本皇室有孩子碰巧是弱智或同性恋，这也不是重大的政治问题。① 然而在暹罗，就像其他被间接统治的东南亚地区，欧洲列强的势力存在和欧洲关于王位继承和王室功能的权威观念② 具有显著的不良影响，因为王室一直都是政治"主体"。王室一夫多妻制的终结大大地削减了年轻一代中堪继大统的人才储备，并增加了王族内部近亲婚配的可能性。③

根据欧洲大陆法系条款的王位继承使得像拉玛六世和拉玛七世这样的国王登基成为可能，这些国王，无论他们个人德性如何，在一个世纪以前，无疑会因为政治能力欠缺和性取向问题不能继承王位。④（传统领袖是如此"僵化"，深受欧洲绥靖政策影响，效行欧洲继位仪式，接纳欧洲对一夫多妻制的成见，这就是殖民区的典型特征。）1932 年政变之所以发生，原因正是王室人才储备不足，以及王室未远离朝政。

然而即使政变也没有真正解决这个矛盾。短时期内，政变领袖曾离废除

---

① 事实上，大正天皇（Taishō Emperor，裕仁［Hirohito］之父）曾经很长一段时间内精神失常；但这绝对没有丝毫影响日本的政府事务。这样的情况在现代暹罗是难以想象的。
② 这个趋势很早就出现了。里格斯指出，拉玛四世已经仿效英国模式创办"世俗的"王室庆典仪式，比如国王生日庆典和国王加冕周年庆典（Riggs, Thailand: The Modernization of a Bureaucratic Polity, p. 105）。1887 年，拉玛五世让他九岁的儿子成为合法的王位继承人，而非 Upparat（"副王"或"前朝统治者"）；事实上，原有的副王一职被撤销。这样，"国王使暹罗与欧洲'开明'君主制保持了一致"（Battye, "The Military, Government, and Society in Siam, 1868-1910," pp. 270ff.）。到拉玛六世登基时，情况已经变得如此"开明"，西方等外国王室，包括英国、俄国、希腊、瑞典、丹麦和日本的王公贵爵们，出席了公开的加冕仪式（Greene, "Thai Government and Administration in the Reign of Rama VI [1910-1925]," p. 92）。
③ 王室一夫一妻制相当惊人地降低了每一代王室子弟的出生人数。此外，因为国王只能娶一个妻子，因此她的社会阶层必须是"完美无瑕"的。由于从前与泰国历代君主联姻的侯国或衰落或灭亡，王室婚姻必然更多同族通婚。最近王储哇集拉隆功（Vajralongkorn）与其大表妹的婚礼（他母亲一方的）堪称这种情形的最高潮。
④ 倘若对执政君主的同性恋身份毫不知情，我们是无法理解拉玛六世统治时期的政策、风格、错误和问题的。（然而令人惊讶的是，格林在 1971 年才完成的研究拉玛六世王朝的博士论文中，竟在这件事上采取了默然回避的态度。自不必说的是，他实际上采用了所有已出版的当代暹罗历史政治方面的著作。）如果执政君主花时间和金钱在女性性伴侣身上，这些女性无论她们在幕后会有多大的势力，却都无法担任公职并进而与王公贵族类通常候选人展开政治角逐。另一方面，男性性伴侣却有资格担任公职；而且拉玛六世因为此类幽会而在曼谷当权派中引发了极大的敌意。有一点需要提醒的是，英格兰国王理查二世（Richard II）和爱德华二世（Edward II）最终遭到废黜和杀害，都一定程度上是他们同性恋癖好造成的政治恶果。

君主制仅咫尺之遥；但是最终他们竟六神无主。① 与利比亚和埃塞俄比亚的君主制不同，泰国君主制得以保存；但是它从未完成向日本和欧洲20世纪君主制模式的现代化转型。王室家族在政治体系中争夺实权，即政治"主体"地位，从这个意义上讲，"君主主义"在当代暹罗仍然坚持着一种稀奇的古老形式。②

倘若暹罗对外平定边境行动和泰国王室仪式"欧洲化"明显将部分的比较对象指向被间接殖民的东南亚属国，而非明治时代的日本，那么当我们转向经济和司法领域时，此类比较就显得格外的恰如其分。1855年的《鲍林条约》（Bowring "treaty" of 1855）本质上剥夺了泰国君主的主权核心要素（即对外贸易控制权）和王室的贸易垄断权。正如鲍林本人所言："显而易见的是，我的成就事关政府整个金融机器的一场彻底革命［，］……这占了现有财政来源的很大比例。"③ 西芬评论说："泰国在［与西方帝国主义的］经济关系中的地位有点类似殖民地，但是在政治上有一个重大差异——这个民族并非完全陷入单独一个欧洲国家的利益格局。"④ 无论西方"利益"的多元性是否真的影响如此巨大，对我而言，这仍是个尚存争议的问题——如果我们回忆起75年后的1932年政变前夕，泰国95%的出口经济被掌控于外国人和华人的手中。⑤

这一切完全无法令我们联想到日本；却每每令我们想起柔佛邦国（Johor）和吉兰丹邦国（Kelantan）。在司法层面需要指出的一点是，治外法权本质上就是凌驾于法律之上的特权地位的又一个术语，白人殖民者们在亚洲其他间接统治地区安然享之，尽管命名各异。虽然威尔逊没有察觉到这种

---

① "1932年革命很有可能走向共和国的建立，因为在最初的胜利喜悦中这看起来定会实现"（Riggs, *Thailand: The Modernization of a Bureaucratic Polity*, p. 94）。巴特森描述了政变领袖对拉玛七世的通牒：如果他不接受立宪政体，那就由另一个皇亲取代他，或者是建立共和政体（Batson, "The End of the Absolute Monarchy in Siam," p. 283）。

② 当今的国王继承王位纯粹是正统世系相传和偶发事件的产物，因此国王成为理想的政治"客体"。鉴于此，这一切就更稀奇了。拉玛六世和拉玛七世都没有男性继承人，拉玛七世在流亡中宣布退位，再加之现任国王的哥哥拉玛八世年少时死于离奇枪杀案而且意外因素非常明显；仅因是前任国王最近的血缘至亲，政治上非常稚嫩的青年拉玛九世继承了王位。

③ John Bowring, *The Kingdom and People of Siam* (London: Parker and Son, 1857), II, p. 227.

④ Siffin, *The Thai Bureaucracy: Institutional Change and Development*, p. 48. 原文文字有强调。需注意的是，对西芬而言，1855年的暹罗是一个"民族"。

⑤ Darling, *Thailand and the United States*, p. 29.

关联，他却正确地指出：直到1938年，"泰国才经过长期斗争最终获得了完整的自治权［原文如此］"，并且"泰国［获得了］政府机构所有法律和财政方面的掌控权"①。

到目前为止，所有的材料都清楚地指向半殖民地和被间接统治的社会状况，完全与"民族的"（national）西方暹罗问题研究中这一常用术语相矛盾，更毋庸说"民族主义的"（nationalist）。那么是什么令这个术语貌似合理呢？

我认为答案在于，对拉玛四世、拉玛五世和拉玛六世合理化政策和中央集权化政策的狭隘解读，这种观点把王朝国家的内部统一等同为民族进步。然而稍做对比即可看出这种解读的可疑性。例如，哈布斯堡王朝（Habsburgs）②晚期统治下的奥匈帝国（Austro-Hungarian Empire）③的合理化政策和中央集权化政策，与匈牙利、奥地利、捷克斯洛伐克、罗马尼亚等现代国家的形成完全没有连续性和同一性——这些国家全都是共和制国家，而且大多诞生于对哈布斯堡王朝的抵抗斗争之中，而非其的继承之中。

需要记住的重要一点是，当却克里王朝后期（在外国的大力指导下）推行改革之时，被间接统治的邻国"当地统治者"和直接殖民地区的白人统治者，都在推行类似的国家官僚机构中央集权化政策。④无论何地，中央集权化进程都正在加速，这归因于全球资本体系不断扩张创造的需求和带来的机遇。⑤非常清楚的是，荷兰殖民地官僚集权化在孕育印尼现代国家的胚胎方

---

① Wilson, *Politics in Thailand*, p. 18. 原文文字有强调。需注意的是，对威尔逊而言，这个长期斗争的"主体"是一个永恒概念的泰国。

② 哈布斯堡王朝（Habsburg，又称"哈普斯堡家族"［Hapsburg］，1273—1700年），欧洲史上统治地域最广的王室，曾统治过神圣罗马帝国、西班牙帝国、奥地利大公国、奥地利帝国、奥匈帝国。——译者注

③ 奥匈帝国（Austro-Hungarian Empire，又称"双元帝国"［Duale Monarchy］，1867—1918年），曾与英、法、德、俄并称欧洲传统五大强国，是当时地跨中欧、东欧、南欧的世界级强国。——译者注

④ 对比一下1838—1886年苏丹穆罕默德二世（Sultan Muhammad ["Mulat Merah"]）统治时期的吉兰丹邦国（参见 Clive S. Kessler, *Islam and Politics in a Malay State — Kelantan 1838-1969* [Ithaca, NY: Cornell University Press, 1978], pp. 41-44）和1862—1895年苏丹阿布巴卡（Abubakar）统治时期的柔佛邦国（参见 Carl A. Trocki, *Prince of Pirates: The Temenggongs and the Development of Johor and Singapore, 1784-1885* [Singapore: University of Singapore Press, 1978], chapters 5-6）。

⑤ "机遇"这个观点非常重要。用西芬的原话讲，它有助于说明为何《鲍林条约》诸项条款能得到"蒙固王及其继承者多年来心甘情愿的执行"（Siffin, *The Thai Bureaucracy: Institutional Change and Development*, p. 48）。但是在为何一名民族爱国者会心甘情愿地执行这些条款方面，西芬的诠释就有些不足了。

面发挥了很大作用。若非如此，我们难以想象印尼会有如今的国家模式。但是谁会把这个官僚制殖民地国家与印尼现代民族相等同呢？

如果应该这样理解拉玛五世的历史地位，即与吉兰丹邦国穆罕默德二世以及19世纪末殖民政府欧洲代理领事几乎相同，那么其历史地位显然并不能表明他推动了暹罗现代民族的发展。事实上，关于这一问题的争论完全对立。倒不如说，正是因为王室推动了19世纪末中央集权的"殖民地"式国家的构建，真正意义上的暹罗大众民族主义的进程却遭到了阻碍；而这又成为一个主要因素，造成"少数族群"的现代民族政治整合难以得到实现，具有合法性的稳定政治秩序也难以得到建立。而且，君主制和民族两者的概念等同仍然严重地妨碍了西方关于这些问题的学术研究。

少数族群和民族整合。尽管暹罗包括数量众多的非泰族群，包括马来族、克伦族、"山地部落"、越南人、高棉族以及华人等，但是却鲜有深入透彻的著述论及这些非泰族群的政治历史和政治经验（施坚雅杰出的华人研究除外）。最能说明这种忽视的莫过于这一事实，即威尔逊的《泰国政治》（英文书名：*Politics in Thailand*）、西芬的《泰国官僚政治》（英文书名：*The Thai Bureaucracy*）和内尔的《现代泰国政治》（英文书名：*Modern Thai Politics*）的文献索引中，没有任何一个索引条目是关于"少数族群"概论，或除华人外的某个特定少数族群；里格斯的《泰国：官僚政治的现代化》（英文书名：*Thailand: The Modernization of a Bureaucratic Polity*）仅有一条关于"少数族群"的参考文献（不到两页）。这种关注相对不足与缅甸、印尼或菲律宾"少数族群"深得学术关切形成了鲜明对比。我认为，这种相对忽视表现为将暹罗当作"泰—国"（Thai-land［即泰人的国家。——译者注］）这种毋庸置疑的观点，这是对古老泰王国的直接继承。这种观点本身就反映出曼谷精英所持见解，这种见解很大程度上导致了他们在"少数族群"（尤其是"原住民"）问题处理上屡遭历史挫败，也导致了他们一直以来难以真正理解"少数族群"引发的问题。

与缅甸类似，与印尼和菲律宾不同，暹罗现代国家在某种意义上的确是领土由单一族群统治的、基于水稻农业核心地区的"前殖民时期"王国。从缅甸王国（the kingdom of Burma）到缅甸国家（the nation of Burma）的演变历程可能因循了一条暹罗道路，英国干预但却并未对王室进行清算，这段长达 60 年左右的演变历程被称作英属缅甸（British Burma）或殖民地缅甸（Colonial Burma）。一个新的国家诞生了：国名为缅甸，但是统治者却并非缅族人（Burmans）。正是这个演变过程，使得明确民族与民族文化群体两者之间的政治文化差异成为必要，并在英国时代及此后一段时期里以"Burmese"（缅甸人）和"Burmans"（缅族人）的语义区别（诚然，时而也会产生混淆）发出信号，这两个术语在不同的时期、不同的地区代表族群和民族共同体两个概念。

从这个意义上讲，缅族人（ethnic Burmans）不得不直面自己在缅甸民族（Burmese nation）中的"少数族群身份"。当代缅甸的民族主义一直深刻意识到并关切着"民族认同"和"民族整合"这个复杂问题的方方面面。缅甸独立后，为了解决这一问题，专门制定了一套精密的宪政机制。① 即便是今天，仰光军政府首脑们在谈论和思考"民族认同"和"民族整合"问题时，都既神采飞扬又满怀焦虑，而曼谷军政府首脑们长期以来却完全没有过这种情绪。

尽管泰国人的优势得天独厚，有（暹罗）这个完全不同于任何一个族群的古代君主国国名可用，但是在我看来，他们至今仍未完全实现明辨族群和现代民族的缅甸式政治意识的进化。对于泰国人来说，任何金玉良言都不能阻止他们在民族问题上实行语义垄断。"泰国"（Thailand），这个曼谷统治下近现代国家的称谓，是 20 世纪 30 年代末披汶·颂堪（Phibunsongkhram）和銮威集（Luang Wichi）两大意识形态寡头机会主义和沙文主义路线的产物，本身就存在问题。西方学者往往（错误地，我认为）把这个形成过程当作是泰国民族主义的表达。②

---

① 1948 年的《缅甸联邦宪法》建立了议会两院制，上院被称作民族院（Chamber of Nationalities）。新成立的国家定立国名为缅甸联邦（Union of Burma），这个联邦共和国由以族群定义的邦组成，其中一些邦拥有脱离邦国的选择权，且此项权利一直受宪法保障。参见 Josef Silverstein, *Burma: Military Rule and the Politics of Stagnation* (Ithaca, NY: Cornell University Press, 1977), esp. pp. 54-59。

② 威尔逊将 20 世纪 30 年代末 40 年代初披汶·颂堪对华裔少数族群的镇压称作"极端民族主义政策"（Wilson, *Politics in Thailand*, p. 120），也许这是存在问题的。鉴于这一观点，就不会惊讶于他把"1938—1943 年的第一个披汶时代"的特征描述为一种"极端民族主义"（p. 19）。我们有充足的理由认为诺曼·雅各布斯（Norman Jacobs）已经比较到位，他指出："按照世袭制原则……排华政治行动尽管并未制度化，但却似乎是对任何当权者个人专横独裁和反复无常的嗜好的即刻响应"（Jacobs, *Modernization without Development: Thailand as an Asian Case Study*, p. 75）。

换言之，与其说镇压华人事关民族主义，不如说是勒索钱财。考夫林指出，推崇自由主义和民族主义的披汶在 1947 年 5 月上台以前，比里的民族主义自由派政权掌权时期，并没有对华人令人瞩目的是，比里·帕侬荣（Pridi Phanomyong）领导下的真正进步的民族主义政权（1945—1947年）恢复了古国名暹罗。这并非出于对过去君主国的留恋，而是因为这个国名寓意表明了一个不会为泰族垄断的新民族的可能性。在此后的几代人中，一直最竭尽全力赋予这个国家重新定义的是泰国的左翼群体。例如，我们可能会注意到，已故的集·普米萨（Jit Phumisak）的最后一部著作具有巨大的推动力量，正是通过证明"泰族"自身民族渊源的多样性以及他们与非"泰"群体的密切交织，对泰族的民族沙文主义予以抨击。①

但是我们务必明白，"少数族群"危机正不断蔓延的首要历史原因是：君主制和民族两者的概念合并。在古暹罗，事实上如同所有传统王国，国家是由其中心来定义，而非其边缘；不是由人民，而是由君主来定义。正因如此，即可相对容易地令孟族人、老族人、波斯人、华人或马来族人向君主臣服效忠；毕竟他们都是君主的臣民。他们的族群认同绝非取决于自身与君主的亲近程度。传统的君主们，包括"泰族"的君主，通常会以民族的一夫多妻制，致力于王国整合，实际上是王国扩张。②

在这个充满悖论的民族形成过程中，传统的君主们都是其王国里最不具

移民实行过政府控制（Coughlin, *Double Identity: The Chinese in Modern Thailand*, pp. 24-25）。换言之，第一个披汶时代的所有"极端民族主义政策"中，绝没有采取过限制下金蛋的鹅涌入泰国的任何行动。

  施坚雅完全是惯性思维的受害者，以至于他会这样描述后1948时代："泰国历史上最有趣的悖论之一就是，激进的经济民族主义并未导致（华人）对手的失败，而是与这些敌人相互合作"（Skinner, *Chinese Society in Thailand*, p. 360）。事实上，这种思维模式明显令人联想起沙俄政府的反犹政策，将种族主义鼓吹、周期性人屠杀与基于勒索钱财和贪污腐败的密切经济联系混为一体——此类政策鲜有自称"民族主义"路线的。因此我们也许不太会惊讶于銮威集（时任泰国国家美术馆馆长［Director of the Fine Arts Department］）于1938年7月"在其演讲中把德国的犹太人问题比作泰国的华人问题，并且暗含纳粹方案也许可行之意"（Ibid., p.261）。这个片段在威尔逊的著作中被忽略了。

① Jit Phumisak, *Khwampenma khong kham sayam thai lao lae khom lae laksana thang sangkhom khong chu chongchat* (Bangkok: Samakhom Sangkhomsat haeng Prathet Thai, 1976).（集·普米萨：《暹、泰、老、高棉名称来源及族名的社会特征》，曼谷：泰国社会科学协会，1976年）同时参见Flood, "The Vietnamese Refugees in Thailand"。
② "对于首领世袭制的诸侯国和边远省府，采取了通过联姻系统进行控制的措施。数代泰王正是通过这项政策，娶到属国首领的女儿来充实后宫。这些女性构成了曼谷中央政府与诸侯国和外府首领之间的一条永久性纽带。" Walter F. Vella, *The Impact of the West on Government in Thailand* (Berkeley, CA: University of California Press, 1955), p. 327.

"族群—民族"特征的人。这或许会让我们想起 11 世纪以来的英格兰就没有一个英格兰民族的国王。关于泰国王室成员的面相学研究(如同关于东南亚其他王室成员的研究)清楚地表明,由于复杂的族群融合造成了其非典型性特征。① 所有这些君主都是混血儿,因为混血儿曾一度是种政治优势。然而,尽管一名马来族首领会在阿瑜陀耶时代或曼谷王朝初期向君主效忠,但是没有任何理由可以认为当近现代的君主们逐渐在意识形态上转型为泰民族国王时,这种忠心还能够或仍将会永远赤诚,而这种转型正是这个未来的崭新民族国家实行泰族垄断的标志。②

同样的是,上一代匈牙利人因哈布斯堡家族而向哈布斯堡王朝效忠,但是下一代匈牙利人却因他们已被视作德国人或奥地利人而抵制他们。正是因为大多数曼谷("泰国")精英,还有许多西方学者,他们从未思考过这种转型③,并

---

① 我们要说明这一点,可用却克里王室民族融合的一个重要组成部分:华人血统。施坚雅的系谱分析很具启发性(Skinner, *Chinese Society in Thailand*, pp. 19, 26)。他一开始就提醒我们:"我们从蒙固王的话中可以知道,他曾祖父的新娘是阿瑜陀耶(Ayutthaya)华人首富家族的美貌女儿。"换言之,拉玛一世(Rama I)有二分之一华人血统。假设拉玛二世(Rama II)和拉玛三世的母亲都是"纯泰族血统",这两位君主就分别有四分之一和八分之一华人血统。因为拉玛四世的母亲是拉玛一世姐姐之女,也是一个富有的华人,拉玛四世就有二分之一华人血统。拉玛五世的母亲是拉玛二世的孙女(因此有十六分之一的华人血统),因此朱拉隆功有超过四分之一的华人血统。扫瓦法王后(Queen Saowapha)是拉玛六世和拉玛七世的母亲,她的母系是蒙固王"纯华人血统"的妃子;因此,这两位君主都有超过二分之一的华人血统。的确非常稀奇,但又丝毫不令人惊讶的是,强力排华的瓦栖拉兀(Wachirawut)国王的华人血统多过其泰族"血统"。

② 查尔斯·F. 凯斯(Charles F. Keyes)在这个方面创作了令人受益的读本(Charles F. Keyes, *Isan: Regionalism in Northeastern Thailand*, Cornell Data Paper 65, Southeast Asia Program Publications, 1967;一本至今仍然很有价值的专著,尤其是其关于泰国东北[Isan]地区融入当代泰国的历史概述)。总体而言,他非常清楚泰国东北地区的人民属于老族;他精彩地描述了曼谷君主们长期不懈地努力欲使这些人民融入曼谷统治的国家;他非常同情这些老族人民因此遭受的苦难。然而其观点的主旨却是,事实不断证明,老族人民对却克里王朝的效忠正是要逐步转向对现代民族国家效忠的一种中介机制;如果他们不喜欢政府,至少他们还热爱国王。我就这一点问题的论证会使一切更加明了,即这种"热爱"基本与民族国家无关,并且事实上这种"热爱"是一种倒退,它阻碍了成立真正的国家政体的现代融合进程。里格斯无意间在观点阐释中强调了这个问题:"出于这种[泰国]国家认同感永恒性的考量,王室的保存显得必不可少"(Riggs, *Thailand: The Modernization of a Bureaucratic Polity*, p. 106)。如果明白"这种国家认同感"意味着阻碍进步和陈旧落后,我们就会同意里格斯的观点。

③ S. J. 坦比亚(S. J. Tambiah)是一个很好的例子,他用了 375 页的篇幅描述泰国东北地区的人民,却没有一次将他们称作老族人。他欣喜地将田野调查地点称作"我们遥远简陋的泰国村庄"。S. J. Tambiah, *Buddhism and the Spirit Cults in North-east Thailand* (Cambridge: Cambridge University Press, 1970), p. 372.

且认定有事实上从未有过的连续性("泰国"君主们是原初泰族,而非混血儿),他们一直不能理解现实的少数族群危机,以及给现代国家以激进性崭新定义的迫切性。因此他们采取的政策要么是漠不关心,要么是屈尊俯就,要么是无情镇压。主要原因与其说是政府的排斥,不如说是他们在政治文化上的落后性。此外,这种落后性源自并依存于对现代泰国的本质和起源,以及王室在其中的地位与意义的基本认识不清,困惑不解。

稳定性与不稳定性。如果对少数族群和民族主义问题的忽视是泄露这种神秘化的标志,那么关于"稳定性"和"不稳定性"热议话题的思想混乱则又是一个标志。请允许我用两个众所周知的例子,供大家思考。在文献著述中,却克里王朝后来几代君主常被描写为具有远见和爱国心、精力充沛、推行现代化的君主。①(沉浸在这种情绪中的作者们往往忘了这一事实,即政府公职人员甄选考试制度仅是在推翻"绝对君主制"的四年之前才制定的②,远远迟于各个邻国的殖民政权为全体人民建立类似制度。)然而,保守的威尔逊于20世纪50年代关于暹罗的研究观点(原文文字有强调)如下:"当今的泰国社会,如同其一个世纪以前,经济上主要处于前工业化乃至几乎前商业化时代;技术上几乎还处于新石器时代;社会性质上属于残余封建制。我想在此引用詹姆斯·殷格朗(James Ingram)《泰国经济变迁》(英文名:*Economic Change in Thailand*)中关于过去一个世纪世界历史的文字:

> 泰国大量人口从事农业,劳动者既未在技术上得到改进,也未在占有资本份额上有所增长。此外,总体来讲,经济变革大多体现在数量而非类型上。新方法没有得到采用,新产品没有得到开发。如今所有重要出口产品(橡胶除外)仍然是1850年的出口产品。③

---

① 这是文献著述里的老生常谈。例如,参见 Wilson, *Politics in Thailand*, pp. 97-112;或者 Siffin, *The Thai Bureaucracy*, pp. 51-63。
② On the Civil Service Act of 1928(《1928年公务员法案》),参见 Siffin, *The Thai Bureaucracy*, pp. 211-213。
③ James C. Ingram, *Economic Change in Thailand since 1850* (Stanford, CA: Stanford University Press, 1955). 1971年出版更新版本,书名为 *Economic Change in Thailand, 1850-1970*,同一出版社。

这段引文道出了一个惊人的事实，即在 1850—1950 年这个世界革命风云巨变的世纪中，泰国实质上依然基本保持原貌。"①

有人自然会问推进现代化的动力都到哪里去了。为何在推进现代化的君主们统治了一个世纪之后，一个"唯一独立"的东南亚国家仍然如此落后呢？为何其出口经济看起来与其邻国落后的殖民地经济如此相似（事实上，尤其与间接统治的殖民地区经济非常相似）呢？

我们的第二个例子就是里格斯推而广之的这个泰国政治概念——"官僚政体"（bureaucratic polity），一种被说成是稳定性极强、完全不受来自外部和下层的诉求和压力影响的政体。②然而，如果我们将 1782—1932 年（在此期间有七位国王和一位摄政者执政，大约平均每位执政 18.8 年）和 1932—1973 年（"官僚政体"的全盛时期，有 12 个不同的人担任过总理职务，平均每人执政 3.3 年，此外还发生过不少于八次成功政变和更多次未遂政变）进行对比的话，一幅超强不稳定性的图景便浮现在我们眼前。③相比之下，虽然印尼在独立后的 33 年里只有两位总统，但是直到最近，仍然无人会将印尼称作官僚政体。④

我同时留意了纵向和横向的比较分析，更加精准地聚焦于现代泰国政治不稳定性特征，并探究学术界低估其重要性的原因所在。在此，我认为卢森特·汉克斯（Lucien Hanks）在他们当时做出的最初推断影响非常重大。（参见其巨著的 1962 年文本，在其 1975 年论文中有深入阐释。⑤）他关于"功德

---

① David A. Wilson, "Political Tradition and Political Change in Thailand," in *Modern Thai Politics*, ed. Neher, p. 333.

② "……相比利益群体、政治党派或独立于国家机器的立法机构所关注的问题，内阁政客们对其下属官僚们的利益和需求表现出更加积极的回应"（Riggs, *Thailand: The Modernization of a Bureaucratic Polity*, p. 312）。

③ 里格斯间接发现了这一点。关于 20 世纪 30 年代，他这样写道："事实证明，无论是民党（People's Party）还是议会机构，都无法控制君主控制体系被废除时官僚集团内讧的态势"（Riggs, *Thailand: The Modernization of a Bureaucratic Polity*, p. 178）。"这种由此产生的政体，我称之为'官僚政体'，在某种意义上是一种无可名状的体系。其之所以是无可名状，是因为无人胆敢指出其是政治合法性基础的根源，而这种政治合法性与现实的有效控制相契合。"（Ibid., p.323）

④ Karl D. Jackson, "Bureaucratic Polity: A Theoretical Framework for the Analysis of Power and Communications in Indonesia," in *Political Power and Communications in Indonesia*, ed. Karl D. Jackson and Lucian W. Pye (Berkeley, CA: University of California Press, 1978), pp. 3-22.

⑤ Lucien Hanks, "Merit and Power in the Thai Social Order," *American Anthropologist* LXIV (1962): 1247-1261；再版于 Neher, *Modern Thai Politics*, pp. 107-123；同时还有深入阐述见 Lucien Hanks, "The Thai Social Order as Entourage and Circle," in *Change and Persistence in Thai Society: Essays in Honor*

与权力"（merit and power）和"仆从团伙"（entourage）模型的辩证讨论一直以来极具吸引力，因为两者将不稳定性融入稳定性之中："业力"（karmic）永无休止地追逐着"庇护者—被庇护者"关系，虽然这从未被明确规定为长效制度，但同时它又从未有过任何改变。①

把这个模型当作永恒的现实并假定其"泰族特性"是件容易之事。② 一旦抛却历史因素，就很容易认为官僚政体的不稳定性既具有"自然性"（即文化扎根），又具有民族性（归根结底，即"泰族特性"）。③ 不稳定性因此常被令人宽慰地解读为"泰式稳定性"，而非泰国国家危机的一项指标。

我认为应该弄清楚的一点是，不稳定性在过去（以及现在）一直现实存在，影响重大，并且历史渊源深厚。我认为，这些历史渊源深藏于王国向现代民族国家转型这一阻碍重重又残缺不全的进程之中。这种转型本身就问题颇多，但却被下述观点所粉饰，即"泰国"在19世纪50年代蒙固王（Mongkut）统治时期开始"现代化进程"，这个观点一直延续至今。④

阿金·叻丕帕（Akin Rabibhadana）1969年著作中的这一概念框架十分引

---

of Lauriston Sharp, ed. G. William Skinner and A. Thomas Kirsch (Ithaca, NY: Cornell University Press, 1975), pp. 197-218. 这是关于泰国政治"人类学"的一篇极具影响力的论文，浓墨重彩地强调了庇护关系。

① "我强调的对象是运动在既定场景中的人，就像是足球场上遵循规则和战术策略的球员。"（Hanks, "Merit and Power in the Thai Social Order," p. 107. 原文文字有强调）

② 汉克斯（同上）提醒他的读者"本文引入非历史方法来讨论这个问题，尽管是有关19世纪初至今的这段时期"。然而他偶尔也忘了自己的提醒。此外我认为，所有"关于"特定历史阶段的非历史模型都存在有待矫正的思维问题。

③ 非常有趣的是，里格斯最初竭力想把他的"自僚政体"模型与任何"泰族文化特性"解读撇清干系。他批评赫伯特·菲利普斯和威尔逊在1964年备忘录中以"所谓的暹罗'民族'特性"来说明官僚政体（Riggs, *Thailand: The Modernization of a Bureaucratic Polity*, pp. 320ff.）。但是，他最终在泰国人民接纳官僚政体这个问题上回到了"文化"解读，甚至不加甄别地盲目接受菲利普斯和威尔逊的结论，即村民们实际上非常乐于让当权者知道他们心甘情愿被统治。事实上，对他们而言，这是身为公民的一大重要乐趣"（Ibid., p.324）。显然里格斯完全没有发觉，他对这一思想精华的接受与他本人关于官僚政体是不具合法性的"无可名状"的政治体系论述之间，其实是前后矛盾的。参见上页脚注3。

④ 这就是雅各布斯引人入胜的著作（Jacobs, *Modernization without Development*）的关键弱点。他是如此毅然决然地要把关于暹罗"发展演变"的传统神话连根拔起，以至于很难承认暹罗近现代史上曾有过任何重大变化。蒙固王的暹罗和沙立的泰国——全都是永恒的"世袭制"。事实上，正如我将在下文中指出的，这种"世袭模式"对泰国政治史研究将会很有助益，但是却不能用它来解读所有问题；它只是分析历史现实的一个范式，但绝非现实本身。

人关注，而这部著作无疑是泰国人关于现代暹罗最杰出的英文文本。① 阿金提出了关于暹罗古国王朝统治动力的一般模型：新王朝通常诞生于某些重大灾难之后，一名集政治家与军事家于一身的新贵积极进取，成为堪当复兴大业的领袖之才。正是由于此人在既有体系分崩离析的危难之际横空出世，他能够把王国中最有才干的人招揽到自己身边。因此按照传统，王朝第一代统治是非正常社会流动的时代，杰出的"新人"（homines novi）能够崭露头角。新君主得益于其救世主的地位，能够使大多数社会成员直接听其号令。最重要的是，派銮（phrai luang，有义务服国家劳役的平民）人数达到了最高峰。

然而，英雄人物的后代们凭借血统而非政变或征战上台执政，他们愈发深陷于和王室成员、达官显贵等错综复杂的争斗之中，愈发依赖于后者，而且还必须给后者分配派松（phrai som，"私人"劳役）以资"安抚"。王公贵族对劳役的要求远比国家徭役要轻松许多，因此派銮不断流失去做派松，这样逐渐耗尽了君主的劳动力资源，直到王朝弱得经不起一场重大挑战。然后一个新王朝就崛起了，这种循环周而复始。这个关于阿金模型的梗概非常粗略，很难兼顾其详尽阐释的精微性和知识性，但是却足以引发一些关于观点的有趣疑问。

首先，如果我们可以暂时忘掉"泰族特性"，那可以明确的一点是，阿金模型非常接近韦伯的世袭制模型（Weberian model of patrimonialism）。在这个模型中，中央集权化的自然驱动力与以地方显贵、贵族和王室青年王子为代表的地方化和分裂繁殖化趋势之间形成了核心张力。换言之，这一点非常重要，中央化与"绝对化"趋势本质上与现代化毫无关联，但却与某种类型的国家制度的内在动力息息相关。因此我们应当警醒自己，务必对以现代化角度来解读却克里王朝的中央集权化持审慎态度，而非以世袭制模型角度来解读。

其次，阿金好像陷入了一个令人不安的悖论。他将那些能够垄断劳动力市场的王朝君主们假定为泰国历史上的"伟人"，含蓄地贬低了那些似乎不能组织农民为国家服劳役的当代君主。在他看来，"泰国"只有在国家徭

---

① Akin Rabibhadana, "The Organization of Thai Society in the Early Bangkok Period, 1782-1873," Cornell Data Paper 74, Southeast Asia Program Publications, 1969.

役制度运行最佳时才真正强大。另一方面，人民默默地从派銮向派松转变身份，这清楚地表明泰国人民更乐意为除了君主之外的任何人服役。那么，在一定意义上，正是泰国人民断送了自己获得国家荣耀的机会。就像阿金经常所为，只有在将君主不太看作是遵循世袭制的王朝掌权政治家，而是看作原初泰族的民族英雄之时，这个悖论才站得住脚；然后，强加于平民身上的苦难和牺牲就可被类似于纳税、服兵役以及共和国公民欠自己祖国的所有其他义务所掩饰。因此，逃避国家徭役就像逃避服兵役那样可耻！

阿金认为不稳定性的基本要素已深植于泰国这个世袭制国家之中，但是他强调这些不稳定性的基本要素涉及利益冲突（不仅在君主和贵族之间，还在君主与臣民之间）。如果我们接纳他的这个观点，那么我们可以继续进一步分析当代泰国政治的不稳定性：对却克里王朝的华人政策进行理论再思考。在转向这项政策引发的基本问题之前，有两个虽然小但却很重要的观点需要阐明。第一，这项政策鼓励华人迁入（尤其是那些行动自由的单身男性体力劳动者），正好类似于英国和荷兰殖民地政权的政策，以及马来西亚柔佛和霹雳（Perak）等小苏丹国的政策——这既是从政策本身的角度，也是从政策实施的这个世界历史新时代的角度。①

第二，这项政策绝对无法与将泰国国王比作民族英雄的比喻相吻合。一则，很难相信一位民族主义领袖会奉行此类政策。再则，西方学者们正是将排华情绪看作"泰国民族主义"的最早标志之一。②（顺便一提，尽管表面上

---

① 施坚雅这样写道："也许这有点奇怪，泰国首都的华人人数超过泰人，但是大多数19世纪的观察家们都证实了这一点"（Skinner, *Chinese Society in Thailand*, p. 82）。"在19世纪后半叶里，越来越多的泰国中部地区城镇也冒出华人聚扎"（Ibid., p.88，原文文字有强调）。外米移民占城区人口大部分比例的现象与英属缅甸完全相同，其原因也完全相同。参见John Furnivall, *Colonial Policy and Practice* (New York, NY: New York University Press, 1956), pp. 44, 53, 116-123。在19世纪末20世纪初的荷属东印度和英属马来亚（British Malaya），也可以观察到类似的趋势。

② "拉玛六世……事实上是泰国受过良好教育群体中知识界民族主义的奠基人。他在报刊上以不同的笔名发表了许多文章，详细讲解爱国主题，抨击国内华人社群不断强化的疏离感。"（Wilson, *Politics in Thailand*, pp. 9-10）威尔逊没有告诉读者的是，这位"活泼的"泰国知识界民族主义奠基人竟然是一本近似法西斯的著名反华手册的匿名作者，标题为《东方的犹太人》（英文名：*The Jews of the East*）。维克多·珀塞尔（Victor Purcell）的 *The Chinese in Southeast Asia* (London: Oxford University Press, 1951), p. 155, 内有暹罗中国社群及其与泰国政府和中国关系方面的珍贵资料。

事实上，有足够的理由证明拉玛六世（他本人的华人血统成分超过泰族血统）的反中国化和所谓的民族主义基本毫无关系。例如，施坚雅曾强调指出，瓦栖拉兀的排华情绪很大程度上是其仰慕的英国人种族歧视不断蔓延的衍生物（参见Skinner, *Chinese Society in Thailand*, p. 160, 以及 p.

其"泰族特性"的灵活性是如此令人瞩目,但是排华情绪非常严重,从1911年一直到1946年,泰国统治者们一直拒绝考虑与任何中国国家领导人建立官方关系。① 因此显而易见的是,应该从王朝而非民族的需要来理解对华移民政策。因为如果这有助于短期内"稳固"王朝的势力(事实显然如此),同时也造成了泰国社会长期的不稳定性和矛盾性,这恰与英国人和荷兰人以及霹雳和柔佛两国苏丹在当代印尼和马来西亚推行的移民政策如出一辙。

制度化引进华人劳工最初是拉玛三世统治时期的一项重要国策。② 然而正是"1855年[《鲍林'条约'》(*Bowring 'Treaty'*)]之后的泰国经济扩张,大大增加了对体力劳动者的需求,并最终导致招募中国农民到暹罗做'苦力',以及始于19世纪80年代的大规模移民"。③ 实施此项政策的原因何在呢?这批劳动移民与却克里王朝绝对专制统治之间有何结构性关系呢?

答案包括两个方面:(1)作为到处找活的揽工汉(而不像泰国农民那样想方设法逃工),华人移民为泰国统治者提供了暹罗政治体系之外的现成劳动力,即不受从派銮向派松阶层流动的影响。(2)泰国统治者很快发现,正如马来亚的英国殖民当局(以及程度次之的荷属东印度的荷兰当局),这批劳动力不仅可被用来为自己谋利,还可被用来为国家的总体扩张服务。

让我们来逐一简要地看看这个答案的两个方面。鉴于统治者的劳动力需求,华人移民的巨大优势在于他们地位弱势,缺乏知识,单身一人,行动自由。如果可以找到钱付他们工资,他们就可以干更多的泰国农民干不了的

248-249)。此外,在1911年清王朝被推翻后,泰国君主们担心华人移民会带入共和思想并传染给泰国人(Batson, "The End of the Absolute Monarchy in Siam," p. 89)。格林评论说,瓦栖拉兀认定1912年未遂政变的许多头目都是"中泰混血畜生",并且认为这"与中国最近政治动荡很有关联"(Greene, "Thai Government and Administration in the Reign of Rama VI [1910-1925]," p. 125)。

① 珀塞尔这样描述1946年《中暹友好条约》(Siamese-Chinese Amity Agreement of 1946),认为这是在披汶·颂堪两度独裁统治之间文官执政的一段短暂空白期谈判达成的(Purcell, *The Chinese in Southeast Asia*, pp. 192-194)。1949年中国共产党领导的革命取得胜利后,连续几届军政府将"泰族特性"的现实性和灵活性发扬光大,在接下来的25年时间里一直与台北保持联系。也正是由于其"泰族特性",克立·巴莫(Kukrit Pramote)文官政府又于1976年与北京建立关系。(此处作者有误,中泰两国于1975年7月1日正式建交。——译者注)

② 但是正如施坚雅所评述:"却克里王朝头两代君主将国家贸易和王室垄断发展到前所未有的高度。为了扩大暹罗出口产品的生产,并为王室舰队招募船员,他们鼓励华人移民。"(Skinner, *Chinese Society in Thailand*, pp. 24ff.)

③ Ibid., p. 109.

活。而且"人们越发认识到雇佣劳动的效率高于劳役"。① 因此华人苦力"被广泛地雇佣于运河和铁路修建、锡铁矿山开采、装卸等码头工种,或受雇于米磨坊、锯木厂以及华人种植园"。② 事实上施坚雅认为,始于1892年、对拉玛五世中央集权化政策走向成熟至关重要的暹罗铁路系统建设,"从多方意见来看,如果没有华人劳工的话,根本无从谈起"。③ 关于华人劳工的死亡情况:"毫不夸张地说,1910年前死于暹罗铁路修建工程的华人数以千计。"④

然而施坚雅还同样正确地指出,由于华人对于王室政策的重要性,"就必须给予他们那个年代泰国平民无法想象的自由"。⑤"[他们]不服劳役……而是被征缴人头税,这足以成为数量可观的财政收入来源,但又不至于高到打击移民热情。"⑥ 此外,"19世纪60年代,沃纳(Werner)整理出一份详尽的手工艺商品清单,试图发现泰人在其中所占的分量……他的结论是,事实上[到目前为止]暹罗所有的工业已经尽落华人之手"。⑦ 重申此类政策与19世纪至20世纪初泰国君主们"高瞻远瞩的爱国者"的传统形象毫不搭调,这难道是多余之举吗?

在国家支付雇佣劳动制度和绝对君主制国家本身两者的财政管理问题上,施坚雅均论证了却克里王朝君主们(在一些富可敌国且备享王室恩宠的华人领袖们的协助下⑧)精明地构建起如下一套功利主义特征显著的体系:

---

① Skinner, *Chinese Society in Thailand*, p. 114.
② Mabry, "The Development of Labor Institutions in Thailand," p. 43.
③ Skinner, *Chinese Society in Thailand*, p. 114.
④ Ibid., p. 115.
⑤ Ibid., p. 97. 原文文字有强调。完全相似的是,东南亚其他地区的英国和荷兰殖民政府也给予了华人(或印度人)移民"[当地土著]平民无法想象的自由"。
⑥ Ibid. 这项人头税的金额是每三年一次性缴纳4.5泰铢,从1828—1909年从未变更。当1899年泰国最终废除泰人男丁义务劳役制度后,取而代之的是每年缴纳4—6泰铢的人头税。施坚雅对这种"不平等"深感困惑,但却将之视作"19世纪泰国政府对华人示以恩宠主义[原文如此]"的表现。自不必说,关于这个矛盾的简单解释就是,华人税费一定要维持在很低的水平,这样才不会打消他们移民的热情;而对于泰人来说,既然他们无处可逃,何不强征苛税呢?以上所有内容,参见 ibid., pp. 97, 162, 123。
⑦ Ibid., p. 97. 原文文字有强调。
⑧ "正是通过国家政策,把持财政来源的华人大多被授予了各种爵衔。在三世皇时期,参与博彩和赌博的农民被自动授予昆(Khun)的爵衔;五世皇时期,这个爵衔被提升为銮(Luang)。种植罂粟的农民也被授予贵族头衔……"(Ibid., p. 153. 原文文字有强调)

（1）人头税标准保持在相当低的水平，以鼓励华人移民留在暹罗；①（2）在移民社群中鼓励吸食鸦片、聚众赌博、卖淫嫖娼、酗酒成性的风气②，以确保华人劳工常驻不走，并将工资在当地开销，而不是将钱汇给远在中国的家人。③

事实可以说明一切："值得注意的是，四项收益最大的［财政］包税，在19世纪下半叶其总额占国家财政总收入的40%—50%，如今全都依赖华人消费，包括鸦片、赌博、博彩、酒水四种包税。"④ 1905—1906年，鸦片包税为拉玛五世净赚了1000多万泰铢，大约占政府财政收入的15%—20%。⑤ 1903—1904年，赌博包税达到570万泰铢，博彩包税达到210万泰铢，酒水包税达到420万泰铢。（相较之下，人头税甚至从未有哪一年达到过100万泰铢。⑥）

施坚雅本应早就发现"至少在五十年的时间里，暹罗实现了现代政府治理和经济繁荣发展，进入了世界经济体系和民族之林，几乎政府财政收入的一半直接或间接地来自人口规模相对很小的华人社群"，并且还应发现这个结论"十分异样"。这正是对"晚期托勒密式"思想（"late Ptolemaic" thinking）的揭露。⑦ 事实上，一旦抛弃因袭的神话，这就是世之常理。

事实上在外部强加和平的条件下⑧，君主可能会把军事抵御外敌、保卫国家忘得一干二净，全身心地推行内部扩张（"中央集权化"），身份自由但

---

① 施坚雅阐明了理由（Ibid., p.125）。
② 这也许看似残酷，但是弗吉尼亚·汤普森（Virginia Thompson）指出，国际联盟（League of Nations）于20世纪20年代的一项调查发现，暹罗"平均每个华人苦力一半的收入花在鸦片上，但是他们中"到暹罗前"就已吸食鸦片者不到五十分之一"。参见Thompson, *Thailand: The New Siam*, p.609。
③ 这项政策非常成功。施坚雅得出如下结论："很可能到目前为止，华人的大部分现金收入留在了泰国。"（Skinner, *Chinese Society in Thailand*, p.227）
④ Ibid., p.120. 原文文字有强调。
⑤ Ibid., p.121. 鸦片包税制于1908—1909年被废除，自那时开始国家垄断鸦片行业。施坚雅告诉我们，在1910—1938年期间，政府来自鸦片税的财政收入每年在800万—2300万泰铢间不等，平均达到1490万泰铢。完全同出一辙的是，马来亚的英国殖民政府为了不向英国企业征税，转而靠向华人移民社群贩卖毒品发财（Ibid., p.226）。虽然程度稍弱一些，东印度群岛的荷兰殖民政府亦是如此。
⑥ Ibid., p.123.
⑦ Ibid., p.125.
⑧ 巴提耶说华人被免除服兵役——19世纪40年代之后的一项毫无实质意义的优惠待遇（Battye, "The Military, Government, and Society in Siam, 1868-1910," p.22）。

政治无力的侨民们无疑是大有裨益的。由此可以理解1874年奴隶制度的废除①。这项法令在如今往往会被冠以开明解放运动的光环，但是事实上应当将其理解为以上所述各项政策的逻辑延伸。需要谨记的重要一点是，传统上奴隶是被免除服国家徭役的，因此他们并不在君主的掌控之中。"对改革型君主而言，显而易见的是，解放奴隶可以扩大农民劳动力的供给，并且可以同步增强政府的根基。"②

有鉴于此，我们现在可以进而重新考量19世纪末20世纪初却克里王朝政策的主要动力。怀亚特、凯斯、西芬、威尔逊等学者都通过不同路径对这些政策进行了研究。众所周知，这些政策涉及（1）大规模聘请外国顾问；③（2）曼谷中央政权在泰国东北部（Isan）、清迈（Chiengmai）和南部地区的延展④，这一直相当受益于进口铁路、电报、电话，以及后来的机械化运输的推动；⑤以及（3）试图将僧伽等级制度直接从属于国家，并按照国家意图实施操纵（即后蒙固王时期法宗派［Dhammayut sect］在王室强大庇护

---

① 事实上，这项举措并未解放那些已经沦为奴隶身份的人；而是仅仅禁止新奴隶的产生。最终，完全的奴隶制度还得再等一代人，直到1905年才被正式废止（Mabry, "The Development of Labor Institutions in Thailand," p. 42）。
② Riggs, *Thailand: The Modernization of a Bureaucratic Polity*, p. 58.
③ 关于这个问题，西芬一如既往，谈及事实时富有启发性，进行解释时则是托勒密式的。他指出，1909年，即拉玛五世在位的最后一年，政府聘用了300多个外国人（Siffin, *The Thai Bureaucracy: Institutional Change and Development*, p. 97）。他们包括12个"总顾问"，部级机构的13个局长和23个助理局长以及相同职级职务，以及69个"在仅次于部级的机构参与管理工作的外国人"。（我们和明治天皇晚期的日本相差甚远，而与苏丹阿布巴卡晚期的柔佛邦国非常接近。）然而他却在次页中说，不仅这些顾问们"不能对国家重大政策拥有最终掌控权"，而且"外国顾问们事实上并未正式把控过重大政策，但是他们的影响力有时会大到几乎可以掌控"。（！）我们在另一处（Ibid., p.96）了解到这些顾问"对于新官僚集团核心价值观念的贡献是无法言尽的"。格林关于拉玛六世时期状况的描述不是那么前后矛盾："……英国通过其众多外国顾问在泰国政府内部有着惊人的影响力。在大约208名外国顾问当中，有133人是英国人。此外，相比其他任何国籍的顾问，英国人遍布整个官僚体系。除了遍布在每一个财政部门之外，他们还遍布于该国所有自然资源开发类部门。"（Greene, "Thai Government and Administration in the Reign of Rama VI [1910-1925]," p. 261. 原文文字有强调）
④ 例如，参见Keyes, *Isan: Regionalism in Northeastern Thailand*, chap. 3；以及Siffin, *The Thai Bureaucracy: Institutional Change and Development*, chap. 4. 西芬认为，1892年，即拉玛五世推行"激进改革"之前，享有薪俸的官僚总数大约1.2万人（Ibid., pp.94, 80）。到1899年，这个数字翻了番；到1905年，再度翻番。到1910年，仅内务部（Ministry of the Interior）的官僚人数（1.5万人）就超过了1892年以前享有薪俸的官僚总数。
⑤ 到1907年，暹罗的电报线路超过七千英里，连接67个行政和商业中心。大约有550英里的铁路在运行使用（Siffin, *The Thai Bureaucracy: Institutional Change and Development*, p. 122）。

之下的地位，尤其是任命朱拉隆功的兄弟瓦契拉央王子［Prince Wachirayan］担任泰国僧王［Supreme Patriarch］，其职责是确保僧伽委员会［the Sangha］全面奉行君主的行政和教育政策①）。

在一些重要方面，许多此类政策都在一定程度上遵循了以路易十四（Louis XIV）的不朽名言"朕即国家"（L'état c'esc moi）为标志的欧洲绝对专制主义模式。事实上从君主—国家（moi-state）的视角而言，这些政策在短期内大体是"理性的"，现在是，过去也是。然而也有不同之处。欧洲君主—国家严重动荡不安的原因正是其太过强大。波旁王朝（Bourbon）②、罗曼诺夫王朝（Romanov）③和斯图亚特王朝（Stuart）④的绝对专制统治都在大规模群众革命爆发前就已分崩离析，而大规模群众革命则是由这些根深蒂固的绝对专制统治自身的政策转型引发的。但是就泰国而言，绝对专制统治无论从根基深度还是历史厚度方面都不足以激起如此严重的社会动荡；而现实却是由绝对专制统治的内部核心力量——职能官僚集团掀起局部起义，这令人费解，并以1932年政变为征兆。无论过去还是现在，暹罗真正的政治问题恰恰在于：平民大众从未在社会激进主义和真正的群众性民族主义的推动下与"绝对专制主义"果断决裂。⑤

---

① 参见 Wyatt, *The Politics of Reform in Thailand*, chaps. 7-9；同时参见 Craig J. Reynolds, "The Buddhist Monkhood in Nineteenth-Century Thailand" (PhD dissertation, Cornell University, 1972), esp. chaps. 3-5 and 7（这是一项重大的开创性研究，聚焦于担任僧王的拉玛五世的兄弟瓦契拉央王子）。事实上，这个过程可以追溯到蒙固王本人，如果雅各布斯可信的话。他这样写道："拉玛四世曾坦承自己发起宗教改革运动的一个动机，即要抗衡并挫败可能会在下一步现代化建设中趁乱而起的千禧年运动"（Jacobs, *Modernization without Development*, p. 260）。（尽管这听起来不太像蒙固王的言论。）
② 波旁王朝（英文名：House of Bourbon，起始于1589年）是欧洲历史上时断时续的一个跨国王朝，曾经统治纳瓦拉、法国、西班牙、卢森堡等国以及意大利一些公国。——译者注
③ 罗曼诺夫王朝（英文名：House of Romanov，1613—1917年）是俄罗斯历史上的最后一个王朝，同时也是该国历史上最强盛的王朝。——译者注
④ 斯图亚特王朝（英文名：House of Stuart）是曾经统治过苏格兰（1371—1714年）和统治过英格兰与爱尔兰（1603—1714年）的王朝。——译者注
⑤ 巴特森因此温柔地指出："……在这段时期［二十世纪初］，完全不同的民族主义运动正在该地区其他地方风起云涌，其共同目标就是实现政治独立。在暹罗，这个核心是缺位的……"（Batson, "The End of the Absolute Monarchy in Siam," p. 18. 原文文字有强调）事实上这种群众性民族主义的现成起源往往令人联想起1925年发生在沙拉武里府（Saraburi）的艾甘（Ai Kan）起义；起义领袖曾说，如果国王在七天之内不采取任何行动反抗外国压迫，他就会亲自动手（Ibid., p. 174）。

20世纪泰国民族主义发展迟缓，这很可能在东南亚地区并非独一无二。马来亚就很类似，直到最近其民族主义仍然发展迟缓，而且令人费解，表现在其反华种族主义和对英帝国主义的盲

官僚核心集团身为绝对专制体系的一部分，无力独自与绝对专制主义的观点和传统相决裂；由于其异质性和职能专业化，官僚核心集团也无法生成绝对君主专制从前曾拥有过的世俗合法性。事实上，里格斯所说的"官僚政体"却是君主－国家绝对专制统治的没落。现代"官僚政体"游移于君主专制主义和大众民族主义之间，既极度保守，又很不稳定。这并不是因为其具有"泰族特性"，而是因为其自身并不具备建立内部与外部合法性的现实基础和标准。①

这种游移不定的状态直到 20 世纪 60 年代初才结束——此后美国军事力量和财阀资本主义更多由于疏忽大意，强行介入这污浊不堪的政治秩序之中。（与却克里王朝相似，沙立的"绝对专制统治"只有通过对外平定和国外援助才能得以实现。）这种大规模渗透给泰国社会带来了极其快速的社会变革（计划内和计划外），这种社会变革是官僚集团自己在拟定全套"现代化"草案时根本无法预见的，更别说提出这个问题了。与此相应，由于这些社会变迁，泰国大众民族主义得到了发展，而我认为这就是当代景象的最大特征。②

文化与政治。 很明显，到目前为止大多数关于现有泰国政治研究的评论文章，说到底，都不过仅仅是对泰国文化的某种物化的评论。诸如"泰族特性价值观"这样含糊不清的题目，诸如（19 世纪）"大泰民族主义"这样不合时宜之物，以及诸如"君主制对泰民族认同绝对必要"这样令人质疑的公理性结论，都促使我们对纯属想象的泰民族永恒特质进行思考。巴林顿·摩尔曾经告诫政治学专业的学生们务必警惕"文化主义"的阐释，其原因是，在他看来，这种阐释在本质上具有保守性、非历史性和非批判性。③ 总体而

从。许多马来亚"民族主义者"一直以苏丹为豪，但是他们完全忽视了一个事实，当初与英国人一道把这些招人嫉恨的中国人带进马来亚的正是这些苏丹们（或者是其直系祖先们）。

① 里格斯自己也认识到了这一点，参见第 44 页脚注 3。
② 参见本书中我的论文《撤军症候：1976 年 10 月 6 日政变的社会和文化面向》（Withdrawal Symptoms: Social and Cultural Aspects of the October 6 Coup），尤其是"意识形态剧变"及其后部分（原著 47—76 页，本书 60—94 页，尤其是原著 66 页及以后部分）。
③ Barrington Moore Jr., *The Social Origins of Dictatorship and Democracy* (Boston, MA: Beacon Press, 1966), pp. 483-487.

言，我认为他的观点言过其实——事实上，往往并不合理。但是在泰学研究问题上，这一点还有很多值得讨论之处。

具有讽刺意味的是，尽管"泰族文化特性"概念的一切重要性在泰国政治分析中被频频论及，但是秉持批判和公正态度去研究这种文化的情况极为罕见。同样，也极少有人具体探讨过这种文化与泰国社会和政治生活的动态关系。请容我提出造成这种不良局面的两种原因。首先，政治学家们往往为区域问题专家的身份而感到自豪，他们不加选择地吸取人类学家们（尤其是深受"文化与人格"学派影响者）在探究"泰族特性"文化母体方面的研究，并以此捍卫自己的学术头衔。人类学家们的实证研究模型与假设同样频频被非人类学家们具体化为毋庸置疑的泰国社会基本现实。①

其次，由于大多数政治学家都下意识地认定"现代化的君主＝爱国的民族英雄"这一原理，因此一直以来，（尤其对那些无论如何都对文化不感兴趣的人来说，）很容易接受却克里王朝晚期的"高文化"是泰民族文化的代表这一观点。②

又一次，正是比较才是所需要的，包括纵向和横向。我们可以从早期暹罗开始做比较。对人最强烈的冲击莫过于却克里时代的造型艺术缺乏视觉辨识度。佛像全都是素可泰（Sukhothai）王朝时期和阿瑜陀耶（Ayutthaya）王朝早期个体肖像的仿制品，毫无生命气息。同样，19世纪和20世纪的宗教与世俗建筑也是一派创意枯竭、过分讲究的气象。这并非只是我个人的观点。以下是《泰国地区手册》（*Area Handbook of Thailand*）的观点：

1782 年曼谷王朝（Bangkok［即"却克里王朝"。——译者注］）的建

---

① 这种趋势可能是人类学家群体在二战后第一代泰学研究专家队伍中的优势地位及其"文化与人格"总体方向造成的。重要的是，"松散型社会结构"模式（"loosely structured society" model）在被大多数人类学家弃用很久之后，还一直被政治学家们或全盘照搬或部分采纳。（请注意，整个"松散型社会结构"问题之争——暂且不论烦琐的基础性问题——关涉到想象的、完全脱离历史的泰国社会"固有的""既定"本质。）

② 自此却克里王朝晚期上层社会生活就开始被神化为"老暹罗"（Old Siam）。犬儒学派者可能会为这种怀旧的身份认同提供更多的个人原因。因为无论在谈话还是文本中，"老暹罗"都表现为舒适悠闲与异域风情的典型结合。河道汽船运输、现代热带医学、货币稳定、与西方世界通讯便捷，再加上多姿多彩的仪式、独特的风景与音乐、辛辣开胃的菜肴、价格低廉的古董、成群的仆役，以及对待性事的"轻松"态度。自无须说的是，这种"老暹罗"风格的历史追溯大约不会早于 1900 年。

立,标志着泰国传统艺术第五个流派——拉达纳哥信王朝(Ratanakosin,即"却克里王朝")流派——的兴起。这是一个鲜有成就的时代,阿瑜陀耶王朝末期的衰颓还在延续……直到1868年,泰国传统的雕刻、建筑、绘画、音乐、装饰和手工艺术都停滞不前……泰国传统雕刻几乎已经消失了。①

也许远超象征意义的是,这本手册将艺术停滞的时间追溯到了朱拉隆功登基的这一年。拉玛五世和六世时期显现出泰国建筑学艺术真意的最终消逝。② 位于邦巴茵(Bang Pe In)的王室建筑群很好地表达了这段令人忧思的过程。"典型泰式"宫殿的微型复制品与豪华炫目的"海外华人"风格的寓所毫不搭调地拼凑在一起,预兆着东南亚其他地区独立后精英的郊区别墅景象莫过于此。③

令我印象深刻的是,生机勃勃的艺术也经历了极其相似的命运。一个几乎江山永继的保守政权,表面上承诺坚守泰民族文化和价值观,可与此同时"古典"音乐、舞蹈和戏剧却持续衰颓,濒于灭绝。④ 老师傅还没有传人就去世了。经典作品偶尔复苏,但是在学术语境下,却没有任何繁衍。所有这些艺术作品往往成为博物馆的馆藏品,更多是为了款待与它们素未谋面的外国游客,而不是为了现存的泰国社会本身。

文学领域的情况非常相似:泰国最后一位著名的古典诗人顺通蒲

---

① Smith et al., *Area Handbook for Thailand*, pp. 182-183.
② 或许部分原因是这些遗址和建筑物的修建者越来越多的是华裔移民而非泰国本土工匠吧?这是却克里王朝君主们的政策造成的。施坚雅记载说,1824年,华人修建了拉玛二世火化场建筑,而且他们早就习惯了修建泰式寺庙(Skinner, *Chinese Society in Thailand*, pp. 113-114)。我们也可回忆起沃纳(Werner)关于19世纪泰国工艺品产业衰落于却克里王朝华裔移民之手的描述(见上文;引自 ibid., p.117)。
③ 这种微型化和复制化的政治意蕴的对比讨论,涉及印尼和柬埔寨,参见本人1978年论文 "Cartoons and Monuments: The Evolution of Political Communication under the New Order," in *Political Power and Communications in Indonesia*, ed. Karl D. Jackson and Lucian W. Pye (Berkeley, CA: University of California Press, 1978), pp. 282-321.
④ 时而会听到这种观点,认为宫廷艺术的衰落应归咎于1932年政变的领袖。然而这种观点根本不合情理,令人欣喜的是瓦栖拉兀国王大约于1908年开办了一所孔剧(*khon*)学校,原因是他担心"这种最高水平的泰国艺术形式正由于缺乏支持而走向消亡"(Greene, "Thai Government and Administration in the Reign of Rama VI [1910-1925]," p. 30)。

（Sunthon Phu）[1]失宠之时，恰是推行鼓励华人移民政策的拉玛三世即位之际，看起来这绝非仅具象征意义。在却克里王朝此后历代君主统治时期，还有过什么人物堪与顺通蒲媲美？还创造过什么生动活泼的文体风格？难道除了有几分维多利亚风格（Victorianization）外另有其物吗？[2]是无处不在又抑制着活力的狭隘难懂而理想化的温文尔雅？还是旧时暹罗学会（Siam Society）中早已制度化的博物馆化文化？直到20世纪60年代，并且直到那时远离了宫廷和暹罗学会，泰国文学文化才重新拥有了锐意创新的风格。

诚然，若将这种公认的文化衰落与王国的"现代化"问题一并考虑，则会对当代泰国历史与政治的特征提出一系列严肃性问题。悖论无法在绝对专制主义自身的本质属性中得到解决；以路易十四为杰出代表的欧洲专制君主们为文学艺术成就卓越的繁盛时代做出了巨大贡献。但是如果谨记却克里王朝的绝对专制统治是一种缺乏独立性的绝对专制主义，说到底就是欧洲平定与渗透政策的副产品，那么我们就找到了一部分的答案。[3]

横向比较同样具有启发性。从东南亚邻国研究当中，我们必会深感20

---

[1] 顺通蒲（Sunthon Phu，1786—1855年），泰国却克里王朝拉玛二世时期最著名的宫廷诗人，拉玛二世去世后辞职出家做了和尚。20年后，在拉玛三世统治时期，回宫担任王室抄书吏，直至去世。他最著名的作品包括诗集 *Nirat Phukhao Thong* 和长诗 *Nirat Mueang Klaeng*。——译注

[2] 赫伯特·菲利普斯声称，一名资料提供者告诉他，17至19世纪（19世纪初？）宫廷创作的经典情色文学是"泰国对于世界文学宝库的唯一原创性贡献"。这些文学作品直到大约最近15年内才重见天日。参见 Herbert P. Phillips, "The Culture of Siamese Intellectuals,"（一项最具开拓性的研究）in *Change and Persistence in Thai Society: Essays in Honor of Lauriston Sharp*, ed. G. William Skinner and A. Thomas Kirsch (Ithaca, NY: Cornell University Press, 1975), p. 332.

[3] 这一点令人想起暹罗近代史研究中最为明显的一大分歧：关于英泰关系的概要分析。以下几条供考虑：

（1）巴提耶提醒我们，英国曾大力支持拉玛五世发展军队的计划。1884年，英国常驻公使致信伦敦，说他"确信只有通过强化国王的势力，暹罗的未来及其对我们可资利用之处才有希望"（Battye, "The Military, Government, and Society in Siam, 1868-1910," p. 269. 原文文字有强调）。

（2）"英国事实上钳制着泰国的经济。英国不仅可以关闭其在新加坡和香港这两个承接泰国大多数出口贸易的转口港，还可以封锁泰国的主要港口"（Greene, "Thai Government and Administration in the Reign of Rama VI [1910-1925]," p. 261）。

（3）关于拉玛六世统治时期："在大多数国际问题上，［德瓦翁（Devavong）］王子通常会坚持英国确立的政策路线。英国驻曼谷外交代表赫伯特·迪尔林爵士（Sir Herbert Dering）对德瓦翁格外友好。事实上，他经常与德瓦翁商谈，以至于在许多泰国人眼里，他才是真正的外交部顾问，因为他夺走了受聘在该岗位上的美国人的权力。"（Ibid., p.264）

（4）直到20世纪20年代中期，赴英留学的泰国学生仍然是留学其他国家人数的六倍（Batson, "The End of the Absolute Monarchy in Siam," p. 72）。

世纪暹罗文学（相比当代越南、印尼或菲律宾文学）的相对狭隘性。暹罗文学的"春天"也比其区域伙伴们迟到了至少整整一代人，也或许是两代人。这些比较并非出于贬低泰国成就之意，而是要提醒我们自己留意文化生活与政治生活之间的必然联系。很明显，以上提及的其他国家现代文学创作的发展，从何塞·黎萨（José Rizal）的杰出小说开始，都与民族主义运动密不可分。我认为，泰国文学的狭隘性恰好表明了绝对专制王国向民族国家的转型不完整。①

最后，我们简要谈谈最庞大复杂的文化制度——僧伽制度（Sangha）。当然可能的是，泰国君主们很早就"利用"佛教来巩固自己的合法性，并扩充自己的劳动力资源基础。修建传统佛教纪念建筑的一大功能当然是"吸引"信徒。佛教传教活动无疑得到了倡导，一定程度上是出于纯政治因素（raisons d'état）。但是当研究欧洲中世纪政治时，我们务必谨记那时只有一种宇宙学，即便是唯利是图的奉行马基亚维利主义（Macchiavellian）的君主们都难以置身事外。虽然方式不尽相同，但是这些传统的泰国君主们受佛教影响的程度并不亚于其臣民。看似发生在19世纪末的一切，正是泰国统治阶级缓慢世俗化的开端。这些社会背景下的男孩越来越少进庙修行了（更不用说终身修行）；即便他们进庙修行，也是敷衍了事。②

因此，当形势发展到可以置身事外时，出于政治目的而变本加厉、极其冷血地"利用"佛教就成了可能。③（这与操纵当代马来西亚和印尼的伊斯兰教以及缅甸的佛教等势力集团的手段有明显相似之处。无论是哪种情况，政策反映出统治者与被统治者之间的巨大鸿沟。）当统治者不再真正相信自己向被统治者鼓吹的意识形态／宗教时，所谓的"虔诚"很快就在官僚机构操纵中变得麻木。这是否有助于解释这一当代悖论（尽管官方所肯定的与此相

---

① 格林关于拉玛六世立场的分析非常恰当："无论何时出现反抗，他都设法通过加强号召效忠于国王和民族来战胜挑战。瓦栖拉兀国王将君主制与民族主义如此紧密地联系在一起，并始终独揽民族主义运动的真正领导权，令运动的成效大打折扣。他的民族主义概念令人质疑，因为热衷于宣扬效忠王室的人正是国王自己。" Greene, "Thai Government and Administration in the Reign of Rama VI (1910-1925)," p. 426.
② 据巴特森记录，在20世纪30年代，泰国学生在英国创办的杂志中有无数反映泰国年轻一代对宗教愈发淡漠的文章。Batson, "The End of the Absolute Monarchy in Siam," p. 79.
③ 这一进程在已故独裁者沙立·他那叨（Sarit Thanarat）的推动下，通过僧伽制度的残忍操纵手段而达到了某种程度的登峰造极。

反）：僧伽等级制度在明显衰退而世俗佛教激进主义（lay Buddhist activism）的横向（可以说，向左的与向右的）传播却如此广泛？

结语

我竭力想要说明的是，在我看来关于当代泰国政治生活的英文著述的不足之处，并提出造成这些不足的原因，包括资料、政治和概念方面。请容我在此简要作一综述，而非对上文的重述甚或扼要重述。

如果仔细考量关于当代泰国政治的文献资料库，会深深困惑于存在如此多明显矛盾的主题：松散型结构／严格的官僚科层制，佛教激进主义／僧伽制度的衰落，不断调整的统治／稳定不变的社会，稳定性／不稳定性，保守主义／衰败没落。对于人类学家、宗教学者、政治学家、历史学家、经济学家等来说，每对概念（此外还有其他许多）的任何一个都是很有价值的研究主题。

然而总体而言，对这些明显矛盾的觉察并未促使学者们去突破以下桎梏：（1）坚持认为每对概念中只有一个概念真实、重要，或更占优势；（2）坚持认为，一定程度上有些媚俗，这些"二元对立"只不过是泰国社会复杂性和特殊性的"自然既定"。迫切需要的是一种严肃研究相互关系的视角，不仅包括每对二元对立概念内部的相互关系，还包括涵盖所有这些二元对立概念的总格局的相互关系。换言之，我们需要敢于把泰国社会、历史和文化当作一个整体来进行仔细的考量。

鉴于此，平心静气地评估"泰学研究专家"在美国（西方）学术市场的处境就非常重要了。他们全都集区域问题专家和正规学科成员于一身。区域研究的声望与可信度或许从来就不太高，而且直到第二次世界大战后美国向第三世界国家扩张的背景下才对国家举足轻重，在过去十年里更是江河日下。许多区域问题专家经常受到指责，认为他们学科方法落后，理论单薄。（总体而言，这些学科知之甚少的是，从事类似暹罗这样区域研究的同仁们面临着理论和方法论方面的许多具体困难。这些具体困难包括：语言障碍、资料问题、渠道困难、文化障碍、政治问题等。）

虽然如此，我认为区域问题专家们在应对中常常表现得胆识不足。常见的应对存在两个极端类型。一个极端是盲目"跟风"该学科的新方法和新理论——随意使用这些新理论、新方法，却不对资料加以思考，一心想要在该学科的年度大会上出尽风头。另一个极端是不服气地深深爬进了"区域问题"的壳里，始终以一种辩护的意识形态方式，强调这个专业领域的独特性和不可比性，并投身于定义愈发狭隘、话题愈发冷僻的研究之中。（"人文研究"常被用作这种伎俩的挡箭牌。）然而这些目中无人的国别问题专家屈从于假想出的学科边界，这种情况实际上是如此司空见惯。蜷伏在学科和国别的双重边界里是一件如此惬意简单的事。

在我看来，区域问题专家事实上无须为自己的职业感到羞愧，但是我们务必要有昂扬的精神和足够的自信，投身于这个无疑将受到瞩目的研究之中：换言之，以作为一个领域的区域国别研究为己任，或如我此前提及的作为一个整体的区域或国别研究。这意味着我们不仅要大量阅读其他学科区域问题同行专家们的著述，还要允许这些著述对我们的研究提出质疑。这恰恰意味着我们不能一味地在这些著述中搜索论证既有概念和假设的依据，或是仅仅为了给我们的成果增添跨学科和"人文性"的光泽而引用这些著述。

本篇综述尚存诸多明显的不足和可能的谬误。谨以此献给我所理解的大会真正主旨，即赋予"泰学研究"概念以些许真正意义。

撤军症候：1976 年 10 月 6 日政变的社会和文化面向[*]

> 将拂迷雾兮窥天迹，
> 人兽哀鸣兮世乱离。
> 君失十德兮灾降世，
> 天降异兆兮崩四极。
>
> 魑魅狞世兮天象昧，
> 星月离轨兮空如晦。
> 业火焚天兮云蔽日，
> 湄南水红兮血浪摧。
>
> 山鬼惶惶兮荡城垣，
> 城魅遁迹兮入幽林。
> 狂癫攫地兮天昏黄，
> 重瓷浮水兮葫沉渊。
>
> ——《先知哀大城》（公元17世纪前后）

---

[*] 本文最早发表于 *Bulletin of Concerned Asian Scholars* 9,3 (July-September 1977): 13-30。经授权许可再版。参见 www.criticalasianstudies.org。

引言

若论军事政变，这在泰国现代史（或古代史）上都屡见不鲜。自1932年政变推翻绝对君主制以来，成功政变至少有八次，未遂政变则次数更多。[1] 因此难怪有些西方记者和学者将1976年"10.6"事件描述为泰国政治的"典例"，甚至是同床异梦地跟民主调情三年后的"常态回归"。[2] 然而事实上，10月6日是泰国历史上泾渭分明的一个转折点，原因至少有二。其一，在1973—1976年间，合法左翼反对党的主要领袖们大多并未像其先辈或遭监禁或被流亡那样落魄潦倒，而是加入了游击队，愈战愈勇，捷报频传。其二，这次政变并非精英派系之间的突然发难，而是右翼势力两年以来公开恐吓、袭击与暗杀行动的登峰造极，精心策划的"10.6"暴徒暴力事件本身就是其最具标志性的行动。[3]

统治集团实施政治谋杀一直是现代泰国政治的惯常特征，无论是在20世纪30年代末陆军元帅披汶·颂堪（Phibunsongkhram）独裁时期，还是在40年代末至50年代的披汶·颂堪—炮·希亚侬（Phao Siyanon）—沙立·他那叻（Sarit Thanarat）三头政治时期，[4] 还是在60年代至70年代初的沙立·他

---

[1] 例如，参见 David Wilson, *Politics in Thailand* (Ithaca, NY: Cornell University Press, 1967), chapter IX; Fred W. Riggs, *Thailand: The Modernization of a Bureaucratic Polity* (Honolulu, HI: East-West Center Press, 1966), Appendix B。

[2] 关于"10.6"事件采用了一种自由主义的变通叙事路径，以"西西弗斯式"（Sisyphean [即前功尽弃、永无止境之意。——译者注]）怪圈形容暹罗引入民主政府的无尽挫败，此事件则为其中之一。关于这一点的精妙分析，参见 Frank C. Darling, "Thailand in 1976: Another Defeat for Constitutional Democracy," *Asian Survey* XVII, 2 (February 1977). 116-132。

[3] *Far Eastern Economic Review*, April 16, 1976, 在关于1976年4月大选的记述中提到"系列枪击、爆炸等暴力事件的主要攻击目标是左翼人士和改革派政党"。*Prachachart Weekly Digest* 20 (March 16, 1976) and 21 (March 23, 1976) 罗列了接近50名1974—1976年间遭到政治谋杀的受害者名单，他们全都是左翼人士。

[4] 关于1938年帕耶颂素拉德（Phraya Song Suradet）"叛乱"之后的镇压行动，参见 Wilson, *Politics in Thailand*, p. 261。1949年3月3日，四名知名议员和前内阁大臣在转监途中被炮麾下的警察杀害。参见 Samut Surakkhaka, *26 Kanpattiwat Thai lae Ratthaprahan 2089-2507* [二十六起泰国革命与政变，1546—1964年] (Bangkok: Sue Kanphim, 1964), pp. 472-489。1952年12月，两名东北地区杰出的政治家提姆·蒲里帕（Thim Phuriphat）和天·西里康（Tiang Sirikhan）失踪。后来有消息透露说他们被炮手下的警察给勒死了。参见 Charles F. Keyes, *Isan: Regionalism in Northeastern Thailand*, Data Paper No. 65 (Ithaca, NY: Cornell University Southeast Asia Program Publications, 1967), p. 34; 以及 Thak Chaloemtiarana, "The Sarit Regime, 1957-1963: The Formative Years of Modern Thai

那叻—他侬·吉滴卡宗（Thanom Kittikajon）—巴博·乍鲁沙天（Praphat Jarusathien）执政时期。① 但是这类谋杀事件时而还伴同酷刑，尤其具有"行政性"特征，其执行者是国家正式官方机构，常常是秘密执行。民众对所发生之事少有知情，当然更未曾参与其中并发挥重大作用了。1974—1976 年间的暴虐行径骇人听闻，其非行政性、公开性，甚至暴徒性特征尤其令人侧目。1976 年 8 月，曼谷民众亲眼看见了迄今为止最匪夷所思的一幕，总理克立·巴莫（Kukrit Pramote）的私人府邸遭到一伙醉酒警察的洗劫。② 同年 2 月，泰国社会党（Socialist Party）总书记汶沙侬·本约塔炎（Boonsanong Punyothayan）博士在其郊区住所外被职业枪手伏击身亡。③ 受雇的流氓阿飞们将相当"非传统"的暴力范式愈演愈烈，譬如任意在公共场所投掷炸弹④，

Politics" (PhD dissertation, Cornell University, 1974), p. 118; 这篇学位论文后来出版为 Thailand: The Politics of Despotic Paternalism (Bangkok: Social Science Association of Thailand, 1979), 其修订本于 2007 年由康奈尔大学出版社东南亚研究计划出版。

① 例如，参见 Thak, "The Sarit Regime," pp. 266-269, 关于素帕猜·西萨迪（Suphachai Sisati）于 1959 年 7 月 5 日、空·赞达翁（Khrong Chandawong）和通潘·素提玛（Thongphan Sutthimat）于 1961 年 5 月 31 日、伦·蓬旺（Ruam Phromwong）于 1962 年 4 月 24 日被公开处决的文字记录。他侬—巴博时期的受害者远不止于知识分子和政客群体。例如，内务部（Ministry of Interior）于 1975 年进行了一项由该部督察长（inspector-general）领衔的官方调查，确认了学生的指控，即 1970—1971 年间博他仑府（Patthalung province）至少有 70 人被剿共作战司令部（Communist Suppression Operations Command）草草处决。报告中这样写道："士兵们逮捕的共党嫌疑分子大多都被处决。从前，士兵们就在路边枪杀这些嫌疑分子［原文如此！］。但是后来他们改变了杀戮方式，为了毁尸灭迹，采用了'油桶烧人'（red oil drum massacre）的方法。军士用木棒将嫌疑分子击晕，然后将其扔进油桶活活烧死。" Bangkok Post, March 30, 1975. 关于不分青红皂白对北部少数族群苗族（Meo [Hmong]）村庄使用凝固汽油弹的事件，参见 Thomas A. Marks, "The Meo Hill Tribe Problem in Thailand," Asian Survey XIII, 10 (October 1973): 932; and Ralph Thaxton, "Modernization and Peasant Resistance in Thailand," in Remaking Asia, ed. Mark Selden (New York, NY: Pantheon, 1971), pp. 265-273, especially at p. 269。

② 这些警察身着便装，由警车护送，摩托车警卫在前开道，警灯一路闪烁。除了偷走白兰地酒和香烟之外，他们给克立宫殿般的府邸造成了大约 50 万美金的损失。New York Times, August 20, 1975. 正值此时，学生激进主义运动的精神家园泰国法政大学（Thammasat University）也遭到了"红牛"（Red Gaurs，详见下文）右翼流氓的攻击，部分校舍被付诸一炬，而肇事者却逍遥法外。

③ 此次谋杀发生在 2 月 28 日。参见 Far Eastern Economic Review, March 12, 1976; 以及 Carl Trocki 的论文，"Boonsanong Punyodyana: Thai Socialist and Scholar," in The Bulletin of Concerned Asian Scholars 9, 3 (July-September 1977)。

④ 1976 年 2 月 15 日，温和派政党新力量党（New Force party）位于曼谷的总部被右翼流氓投掷了燃烧弹。参见 Far Eastern Economic Review, February 27, 1976. 尽管一个流氓在此事件中被炸断了一只手臂，但警方仍以"证据不足"为由将其释放。3 月 21 日，曼谷市中区爆发要求美国军队全部撤离泰国的示威游行，一枚炸弹被扔进游行队伍当中，造成四名人员死亡，多名人员受伤。参见 Prachachart Weekly Digest 22 (March 30, 1976): 1。

这与早前时期谨慎的精准谋杀范式形成鲜明对比。1976年3月25日，有人在猜纳府（Chainat）新力量党（New Force party）举行竞选集会上扔入一枚手榴弹，造成十名无辜者死亡。① 10月6日这一天，在暹罗最著名的公共场所，位于市中心大王宫正前方的王家田大广场（Sanam Luang），发生了一起令人毛骨悚然的私刑事件。

本文拟探究暴力事件程度升级和范式转换的原因，因为我认为这些原因就是当前暹罗社会、文化和政治危机的症状所在。我将按着两条相互关联的主线进行论证，一条是阶级构成，另一条是意识形态剧变。

自20世纪50年代末以来，泰国社会的阶级结构变化迅猛。最为重要的是，新兴资产阶级诞生了。诚然其规模较小，实力尚弱，但是他们仍在诸多重大问题上与旧封建地主—官僚上层阶级立场不同，甚至还有些对立。这些新兴的社会阶层（包括中层资产阶级和小资产阶级）孕育于20世纪60年代越南战争（Vietnam War）带来的大繁荣时期，那时美国人和美国资本以前所未有的规模大量涌入泰国（很快日本人就接踵而至）。正是这些社会阶层构成了准大众化右翼运动的社会基础，这种运动明显不同于早前时期贵族和官僚阶级的右倾主义。这绝非是说，由将军、银行家、官僚和王室宗亲们组成的旧统治集团不再真正手握政治大权；而是说，这些统治集团为自己找到了或许具有威慑力的新兴"大众"盟友。②

意识形态剧变也在很大程度上缘于美国的渗透，主要表现为1973—1976年"民主时期"（"democratic era"）狂飙猛进的思想革命。沙立—他侬—巴博独裁政权操纵传统主义符号的手法过于低劣，在思想上又毫无建树，许多泰国青年纷纷采取行动，开始公开质疑这种旧式霸权文化的某些核心要素。作为回应，独裁政府有意大肆宣传灌输"民族—宗教—国土"立国三原则这一激进意识形态——与从前一统天下的正统（bien-pensant）的"传统主义"截然不同。与其说"民族—宗教—国王"（Nation-Religion-King）立国三原则被公认具有"天然泰族特性"，不如说是其越发明显地成为某些少数

---

① *Far Eastern Economic Review*, April 9, 1976.
② 也许此处正该强调一下，本文重点关注的是新的社会群体（social formation）和文化新走向，特意较少去关注旧统治集团，或像军队和内务部这样的强权官僚机构。此类集团和机构的政治作用在研究泰国现代政治的文献中已有广泛的讨论，包括发表在《关心亚洲问题学者公报》（*The Bulletin of Concerned Asian Scholars*）关于这一问题的其他文章。

特定社会阶层的意识形态大棒。显而易见,右翼势力这种自发性意识形态化的受众就是这些新兴资产阶级;而鼓吹者既有新兴资产阶级中的狂热分子,又有统治集团内部精明狡诈的操纵者。

新兴阶级的困境

20世纪50—60年代,西方社会科学家大多认为暹罗是一个"官僚政体"(bureaucratic polity),一个完全由极具自我持续性的"现代化"官僚集团控制的政治体制。[1] 在官僚阶层之下,就只有地位卑下的华商阶层(Chinese commercial class)和尚未分化的农民阶层,二者均政治意识淡薄,且几乎都被排斥于政治参与之外。官僚阶层和农民阶层之间的关系总体上被认为具有和谐性和非剥削性[2],仅仅涉及税收和徭役两种传统交换形式,以及为求得安全、荣耀和宗教认同而存在的顺从文化。多亏19世纪却克里王朝(Chakkri dynasty)历代伟大君主的精明变通和高瞻远瞩,暹罗是东南亚唯一没有屈从欧美帝国主义的国家,从而免遭了殖民区常见的高额地租、外居地主所有制(absentee landlordism)、农民长期债务以及农村无产阶级化等劫难。暹罗经济直到20世纪60年代还绝未达到高度发展的水平,本质上被掌握在华裔移民的手中,而这些华裔移民因为自身外侨的边缘地位,完全不可能独立发挥活跃的政治作用。[3] 这幅静谧和平、坚实独立的暹罗图景在很大程度上带有虚假性。西方资本、西方"顾问"和西方文化传教士给20世纪50年代后

---

[1] 我认为这个术语是里格斯(Riggs)提出的。参见其著作《泰国:官僚政治的现代化》的第11页。但是这个基础概念成为该时期最具影响力的研究、威尔逊(Wilson)著作《泰国政治》的核心思想。

[2] 撒迪尤斯·弗拉德(Thadeus Flood)在其杰出论文 "The Thai Left Wing in Historical Context," *Bulletin of Concerned Asian Scholars* (April-June 1975), p. 55 中,引用了 Wendell Blanchard et al., *Thailand* (New Haven, CT: Human Relations Area File, 1957), pp. 484-485 中非常有趣的一段文字:"值得怀疑的一点是,[泰国农民]能否构想出一个没有上位和下位区别的社会情境。农民和其他社会底层从未认为这种社会体制特别不合理或特别严苛,并且泰国历史上从未存在过普遍性的社会压迫。"

[3] 参见 G. William Skinner, *Chinese Society in Thailand: An Analytic History* (Ithaca, NY: Cornell University Press, 1957);以及其著作 *Leadership and Power in the Chinese Community in Thailand* (Ithaca, NY: Cornell University Press, 1958)。参见 Donald Hindley, "Thailand: The Politics of Passivity," *Pacific Affairs*, XLI, 3 (Fall 1968): 366-367。

的暹罗历史带来了决定性的影响。① 在另一方面，与越南战争时期美日两国渗透所带来的变化相比，20世纪60年代以前的时期就堪称"黄金年代"了。直到1960年，曼谷仍然被描绘为"东方威尼斯"。这座沉睡中的海港皇城古风犹存，运河、寺庙、宫殿密布其间。15年后，许多运河被填实筑成道路，许多寺庙已经破败荒颓。首都的城市重心向东转移，远离了湄南河边的皇宫建筑群和华人贫民窟，迁到了一个在视觉效果和政治意义上充斥着高耸的写字楼、银行、酒店和购物广场的新兴大都会区。城市像癌细胞一样迅速扩散，吞噬着周围的乡村，将稻田变成了商业住宅开发、城市近郊和新的大型贫民窟。②

某些府会城市也发生了这种转型，规模相对较小，并且由暹罗社会的外来力量合力推动。也许将这些力量描述为三个相互影响的因素会有所助益。首要的因素无疑就是，欧洲殖民列强战前曾占据东南亚地区的经济、政治和军事霸权地位，1945年后却被美国突兀地赶下台去。③ 第二个因素是，华盛顿决定将暹罗作为其区域扩张主义的轴心。曼谷不仅成为东南亚条约组织（Southeast Asia Treaty Organization, SEATO）的总部，同时也是美国在老挝、柬埔寨、缅甸和越南等邻国部署公开和秘密军事行动的总部。④ 第三个因素，其重要性非比寻常，即技术革命使得大众旅游成为第二次世界大战后远东地区的一大主要产业。（到目前为止，赴该地区旅游一直是上层社会的奢侈消费。）曼谷与这个产业有着天然的关联：不仅在地理位置上处于该地区的中

---

① Frank C. Darling, *Thailand and the United States* (Washington, DC: Public Affairs Press, 1965), p. 29. 书中指出，1932年政变推翻绝对君主制时，泰国经济的95%被掌握在外国人和华人的手中。
② 在25年的时间里，曼谷—吞武里都市群的人口增长情况如下：

1947	781662
1960	1800678
1970	2913706
1972	3793763

参见 Ivan Mudannayake, ed., *Thailand Yearbook, 1975-76* (Bangkok: Temple Publicity Services, 1975), p. E28.
③ Darling, *Thailand*, pp. 29, 61, 170-171. 直到1949年，美国与暹罗的贸易已增长至战前水平的20倍。直到20世纪50年代末，暹罗90%的橡胶和最大份额的锡都销往美国。
④ 这条分析思路在 Thaxton, "Modernization," pp. 247-251 中有更深入的探讨。

心，而且在美国军事力量和本国独裁统治的护佑下非常安全，最重要的是它还提供了魅力难挡的现代奢侈品行业的综合配套设施（国际酒店、舒适的带空调的交通工具、最新上映的影片等）和极具异域情调的古迹。① 在东南亚其他国家，殖民列强通常在沿海地区新建缺乏文化底蕴的商业性首都，远离原来的旧皇城。（因此，从雅加达 [Djakarta] 到梭罗 [Surakarta，又称"苏腊卡尔塔"]，从仰光 [Rangoon] 到曼德勒 [Mandalay-Ava]，从西贡 [Saigon] 到顺化 [Hue]，从金边 [Phnom Penh] 到吴哥 [Angkor]，旅游者的朝圣之旅耗时费日。）

如果说美国对暹罗的渗透是后二战时期总体特征的话，其程度和速度在1959年后却有显著不同，当时沙立·他那侬业已建立起专制独裁政权。其前任陆军元帅披汶·颂堪毕业于法国圣西尔军校（Special Military School of St. Cyr），简直就是战前欧洲主导世界的出品。而沙立本人却是个乡巴佬，毕业于泰国王家军事学院（Royal Military Academy），上台掌权于战后美国全球霸权时期。正是他在1950年首次出访华盛顿后主导了泰国军队的美国化（就其军事组织、准则、训练、武器等方面而言）。② 在掌权之前，他就已与五角大楼过从密切约有十年之久了，自然他在1959年后建立空前亲密的暹美关系就轻而易举了。③

---

① 关于旅游业规模的一些指标如下：

	1965	1966	1970	1971	1972	1973	1974
外国游客（以千人为单位）	225.0	469.0	628.7	638.7	820.8	1037.7	1107.4
美国	78.3	133.3	159.2	147.0	151.6	161.4	156.8
（美军康养度假）	(15.0)	(70.7)	(44.3)	(26.6)	(7.7)	(4.4)	(3.5)
日本	17.3	42.9	47.0	55.8	93.5	151.9	132.7
旅游业外汇收入（以百万泰铢为单位）	506	1770	2175	2214	2718	3399	4292
（美军康养度假）	(50)	(459)	(390)	(240)	(63)	(13)	(11)

备注：评估1972—1974年数据的显著性时，务必谨记当时过高的通货膨胀率。资料来源：World Bank, "Thailand: Current Economic Prospects and Selected Development Issues," II (Statistical Appendix), November 14, 1975, table 8.7. 近年来，旅游业一直跻身于八大创汇行业之列。

② 关于沙立的最好资料来源是 Thak, "The Sarit Regime"。关于沙立在泰国军队美国化中发挥的作用，特别参见 pp. 120-122. 然而 Darling 的著作 Thailand 中关于沙立—华盛顿关系中美方的论述颇有价值。

③ 沙立尤其支持美国对老挝的进攻。披汶出生于泰国中部阿瑜陀耶府附近，基本上将自己定位为"中部泰人"（central Thai）。沙立在许多方面是典型的东北部泰人，他的母亲来自泰国与老挝接壤

沙立在其他方面也是华盛顿认可的独裁者理想人选。他愿意甚而是渴望将"发展"作为其寻求合法性的一部分，并且在国家发展规划的起草和实施过程中，采纳美国培训的技术官僚们的建议。① 作为无可置疑的"强人"，他远比其前任更具有迅速果敢的行动能力。② 最重要的是，沙立竭尽所能吸引外国（尤其是美国）资本投入暹罗，他坚信这是巩固他及其继任者统治的重要手段。因此，罢工遭到禁止，工会被强制解散。外国公司的分支机构不仅能够占有大部分股份，而且可以在暹罗置地，大多数免予征税，甚至还可以绕过现有的移民法，自由地把技术专家带入泰国。③ 泰铢管理执行最规范的经济原则，并且一直到20世纪60年代末仍然稳如磐石。

沙立掌权五年之后死于肝硬化。但是其继任者他侬和巴博继续推行他的政策。他们上台执政时正逢［美国总统］林登·约翰逊（Lyndon Johnson）扩大越战规模之时，因此很快就抓住了眼前的机遇。暹罗欢迎华盛顿将其当作一艘巨大牢固的航空母舰：在1968年达到顶峰时，大约有五万名美国军人驻扎在泰国本土，而且美国被允许修建和运行八个重要军事基地，以及数十个较小规模的军事基地。④ 泰国统治者们不仅得到了美国资助的丰厚回报，而且庞大的美国存在催生了经济的快速扩张，尤其在建筑行业和服务行业。⑤ 战争带来了

的廊开府（Nongkhai），他曾在那里度过一段童年时光。由于母亲的关系，他与五角大楼多年扶持的万象右翼军国主义强人富米·诺萨万（Phoumi Nosavan，1960—1965年任老挝副首相兼国防大臣，手握实权，是披汶的表兄。——译者注）将军关系密切。

① 披汶时期从未有过国家级规划。《暹罗国家发展第一个六年计划》（Siam's six-year First National Development Plan）起草于沙立时期，并于1961年正式实施。关于这项计划，以及其在多大程度上对国际复兴开发银行（International Bank for Reconstruction and Development）建议的言听计从，参见 Pierre Fistié, L'Évolution de la Thaïlande Contemporaine (Paris: Armand Colin, 1967), pp. 334-335。但同时参见 Thak, "The Sarit Regime," pp. 321-328，该文认为沙立并非让自己完全被国际技术官僚们牵着鼻子走。

② 虽然披汶事实上在20世纪30年代末至40年代初实施独裁，但是他在1948—1957年出任总理的第二个漫长任期里，地位相较从前弱势了许多。1947年政变再度出山，只是挂了个虚名，不过是让他给新政权增添些许国际"风范"吧。披汶之所以政坛常青，主要是因为有美国的支持，以及他在警察总署署长炮和沙立将军两个日益壮大的敌对派系之间的精明平衡。1958年和1959年两次政变时，沙立摧毁了警察总署的权力，令自己控制的军队成了泰国政治生活毋庸置疑的主宰。

③ 关于泰国吸引外国投资者的概要论述，参见 Fistié, L'Évolution, p. 337。

④ 根据 New York Times, April 14, 1968，那时驻泰部队人数达4.6万人，此外每个月还有5000名军人从越南战场上下来休养康复。The Nation, October 2, 1967，罗列了参与经济和宣传活动的4.6万名军人和7000名人员，以及八个空军基地。

⑤ 20世纪60年代和70年代各行业雇员情况对比可以一定程度上说明这种转型：

巨大的繁荣，这既建立在沙立早年"战前"繁荣时期的基础之上，同时又在此基础上有巨大超越。正是在他侬—巴博政权时期，白人商人、士兵和游客纷纷涌入，带来了酒店、餐厅、电影院、超市、夜总会和按摩院的繁荣发展。

如果说这次繁荣主要是由美国（和日本）的投资和消费带来的，那么泰国的分利模式则受到当局政策很大的影响。在所有这些政策当中，最具有决定性影响的是沙立早年取消持有土地不得超过 50 莱（大约 20 英亩）的原有限制性法令。① 这项政策为大规模土地投机买卖奠定了法律基础，只要经济持续繁荣，土地投机买卖势头就会不断加速。投机买卖浪潮并不仅限于曼谷地区。随着美国在老挝、柬埔寨边境上铺筑伟大的战略公路（"友谊"公路等）②，首都和外府的投机商接踵而至，以超低价格买光了自耕农的路边土地，这些农民对土地作为投机性商品的特性一无所知。③ 在土地投机买卖这

	1960	1970	变化（%）
农业	11300000	13200000	+17
采矿业	30000	87000	+290
制造业	470000	683000	+45
建筑业	69000	182000	+64
商贸业	779000	876000	+13
交通、仓储、通讯业	166000	268000	+62
服务业	654000	1184000	+81

取整数值是根据 Table 1.2 in World Bank, "Thailand," II (1975) 计算得出。1960—1965 年，国民总收入（Gross National Income）年增长率为 7.5%，国内投资总额（Gross Domestic Investment）年增长率为 14.4%。参见 Annex I of the "Report and Recommendation of the President of the International Bank for Reconstruction and Development to the Executive Directors of the World Bank on a Proposed Loan to the Industrial Finance Corporation of Thailand," September 1, 1976. Clark Neher, "Stability and Instability in Contemporary Thailand," *Asian Survey* XV, 12 (December 1975): 1100-1101, 表明 1959—1969 年期间国民总收入平均年增长率为 8.6%。

① 例如，参见 Fistié, *L'Évolution*, p. 353; 以及 Robert J. Muscat, *Development Strategy in Thailand: A Study of Economic Growth* (New York, NY: Praeger, 1966), p. 138。
② 详细情况和略图，参见 Thak, "The Sarit Regime," Appendix IV。
③ 霍华德·考夫曼（Howard Kaufman）在其著作 *Bangkhuad: A Community Study in Thailand* (Rutland, VT, and Tokyo: Tuttle, 1976), pp. 219-220 中提供了详细的论证，意思大抵如此。在他 1954 年研究时，邦坤（Bangkhuad）还是曼谷城边小小的乡村社区，这次故地重游，他发现：1954 年时 1 莱（约 0.4 英亩）土地价值 3000 泰铢（约合 150 美金），1971 年时已经升值至 25 万泰铢（约合 1.25 万美金）。另外，最值钱的土地不再是最肥沃的土地，而是最靠近开发中的公路系统的土地。

种经济活动中，法律技能、"内部消息"、"影响力"，以及获得低息贷款都特别重要。因此不足为奇的是，房地产繁荣的主要获利者不仅包括传统的泰籍华商阶层，还包括高层和中层官僚（军官和文官）以及有着过硬政治关系的外府显贵。不出所料，最邻近曼谷的地区往往土地投机最为严重，资本被快速地倾倒进这个漏斗。泰国中部的状况一目了然：学者们都认可披汶·颂堪时期的佃农问题并不严重，但是美国国际开发署（United States Agency for International Development, USAID）报告表明，在此后的20世纪60年代，只有不到30%的农田仍然由自耕业主经营。①

由于上述因素，泰国经济的总体"活力"催生并壮大了至少四类社会群体。这四类社会群体对我们此处的目的至关重要，因为他们的生存高度依赖繁荣的持续绵延。在那些商业化进程蔓延最为迅猛的农村地区，战略定位精准的名流显贵、碾米厂老板、商人、村长等人瞬间暴富，又把大半收益再拿去投资土地。随着农村地主所有制的兴起，年轻人和无产者离开农村，去往蓬勃发展的城市中心。② 在城镇，也许尤其是在曼谷，这种人口迁徙流向催生了两类政治上摇摆不定的社会群体：首先，大量的失业者，或者不充分就业者，年轻的流浪者，他们无论是待在城市还是回乡返家都前途渺茫。其次，相当数量的一批人能够在蓬勃发展的广泛服务类职业中发现商机，从而改善自己的处境。这支小资产阶级大军包括理发师、皮条客、美甲师、干洗店员工、专职司机、裁缝、按摩女郎、导游、摩托车修理工、酒吧男招待、

Thak, "The Sarit Regime," pp. 337-338 提及，有权有势的官员及其帮凶将主要公路沿线有地农民直接逐走，不付任何赔偿金。

① 参见匿名论文 "The US Military and Economic Invasion of Thailand," *Pacific Research* 1, 1 (August 3, 1969): 4-5，引自 Department of Commerce, OBR 66-60, September 1966, p. 6。Neher, "Stability," p. 1110，提及佃农和债务"猛涨"现象。Takeshi Motooka 在其著作 *Agricultural Development in Thailand* (Kyoto: Kyoto University, Center for Southeast Asian Studies, 1971), pp. 221ff., 评述指出：（1）根据泰国政府1963年的农业调查，中部平原的耕田超过60.8%由佃农和半自耕农经营。（2）根据其在巴吞他尼府（Pathum Thani province，离曼谷很近）某地区的当地调查，90%的耕地农民是佃农。另一方面，提出农田租赁猛增问题的这篇文章最近遭到猛烈抨击，见 Laurence Stifel, "Patterns of Land Ownership in Central Thailand during the Twentieth Century," *Journal of the Siam Society* 64, 1 (January 1976): 237-274。关于北部清莱府（Chiengrai province）日益增长的地主所有制、债务、地契篡改问题的比较资料，参见 Michael Moerman, *Agricultural Change and Peasant Choice in a Thai Village* (Berkeley, CA: University of California Press, 1968), chapter V。

② 然而，这种流动甚至早在此轮经济繁荣之前就很普遍了。Mudannayake, ed., *Thailand Yearbook, 1975-76*, p. E30, 书中提及在1960年，曼谷人口中外地出生人口的比例高达四分之一。

接待员、出纳员和小商店业主，诸如此类。在很大程度上，新兴的小资产阶级服务于一个占比四分之一的社会群体，并依赖于后者的兴旺发达。这个群体大多原为城市出身，主要属于新兴中层资产阶级。在某些方面，他们与外国资本和泰国国家机器的关系同样密切。

以下两个表格或许有助于了解泰国社会结构诸种变化的性质，并且粗略提供了中层资产阶级和小资产阶级的绝对规模及其在人口总量中的相对比例。B 项的超常增长，A 项、F 项和 I 项（主要是中层/高层及小资产阶级的职业类型）的显著增长，清晰地表明十余年经济繁荣带来的社会影响。①根据提取于 1970 年人口普查的数据，以上宽泛的类别被详细划分，有助于以下非常粗略的计算（参见表 2）。我们暂且可以估计，截至 1970 年，中层和上层资产阶级占就业人口比例达 3.5%（大概分别占比 3.0% 和 0.5%），小资产阶级占比 7.5%。②

表 1　泰国各类职业 11 岁及以上从事经济活动人口分布

职业群体	1960 年总数	1970 年总数	增长 %
A. 专业技术及相关职业	173960	284104	63.3
B. 管理经理等相关职业	26191	246591	941.5
C. 职员类职业	154303	190238	23.3
D. 销售类职业	735457	833607	13.3

① 塔威·格林巴图（Thawit Klinprathum，又名德威［"Dewitt"］）先生是这个时期涌现出的此类"非官僚"新贵的典型代表，他曾于 1974—1976 年担任大党泰国社会正义党（Social Justice party）的党魁。他出生于一个清贫的政府官员家庭，中学毕业后没再继续读书，头份工作是月薪 10 美金的簿记员。他后来还干过三轮车车夫、货运职员、公交车司机等工作。根据他的官方传记记录："在做铁道与交通运输组织（Express and Transportation Organization, ETO［与美国联合军事顾问团（Joint US Military Advisory Group, JUSMAG）关系密切的一家国有公司］）的设备卸载和运输外包业务时，他意识到了对拖车的需求。他用自己的积蓄和银行贷款购买了两辆拖车，运送重型机械设备……他最初为美国联合军事顾问团和农村发展促进会（Accelerated Rural Development, ARD）运输设备。德威先生选准了购买拖车的时机，当时机械化正成为经济发展的必需。因为本地其他公司都没有拖车和吊车，他的拖车运输公司（Trailer Transport Company）签下了军事设备运输的合同……随着交通网络在全国范围的扩展，他的仓库不断扩容，拖车和卡车达数百辆之多。" *Bangkok Post*, December 24, 1974（社会正义党出资做的专门广告）。此处文字加注斜体。到 1974 年，德威已是亿万富豪，独享一座八层楼的私人办公大楼。

② 表 1 和表 2 右侧两栏的数值可能太过偏低。尤其是 E 项，应该包括了若干农村生意人，虽然连他们的粗略总数都无法提供。

续表

职业群体	1960年总数	1970年总数	增长%
E. 农民、渔民、猎户、伐木工及相关职业	11332489	13217416	16.6
F. 矿工、采石工及相关职业	26255	42605	62.2
G. 交通与通信业职业	144610	225204	55.7
H. 工匠、产品加工工人及其他未归类工人	806205	1109943	37.7
I. 服务业、体育及娱乐业职业	273375	471999	72.7
J. 无法归类职业	99259	30560	-59.2
K. 新加入劳动大军人口	64880	197869	305.0
总数	13836984	16850136	21.7

资料来源：改编自泰国经济及社会发展委员会（National Economic and Social Development Board）、泰国国家统计局（National Statistical Office），以及朱拉隆功大学人口研究所（Institute of Population Studies, Chulalongkorn University），"The Population of Thailand" [1974], in Mudannayake, ed., *Thailand Yearbook,* 1975-76, p. E 41。

表2　泰国各类职业和阶层11岁及以上从事经济活动人口分布（1970年）

职业群体	总数	国家雇员人数	国家雇员占比%	中上层资产阶级估数	小资产阶级估数
A. 专业技术及相关职业	284104	198792	70.4	250000	35000
B. 管理经理等相关职业	246591	212752	86.3	230000	15000
C. 职员类职业	190238	108632	57.1	忽略不计	190000
D. 销售类职业	833607	1492	0.2	忽略不计	600000
E. 农民、渔民、猎户、伐木工及相关职业	13217416	10169	0.1	忽略不计	?
F. 矿工、采石工及相关职业	42605	568	1.3	忽略不计	忽略不计
G. 交通与通信业职业	225204	24759	11.0	忽略不计	100000
H. 工匠、产品加工工人及其他未归类工人	1109943	106292	9.6	忽略不计	150000
I. 服务业、体育及娱乐业职业	471999	114528	24.3	70000	160000
J. 无法归类职业	30560	—	—	—	—
K. 新加入劳动大军人口	197869	—	—	?	?
总数	16850136	777984	4.7	550000	1250000

资料来源：改编自泰国劳动部（Department of Labour）、泰国内务部（Ministry of the Interior），《劳动力统计年鉴（1972—1973年）》（*Yearbook of Labour Statistics* 1972-1973 [采纳1970人口普查数据]），转引自Mudannayake, ed., *Thailand Yearbook,* 1975-76, pp. E 41-68。

始终谨记社会群体构成社会阶级是非常重要的，因为这些社会阶级会通过其家庭得以巩固。家庭是达成权力、财富和地位的同辈勾结和代际传承的关键单位。在沙立—他侬—巴博时期，暹罗阶级构成的一大重要标志是各层次教育的大规模扩张，部分是应美国顾问和泰国技术官僚们的"现代化"要求，同时也是官僚集团对奋发上进的新兴社会群体及该群体中众多家庭需求的回应。1961 年，总共有五所大学，1.5 万名注册学生；到 1972 年，总共有 17 所大学，10 万名注册学生。① 1964—1969 年期间，公立中学的注册学生人数从 159136 增至 216621；私立中学的注册学生人数从 151728 增至 228495；公立职业学校的注册学生人数从 44642 增至 81665。② "传统上"（出于本文的目的，这里指 19 世纪 80 年代至第二次世界大战），教育已经出现明显分流。为数极少的上层阶级接受了西式绅士教育，而大部分的人口或是未受教育，或是入读公立小学，或是进入佛寺接受教育。③ 没有任何一种教育带来过全国范围的大规模社会流动，每一种教育都有助于其成员维

---

① Nether, "Stability," p. 1101; Frank C. Darling, "Student Protest and Political Change in Thailand," *Pacific Affairs* 47,1 (Spring 1974): 6. 要理解泰国这样一个资本主义社会的阶级构成，相当重要的一点是研究"非生产性"人员（中小学生、大学生等）。新兴资产阶级和小资产阶级为了打拼和维持自己的社会地位／财富，纷纷督促自己的孩子们进入教育机构。当你看见"优渥儿童群体"以及两代人掌控权力时，即知一个新的阶级就真正产生了（而非一个精英群体的突然崛起）。贵族阶级可以通过相互联姻实现巩固；资产阶级却不能，至少程度不同。教育取代联姻成为一种趋势。

② 参见 Darling, "Student Protest," p. 6. 以下数据表明了 1953—1973 年期间教育部、国防部和内务部支出在年度总预算的占比，应该将这些数据放在 Thak, "The Sarit Regime," pp. 437-438 中所引用的预算统计背景下去理解。为了简洁起见，我仅提供计算出来的 1958—1973 年数据。

	1958	1959	1960	1961	1962	1963	1964	1965
教育部	4.6	18.4	17.3	15.4	14.9	15.6	15.4	15.3
国防部	10.2	19.6	17.8	16.6	16.9	15.6	15.4	15.5
内务部	7.0	16.3	15.1	15.0	13.9	14.3	15.5	16.9

	1966	1967	1968	1969	1970	1971	1972	1973
教育部	14.3	13.2	5.8	5.5	5.9	6.2	6.0	6.7
国防部	15.0	13.6	15.3	15.7	17.0	17.9	18.2	18.2
内务部	17.1	15.6	20.7	21.3	20.7	21.5	22.1	23.5

一旦考虑到小学费用来自内务部预算，那么中等和高等教育的支出费用规模（即教育部预算支出）就相当惊人了。

③ Kaufman, *Bangkhuad*, p. 220, 指出在非常邻近曼谷的这个社区，1954 年时只有 6% 的青少年在接受各种形式的中学教育。

持其目前的社会经济地位。西式高等教育给那些为统治国家而生者镀了一层金。国家的小学教育就是一个入门基础，似乎鲜有人才培养方向：其存在完全是泰国政府向外部世界展示其现代化一面的一种姿态，而非顺应农民的要求。佛学教育从本质上以伦理学和宇宙学为导向，没有提供职业相关技能培训（尽管对于一小部分平民来说，僧伽等级考试制度可以使人在社会上快速升迁）。①

因此，20世纪60年代教育扩张的真正意义在于它主要发生在中等教育和高等教育。②第一次有许多泰国人开始渴望并找到一些门路让自己的孩子接受职业教育。因为过去的历史表明，教育是提高社会地位的标志和手段，且最重要的是，教育是迈入有保障的上层国家官僚机构的门槛。③有鉴于此，我们务必理解沙立及其继承者统治时期大学数量激增的政治意蕴：这是一种象征性的确认，即经济繁荣并非运气而是进步，而且这种福祉将被传给家族的下一代。我们可以想象这样一户人家，父亲是一名成功的干洗店员工，而儿子是未来的内阁大臣。④因此，高等教育的繁荣在社会学意义上巩固了经

---

① 例如，参见 David K. Wyatt, *The Politics of Reform in Thailand: Education in the Reign of King Chulalongkorn* (New Haven, CT: Yale University Press, 1969), chapter 1; 以及其早期作品 "The Buddhist Monkhood as an Avenue of Social Mobility in Traditional Thai Society," *Sinlapakorn* 10 (1966): 41-52。
② 参见 ibid., p.16。Kaufman, *Bangkhuad*, p. 220 指出，该社区1971年60%的青少年入读中学。
③ Kaufman, *Bangkhuad*, pp. 229-231, 提供了一些关于此话题的极好资料。Hans-Dieter Evers, "The Formation of a Social Class Structure: Urbanization, Bureaucratization, and Social Mobility in Thailand," in Clark D. Neher, *Modern Thai Politics* (Cambridge, MA: Schenkman, 1976), pp. 201-205, 表明这种趋势自1932年政变时期以来一直存在。根据其高级公务员样本研究，1933年以前入职的政府人员中26%拥有国外大学学位，而在第二次世界大战以后这个数字为93%。
④ 在此需要强调一下，人们以为可能的流动程度，即公共意识的变化。并不出人意料的是，真正的社会流动并没有理查德·卡夫（Richard Kraft）抽样调查结果那么惊人：

大学生家长职业情况（1968年左右）

家长的职业	注册学生人数	注册学生比例%
业主和个体经营者	4508	53.72
政府官员	2020	25.12
雇员	657	8.19
农业生产者	580	7.31
其他	437	5.31
未知	29	0.35
被调查人口总数	8231	100

济繁荣，并在文化上证实了这一点。①

然而尽管泰国大学在数量、规模和入学人数方面都迅速扩张，许多志向远大的家庭仍然不能把孩子送入大学。因此在某种程度上，作为第二选择的技术学院、职业学院、商学院等学院也同样扩张迅猛。我认为，务必要理解"学生"这个词本身在社会分层的乱局之下的重大语义变迁。从前，"学生"基本上就是"国家精英的一员"的同义词——一种坐在平流层飞行的飞机里俯视着自己的大多数同胞的生命存在。但是直到20世纪60年代末至70年代初，社会流动已经形成了这样一种局面，"学生"可能仍然还有上升的含义，但是也可能意味着"邻居家孩子上了法政大学，而咱家的孩子没能上"。嫉妒和愤恨学生群体已经成为可能，而这种方式在上一代人看来是不得体的。

但是即便对于那些成功将孩子送入大学的家长们来说，"学生"这个概念也越来越暧昧不清。社会流动的悖论在于向上流动也是向他处流动。受教育程度相当低的父亲们认为大学教育的重要性在于其工具性，他们常常惊骇于自己做学生的子女在言行举止、人生目标以及道德观念方面的骇人变化，而这些变化来自大学和师范学院里美国和中国渗入的反传统思想的影响。②我们得想象一下，当归家的儿子们开始蓄着"凌乱"长发，谈吐莽撞无礼，放浪形骸，观念颠覆，中小资产阶级父母们愁怒交织：他们怎么能在官场平步青云呢？

大约在1971年或1972年，黄金时代已经一去不复返的情绪四处蔓延。

资料来源：Richard Kraft, *Education in Thailand: Student Background and University Admission* (Bangkok: Educational Planning Office, Ministry of Education, 1968), cited in Mudannayake, ed., *Thailand Yearbook, 1975-76*, p. 117. 卡夫估计政府官员的孩子考入大学的机会是农村家庭孩子的268倍（工厂主和实业家的孩子的机会是其36倍）。

① 正如第二次世界大战后世界权力由欧洲向美国的总体转移，泰国教育金字塔的顶端更像加利福尼亚州、印第安纳州和纽约州的大学教育，而非伦敦或巴黎。例如 Harvey H. Smith et al., *Area Handbook for Thailand* (Washington, DC: Government Printing Office, 1968), p. 175, 书中提及在1966年，留学海外的4000名泰国青年中，有1700人在美国深造。（有充足的理由相信，这两个数字都失真，过于偏低。）直到1955年，留学海外的泰国人总数仅有1969人。参见 Evers, "Formation," p. 202。

② 例如，参见 Thanet Aphornsuwan, "Khwam khluanwai khong nak suksa thai nai yukh raek" [泰国早期学生运动], in *Khabuankan nak suksa Thai jak adit thung patchuban* [泰国学生运动：过去与现在], ed. Witthayakorn Chiengkun et al. (Bangkok: Samnakphim Prachan Siao, 1974), p. 28; 以及 Sawai Thongplai, "Some Adults' Ideas about Some Youngsters," *Prachachart Weekly Digest* 22 (March 30, 1976): 15-18。

美国军队正在撤离中南半岛（旧称"印支半岛"），暹罗边境上共产主义力量长期存在，不断巩固，开始形成现实的威胁。作为众多社会期望的终极目标，官僚阶层已经扩张至了饱和点，大学文凭再也不能像从前以为的那样可以保证稳定的高层次工作。[1] 继物价的长期稳定后，两位数的通货膨胀突然对经济造成了重击。[2] 当经济大繁荣时期落下帷幕之时，某种不安与不满的情绪在其受益群体中蔓延。只要独裁政权能够在经济、安全和教育等部门还有所作为的话，政治参与受到排斥的问题尚可忍耐。但是在百弊丛生之时这个问题就令人难以忍受了。此外，他侬和巴博都不具备沙立那样令人望而生畏的个人存在感。[3]

在此背景下，大规模游行示威滚雪球似地不断升级并格外引人关注，于1973年10月（世界石油危机于同月爆发）把他侬和巴博推下了台。[4] 新兴资产阶级无疑构成了一个巨大的群体，这个群体最终成为学生和知识分子争取出台宪法和尊重民权斗争的支持力量。事实上，可以认为这个阶层保证了游行示威取得胜利——如果这个群体的成员是贫民窟居民而非大多衣着考究的都市人，独裁者的镇压行动可能会赢得更广泛的支持。

与此同时，应该将新兴资产阶级的参与理解为其当下历史的产物，而不是其未来政治角色的先兆。显而易见的是，他们基本上完全没有政治经验，因此并不真正知道独裁统治终结后该是怎样的局面。独裁政权被指责没能完全兑现美国对暹罗的承诺，同时还被谴责对华盛顿卑躬屈膝。（正面则是敏感易怒且困惑迷茫的反美民族主义，并诉诸多种交织的复杂情绪，如"你们为何要在中南半岛令我们大失所望？""看看你们是怎样让我们的女孩子们

---

[1] Neher, "Stability," p. 1101; Darling, "Student Protest," pp. 8-9.
[2] 比较曼谷居民消费价格指数的以下数据（1962年=100）：1964年，102.9；1965年，103.8；1966年，107.7；1967年，112.0；1968年，114.4；1969年，116.8；1970年，117.7；1971年，120.1；1972年，124.9；1973年，139.5；1974年，172.0；1975年1至8月，176.4。数据改编自World Bank, "Thailand" (1975), II, table 9.1。Neher, "Stability," p. 1100, 文中数据表明，1972年的通货膨胀率为15%，1974年为24%。
[3] 重要的是，当这两个独裁者最终于1969年举行全国大选时，在野的民主党作为新兴资产阶级的表率，在某种意义上横扫对手拿下了曼谷的全部席位。这次大获全胜应该被看作是中产阶级参与1973年"10.14"运动的先兆。参见 J. L. S. Girling, "Thailand's New Course," *Pacific Affairs* XLII, 3 (Fall 1969), especially at p. 357.
[4] 有必要在此强调最终推翻他侬—巴博政权的示威游行的规模。Neher, "Stability," p. 1103, 给出了50万这一数据——泰国史无前例的一次大规模游行示威。

堕落沉沦的！")巴博公然腐败,他侬的儿子纳荣(Narong)迎娶巴博女儿,通过朝堂联姻和裙带关系迅速掌权,这一切都极大地伤害了资产阶级的情感。同样重要的是,国王和某些高级将领出于各自的原因支持游行示威者,哪怕仅是间接的支持。最终,我们务必谨记学生的要求本质上是尊重法律(推崇宪法)的,而且具有象征意义。没有人会想到他们会生出具有危害性或不合时宜之事。事实的确如此,学生们在游行示威行动的最后几天捣毁了一些警察局,但是难道他们没有随即采取积极措施、疏导交通并收拾街道残局吗?当腐败无能的独裁者被赶下台后,国王可以在其思想开明的智囊团的辅佐下,通过实施仁治恢复繁荣安定和发展进步。这个智囊团由高级法官、受人尊重的教授和精明能干的银行家们组成。

　　正如我们所知,所有这些预期都没有成为现实。世界石油危机几乎与1973年10月示威游行同时发生。到1974年初,暹罗开始感知到世界资本主义经济的无序状态。1975年春,美国在中南半岛地位的衰落速度非常惊人。暹罗不再是美国东南亚帝国的安全轴心,反而更像其脆弱的外围。由此可知,此后新加坡会扮演曼谷的角色,而泰国的首都则会取代万象的地位。暹罗经济发展出现严重滞后,这即是以上境外事件的直接后果。[①]看起来更加雪上加霜的是,1973年十月事件之后的自由派政府公开承诺人权和公民自由权,尤其是工农阶级建立组织、游行示威、组织罢工的权利。汕耶·探玛塞(Sanya Thammasakdi,1973年10月—1975年2月)政府的确对工人阶级的

[①] 国内投资总额的年增长率,1960—1965年为14.4%,1965—1970年为13.5%,1970—1975年降至5.1%。1973年以来,国际收支状况持续快速恶化。

年份	国际收支净额（单位：百万美元）
1973	-50
1974	-90
1975	-618
1976（估值）	-745

资料来源：Annex I of "Report and Recommendation of the President of the International Bank for Reconstruction and Development," September 1, 1976。

诉求做出了直接回应，尽管有点懦弱。① 在某种程度上，尤其是那些根基不牢的新企业的确常面临利润下降和涨薪诉求的双重挤压。② 在独裁统治下，中产阶级兴旺发达，而工人们却被迫接受可怜的工资；如今他们的机会终于来了。然而作为一个整体的资产阶级越发愤愤不平，其缘由更为复杂。从一开始，工会的发展本身就已形成威胁之势，会削弱迄今为止广泛蔓延的庇护者—依附者"家族"式劳资关系。③（资产阶级分子渴望在社会上大展身手，因此抓住机遇扮演更低阶层的准封建主角色，如果低估他们凭此获得的心理"利润"，那就大错特错了。）其次，许多罢工事件发生在交通等行业，因为在这些行业中，资产阶级群体尤其容易把造成个人不便理解为对公共利益的冒犯。再次，也许是最重要的一点，泰国新闻业的权力部门往往受制于庞大的商业利益，从罢工吓跑了"国民经济"如此依赖的外国投资者的角度，反复锤炼罢工的反国家性这一主题。因此，将总体经济下滑归咎于工人的不负责任，就再容易不过了。

最后，在开明时期独裁政权在另一个方面自食恶果了：越来越多的高中、职业学校甚至大学毕业生找不到工作。④ 事实上，教育在高歌猛进时曾以提高地位和增加保障为承诺，如今也陷入萧条。在这种情况下，如今学生们无业可择（不能受雇？），赋闲在家，烦躁不安，在商店工厂寻衅滋事，这一形象成为新兴资产阶级群体愤懑怨怼与失意落寞交织情绪的首要焦点，就不足为奇了。⑤

---

① 沙立实际上将罢工和组织工会均列为违法行为，这既是为了镇压左翼反对势力，也是为了鼓励国外投资。Neher, "Stability," p. 1100, 文中提及 "1973年有2000余起工人罢工事件，基本上全发生在1973年10月起义之后［着重符号为作者标注］，1974年头六个月内罢工事件累计大约1500起。相比之下，1969—1972年的三年期间，罢工事件总共仅有100起"。汕耶政府提高了60美分的每日最低工资标准，先是调至1.00美金，后来（1974年10月）调至1.25美金。*Indochina Chronicle*, May-June, 1975.
② 某些泰国企业管理不善，其利润率必定直接依赖于独裁政权所保证的超廉价劳动力。
③ 1966年，在政府注册的制造企业总数为30672家，而雇员人数超过50人的企业占比仅为5%。Smith et al., *Area Handbook*, p. 360.
④ "很奇怪的是，职校毕业生找工作很难。在农村地区，能找到工作的人只占25%；在大曼谷地区，情况好不了太多，只有50%的人就业。" Mudannayake, ed., *Thailand Yearbook, 1975-76*, p. 110.
⑤ 非常重要的是，1973—1976年期间，也许斗志最高的工会组织就是泰国酒店旅社职工总会（Hostel and Hotel Workers' Union），其领袖人物是著名的激进主义运动家特蓬·猜迪（Therdphum Chaidee）。（直到1976年，暹罗仅高级宾馆就至少有50家，雇员超过3万人。*Bangkok Post*, May 22, 1975.）内心的辛酸与仇恨莫过于那些男招待或宾馆女服务员，他们收入微薄，却又亲眼目

我们应该设想一下，那时的资产阶级迅速崛起，缺乏安全感，面临着经济窘境和更糟的前景，首批小汽车车主和驾驶员如潮水般涌来，造成了曼谷严重的交通问题①。他们不仅焦虑于长期繁荣的终结，而且种种忧思萦绕心头，担心经济繁荣是历史抛物线的一部分，沙立的黄金年代一去不返，他们发迹于巷陌微尘，却终将梦醒归于原点。此外，我们必须明白，资产阶级毫无政治经验，对政府治理的理解太过简单，其"无咎于当前乱局"的意识尤其强烈，面对困境时很容易偏激。（基于这些情况，我们可以想象这种偏执被发泄在贪腐、学生、共产主义分子、外国人、华人等群体身上。）在1975—1976年的事件中，其诸多原因将在下文中讨论，激进学生成为这种恐慌愤懑情绪的众矢之的。他们是资产阶级的成就，却似乎唾弃这一成就。我想这足以解释为何同一个人，很多从前衷心支持1973年10月大规模游行示威，三年后却恭迎独裁政权复辟。

然而10月6日的暴行却找不到直接的罪魁祸首。因此，尚有待想方设法找出肇事者，并将他们置身于我们已经勾勒出的这一宽泛的社会结构框架之中。毫无疑问，不仅在1976年"10.6"事件中，包括此前两年，最臭名昭著的暴徒非"红牛"（Krathing Daeng [Red Gaurs]）莫属。记者和学者们赋予这些流氓无赖以准社会学的体面身份，简单地把他们当作职业学校学生（我认为这是错误的）。相比大学生，更多职校生遭到1973年10月警方镇压的迫害。因此这种观点认为，将"红牛"攻击大学生解读为长期受苦且地位低下的职校生对高高在上、傲慢懦弱的"大学生"的刻骨怨恨，看似可以自圆其说。②1974年底和1975年在敌对职校之间一系列暴力冲突引人瞩目（但主

睹有些同胞的生活是何等奢靡。很能说明问题的是，工会斗争的重点对象不是外资或华人酒店（这些酒店通常都非常愿意承认并善待工会组织），而是那些执意要以庇护方式对待雇员的泰国人（旧富与新贵）的酒店。1975年最暴力的罢工事件爆发于曼谷市中区豪华的杜斯特塔尼酒店（Dusit Thani hotel），当时泰国人管理层雇用了"红牛"的枪手来扰乱罢工。关于此事的报道，参见 *Bangkok Post*, May 30, 1975。该篇报道还引用了克立·巴莫总理对其称作"私人武装"的批评，措辞非常严厉。

① Chaktip Nitibhon, "Urban Development and Industrial Estates in Thailand," in *Finance, Trade, and Economic Development in Thailand*, ed. Prateep Sondysuvan (Bangkok: Sompong Press, 1975), p. 249, 指出1967—1971年曼谷注册车辆数的年增长率为15%（路面年增长率为1%）。1973年，暹罗首都注册车辆数超过32万，容纳了全国一半以上的汽车。

② 例如，参见 Somporn Sangchai, "Thailand: Rising of the Rightist Phoenix" [sic], in *Southeast Asian Affairs 1976* (Singapore: Institute of Southeast Asian Studies, 1976), pp. 361-362。

要是非政治性冲突），可能强化了人们心目中"红牛"与职校生的身份等同观念。① 由于职校男生使用枪支炸弹进行相互攻击，而"红牛"又最喜欢用这类武器，因此很容易妄下结论说后者对前者具有政治代表性。

以下这段话源自保守派报刊《曼谷邮报》（Bangkok Post）的一篇文章，揭示了一幅更为复杂的"红牛"图景：

> 另一个有趣的人叫多伊（Doui），他被任命为［"红牛"］机动部队队长，这支武装力量可以迅速调遣。多伊脸上有个大疤，蓄着嬉皮士的长发，声称手下有50号人。他说这些手下大多都是雇佣兵，是驻扎在黎府（Loei Province）负责该地区道路施工的一支安保部队。
>
> "我以前参过军，但后来做了雇佣兵。我喜欢军服，可我不喜欢军队里面太多的纪律规定。我喜欢随心所欲的自由，留长发，想穿什么穿什么……"②

经曼谷消息灵通人士确认，"红牛"的许多核心骨干曾经做过雇佣兵，或者因为违纪被部队开除，而其追随者们主要包括未就业的职校毕业生、高

---

① "警方称，来自鹭天他威建筑学校（Uthane Thawai Construction School）的大约300名学生，手持炸弹、棍棒、枪支等武器，[昨天]游行示威至国家体育场前的巴吞旺工程学校（Pathumwan Engineering School），与300名巴吞旺工程学校的学生展开了近距离搏斗。"（The Nation, June 1975.）该事件前后发生冲突事件如下：（1）1974年10月29日，在都实建筑学校（Dusit Construction School）、暖武里工程学校（Nonthaburi Engineering School）和邦颂工程学校（Bangsorn Engineering School）学生的一起冲突事件中，被投掷了一枚炸弹，造成一名小男孩死亡，14人受伤。（Bangkok Post, December 9, 1975.）（2）12月26日，邦颂工程学校和北曼谷工程学校（Northern Bangkok Engineering School）的学生使用炸弹和步枪械斗，造成一名学生死亡，数名学生受伤。（The Nation, December 27, 1974.）（3）1974年12月27日，在都实建筑学校和阿奇瓦希帕学校（Archivasilpa School）两派斗殴后，三名学生遭受严重刀伤和枪伤。（Bangkok Post, December 28, 1974.）1975年1月22日，邦颂工程学校和北曼谷工程学校的学生冲突进一步升级，使用了瓶装炸弹、步枪和手榴弹，导致一名《曼谷邮报》（Bangkok Post）摄影记者死亡。（Bangkok Post, January 23 and 24, 1975.）（4）6月12日，两名学生死于拉玛六世工程学校（Rama VI Engineering School）、邦颂工程学校、鹭天他威建筑学校、暖武里府工程学校和巴吞旺工程学校等职业学校男生的瓶装炸弹和塑料炸弹系列混战中。（The Nation, June 13, 1975）（5）6月18日，阿奇瓦希帕学校学生与巴士工人、建筑工人发生争执，此后学生们向巴士投掷燃烧弹，造成严重受伤事件。（The Nation, June 19, 1975.）在所有这些学校中，只有拉玛六世工程学校还有一定的（左翼）政治影响力。

② Bangkok Post, June 1, 1975.

中辍学生、无业的街头男孩、贫民窟暴徒等。① "红牛"受聘于泰国国内安全行动指挥部（Internal Security Operations Command，ISOC）各派系和警局及情报部门的专门机构②，他们的招募并非主要基于意识形态承诺，而是诱之以丰厚的酬金、管够的免费酒、嫖妓的优待，还有远扬的恶名。这些犒赏非常类似于优秀学生们入职政府后希望享受的特权（金钱、声望以及费用付讫的夜总会和按摩院消费），起码是壮志满怀的小资产阶级群体的预期，而"红牛"们就是来自这个群体，这着实令人震惊。③ 换言之，这些流氓无赖扮演的政治角色是有社会根基的。这些孩子们出身于脆弱的新兴小资产阶级家庭，受制于该时期大规模失业的困境④，想在政府部门谋职未果，却又对工厂工作嗤之以鼻，因此首当其冲地成为煽动仇视（优秀）学生群体和工人阶级的对象。

第二个群体是"乡村子虎团"（Village Scouts），他们参与 1974—1976 年的右翼暴行不亚于前者⑤，但社会名声略微好些。"乡村子虎团"由边境巡逻警

---

① 私下交流。职校毕业生未就业比例可参照前文第 77 页脚注 4。
② "红牛"群伙中有两个著名领袖关系直通泰国国内安全行动指挥部：他们是巴潘·翁堪（Praphan Wongkham），被认出是"泰国国内安全行动指挥部一名 27 岁的雇员"；以及色赛·哈斯丁（Suebsai Hasdin），特种部队上校戍赛·哈沙丁（Sudsai Hatsadin）的儿子，曾任泰国国内安全行动指挥部"山地部落师"（ISOC's Hill Tribes Division）师长（参见 *Bangkok Post*, June 1, 1975；以及 Norman Peagam, "Rumblings from the Right," *Far Eastern Economic Review*, July 25, 1975）。众所周知，"红牛"的其他团伙分别受控于两人：韦通·耶沙瓦（Withoon Yasawat）上将，美国中情局派驻老挝的泰国雇佣军前领导人；差猜·春哈旺（Chatchai Choonhawan）上将，已故警察总署署长炮的妻弟，泰国民族党（Chat Thai party）的头号人物，克立·巴莫内阁（1975 年 3 月—1976 年 4 月）的外交部长。值得一提的是，泰国国内安全行动指挥部也在教育部的职业教育管理部门涉足很深，而且还是泰国全国职校学生总会（National Vocational Student Center of Thailand, NVSCT）的幕后金主和操纵者。泰国全国职校学生总会为激进右翼势力，规模较小，是规模庞大的泰国全国学生总会（National Student Center of Thailand, NSCT）的死敌，后者曾是民主开明时期激进学生运动的先锋组织。
③ 虽然"红牛"的主体成员大多为小资产阶级出身（泰国工人阶级子弟入读大学或职校的可能性相较甚微），但是他们中的一些人有可能，甚至或许就是从前文曾提及的无业游民中招募来的。
④ 1976 年 10 月 17 日，他宁·盖威迁（Thanin Kraiwichien）总理在广播节目中说道："还有一个面临贫困问题的群体，他们是季节工人、劳工、应届毕业生和其他无业失业人员。目前的无业失业人口数量已逾百万。" FBIS (Foreign Broadcast Information Service) *Daily Report*, October 18, 1976. 原文文字有强调。
⑤ 他们在以下行动中发挥了重大作用：1976 年竞选活动期间恐吓自由派人士和左翼分子；驱逐想要在村里组建农民协会和佃农协会的激进学生；在 1976 年"10.6"政变前夕要求社尼·巴莫（Seni Pramote）政府三名"进步"部长（素林·玛迪 [Surin Masdit]、川·立派 [Chuen Leekphai] 和丹龙·拉塔比帕 [Damrong Latthaphiphat]）辞职；以及"10.6"暴力行动。例如，参见 Sarika Krirkchai, "Do Not Corrupt the Village Scouts," *Prachachart Weekly Digest* 23 (April 6, 1976): 14-15.

察部队（Border Patrol Police, BPP）和内务部（Ministry of the Interior）联合创办，被视为一支准军事化的反共农村保安组织。① 然而它在开明时期发展了重要的城市力量，并为各类右翼势力鼓吹动员。如果说"乡村子虎团"在1973年10月之前还曾是军队强人、内务部长巴博与在边境巡逻警察部队中极有影响力的王室之间谨慎角逐的舞台，那么如今它更加明目张胆地为保王党招揽激进支持者。即便在独裁时期，王室仍然通过各种公关技术竭力与大繁荣时期的受益者们加强联系。② 这种经验在1973年10月后"乡村子虎团"迅速扩张时期被证明是行之有效的。"乡村子虎团"的领导层大多是来自小康出身的中年人群、外府官员、乡村显贵，以及城市新贵。③ 这些人不仅在意识形态上足以当此重任，而且其私人财力足以确保组织能迅速发展，该组织相对于国家官僚体制还很具独立性。④ "培训项目"由边境巡逻警察部队总部协调，本

---

① 下文中关于"乡村子虎团"的信息大部分引自一篇极富启发且资料翔实的文章，Natee Pisalchai, "Village Scouts," *Thai Information Resource* (Australia) No. 1 (May 1977): 34-37.
② Thak, "The Sarit Regime," pp. 414-425, 提供了关于三种技术的资料，很有启发性。首先，国王主持上层资产阶级婚礼的次数越来越多，无论是此类婚礼的绝对数量，还是相较皇亲、贵族或军队盟友婚礼的相对数量。其次，通过巧妙地颁授泰皇勋章，国王以为慈善（1966年后则为反共）组织和活动募捐的形式，从新兴资产阶级手中筹集到巨额资金。（然而还有捐款甚至是从贫困的三轮车夫手上诱来的，这完全是为了打造"亲民"形象。）再次，国王还明显增加了与官场外圈子的私人接触，具体如下：

国王与非官僚群体接触的频率

年份	私人社交活动	接见公民/组织	接见学生	接见臣民
1956	17	1	—	
1961	35	45	3	—
1966	71	116	9	5
1971	121	191	10	31

本表改编自 "The Sarit Regime," p. 422. 正如塔的精准评价，所有这些活动都"清楚地表明，国王正在发展与新兴崛起的（私有）中产阶级部门的联系"。
③ 纳堤（Natee）指出，1976年9月与他同批申请"乡村子虎团"佛统府（Nakhon Pathom）分队的496人中，70%年龄在35—42岁之间，2%—5%是年轻人，余下的大多是六七十岁的人。他还补充说："加入该组织的人大多都相当富裕了。"参见 "Village Scouts," pp. 34-35. 事实上是形势逼人，因为受训者必须购买昂贵的徽章和彩色合影照片；每天交40—50泰铢的伙食费；做佛教布施；购置选美和赛舞大会上穿的精美华服。Ibid., p. 36.
④ 尽管府尹通常是当地"乡村子虎团"的主席，但筹募资金一事却有意交给那些珍视自己声望地位的当地名流显要。Ibid., pp. 34-35.

质上具有政治性特征：右翼僧侣演讲、游行、宣誓、行礼、选美和舞蹈比赛、参观军事设施、王室捐赠仪式、"歌咏"活动等。① 从右翼视角来看，"乡村子虎团"的绝妙之处在于该组织赖以运行的以下互惠动机：对王室而言，它不断公开证明自己拥有激进好斗的政治支持力量，他们远离曼谷上流社会，广布于外府的府会城市、小镇，甚至一些村庄的当权者中。（如果说名称中的"乡村"这个词具有欺骗性，那么其描绘的一幅乡村社区组织性参与的图景则令人疑虑尽消——在一定程度上，这是关于"民族"与"国王"天然纽带的具体表现。）另一方面，对于"乡村子虎团"的领袖们而言，王室的庇护轻而易举地赋予私人和地方镇压激进抗议农民和学生的行动以合法性，并将这种镇压行为作为维护"民族—宗教—国王"立国三原则的重要部分。

除"红牛"和"乡村子虎团"之外，还有其他一些右翼暴力组织。这些组织和指挥相对松散，但仍然是大繁荣及随后一段焦虑期的产物。这些人通常来自安保机构的边缘和/或新建部门：内地警察和平叛人员，他们眼看着随着世界经济危机和美国战略性撤军，预算、人员编制和晋升机会正逐渐萎缩；被派往泰南任职的军官，他们仕途渺茫（或是因为人脉资源不够，或是因为以前政绩不佳）；从前美军基地的退役卫兵；以及其他。② 这些人发现，几乎在每条战线上，民主开明时期的经验都令人挫败不堪，惶恐不已。他们已经习惯了胁迫他人屈从，在地方上独断专行，尤其是对法律规定和批评指责置若罔闻，并怡然自乐。③ 因此在 1973 年 10 月后，竟然允许新闻媒体挑战权威并揭露丑闻，这让他们大为光火。作为工薪一族，他们在通货膨胀中受

---

① 精彩的描述参见 "Village Scouts," pp. 34, 37。纳堤所在团队被拉去参观王室度假胜地华欣（Hua Hin）附近的那黎萱（Naresuan）伞兵训练营。（这些伞兵部队在 "10.6" 暴力事件中与 "乡村子虎团" 紧密配合。）关于训练课程的风格，可从要求学员学唱的歌曲中领略一二。这些歌曲包括："觉醒吧，泰国人！"，"皇太后颂"，"国王颂"，"他们就像是俺爹娘"，"守时"，以及 "什么都干！"。上演戏剧的主题包括共产主义分子在地狱受苦受难的场景。

② 1975 年 6 月，2000 余名 "安保卫兵" 在各美军基地联合发起了一场声势浩大的抗议行动。卫兵们不仅要求政府保障他们未来的生计，还指控最高司令部侵吞了美国补偿他们的遣散费 80 多亿泰铢（约合 4 亿美金）。最高司令部参谋长江萨·差玛南（Kriangsak Chamanan）上将匆忙否认了这项指控。*The Nation*, June 19 and 21, 1975。泰国全国学生总会力挺卫兵们的要求，并且说来也怪，他们还和部分卫兵发展出紧密的工作关系。

③ 我们完全可以想象，当 1975 年 1 月 22 日 3000 余名愤怒的群众将洛坤府（Nakhon Si Thamarat）府尹凯·吉披塔（Khlai Chitphithak）的府邸烧为平地时，这些社会集团的成员该是何等的震惊。这位府尹遭到普遍质疑，认为他在处理最近特大洪灾的赈灾物资一事上贪腐渎职，他因而被迫赶紧秘密逃到曼谷。*Bangkok Post*, January 23 and 24, 1975。

到严重影响，兼差做事和敲诈勒索的营生少了很多。他们由于20世纪60年代官僚机构大扩张的机遇而入职政府部门，现如今也不得不面临与新兴中小资产阶级等非官僚分子相同的前景：即便不是经济衰退，至少也是经济停滞。难怪他们会在困顿失意和愤懑不满之余，生出对独裁统治全盛时期的留恋之情，以及对其狂傲对手的暴怒之感。

意识形态剧变

上文所勾勒的经济与社会变迁引发了一场文化危机，从暹罗与其区域邻国之间的强烈反差入手，是理解这场文化危机诸项维度的一条路径。大部分东南亚国家部分缘于曾被殖民的历史，继承了西方那一套政治词汇与说辞，其本质即便不是左翼，但也具有激进的民粹主义品格。在任何地方都很难找到这样一种平和自信的保守思想（也许菲律宾例外）：事实上，自从19世纪以来，保守文化就一直在认识论上处于休克状态，在政治上处于防御状态，其民族主义的旗号深受质疑。而在暹罗，多半由于该国躲过了被直接殖民统治的命运，一直到最近情形几乎完全颠倒过来。① 泰国儿童教科书上的英雄从来都不是被长期囚禁在殖民政府大牢里的记者、工会领袖、教师和政治家们，而是王室的历代"伟大君王"。事实上，直到1973年，仍然很难想象哪个泰国小孩会把一个蹲过大牢的人奉为英雄。因循守旧的保守主义和保皇主义言辞特别盛行。一直采取守势的正是左翼一方，他们急于捍卫自身的民族主义旗号，以反击自己所受到的诸如"中国人""越南人""非泰性"和"反帝制"等指责（这清楚地表明了长期以来保皇主义和民族主义的成功交融）。甚至可以公平地说，在"10.6"镇压事件以前，即便是那些坚定的左翼分子，也都普遍接受不能指责王室机构和国王本人这一忌讳。②

---

① 尽管弗拉德（Flood）的佳作"Thai Left Wing"中收集了大量资料，我仍然还要这么说。弗拉德巧妙地说明了泰国左翼流变的本真要素，但同时也可能在不经意之间说明了泰国左翼一直以来受压迫和被边缘的程度。

② 相比那些竭力参与议会政治的左翼分子而言，从林游击中的泰国共产党（Communist Party of Thailand）在此方面并不逊色。泰国王室的确在20世纪30年代处境艰难，拉玛七世（Rama VII）甚至自动流亡到了英国。但情况看似并不存在要废除君主制本身的问题，只是让其与国际认可的宪政标准趋于一致。

诚然，19世纪的历代君主个个才华卓越，尤其是拉玛四世（Rama IV）和拉玛五世（Rama V），他们精明地向欧洲帝国主义列强让渡特许权，并在其间巧妙斡旋，从某种意义上"拯救"了暹罗，使国家免遭被征服被殖民的命运。但是我们不能忘记这个问题的另外一面：这些君主们在"拯救"暹罗的同时，也成为泰国历史上实力最强大、最具依附性的君王。因为在19世纪，如果说欧洲列强对暹罗构成了威胁，那么他们同时也彻底消除了来自暹罗宿敌的威胁，包括缅甸人、高棉人、越南人和马来人。泰国军队几乎有上百年没有与其他国家打过一场真正的战争（约1840—1940年间）。① 昔日的敌人太过弱小，今日的敌人又太过强大。君王们依靠外力维持住安定的局面，从而得以用一种全新方式专注于巩固自己的国内权力。然而，甚至王室权力巩固都仅能依赖欧洲的顾问、技术、资本和武器来实现。② 仿佛对沙立"专制主义"先知先觉，却克里王朝巧妙地利用了依靠外力得来的安定局面和各种外部资源，以此最大化其国内统治势力。泰国"绝对君主制"眼见要真正实现之时恰好是暹罗最彻底地任由欧洲列强摆布之际。③

1932年，曾是皇权强化工具的"西式"文官和军队官僚机构，在无限膨胀后对其主子反戈相击。1932年政变领袖们果决地终结了王室的直接政治实权，然而却并未对其文化中心地位和"民族主义"声望构成致命性或永久性的破坏。"泰国"，即披汶·颂堪最终给暹罗所更国名，一直被定义为一个君

---

① 直到1894年，才成立了现代意义上的国防部。
② 这种依赖性在暹罗近现代史上是寻常之事，然而却被赋予非常正统的传统解读，即君主们"现代化"和"进步性"的标志。关于暹罗东北地区（Isan）如何在拉玛五世、六世和七世统治时期被曼谷王朝（即却克里王朝——译者注）征服的图景相当有启发性，参见 Keyes, *Isan*, chapter III ("The Consolidation of Thai [sic] Control" [泰国（原文如此）控制权的巩固]）。他强调了三个方面的重要性：外部和平，铁路、公路、电报和电话系统的延伸，以及政府管控的"现代"教育。
③ 欧洲帝国主义对泰国君主制还有两个重大影响。首先，这一改从前政治才能和年长者优先的现行原则，转为准长子继承制。如果是在前帝国主义时期，拉玛六世和拉玛七世就不可能会继承王位，因为他们的确缺乏政治军事才能。其次，这杜绝了开创新王朝的可能性。这种认识应该大约始于本世纪之交。披汶和沙立既精明强干又冷酷无情，颇有拉玛一世（Rama I）之风，但是却再不能建立新的王朝。然而20世纪30年代末40年代初时，在披汶的扩张主义政策与民族统一主义政策中，王朝的轮廓清晰可见。在某种程度上，他正在恢复大暹罗帝国（Greater Siam，包括缅甸、柬埔寨、老挝和马来亚的一些地盘）的荣光，正如从前国王达信（Taksin）和拉玛一世曾经的伟世功业。

主（立宪）制国家。拉玛七世深陷20世纪20年代末至30年代初的政治危机，最终被迫于1935年退位，政变领袖们旋即迎回传奇式民族救星拉玛五世（朱拉隆功[Chulalongkorn]）的孙子继承王位，所幸他当时尚未成年。① 第二次世界大战期间，这位少年一直在瑞士读书。这实际上不过是保护了王室的清誉，令其免因披汶·颂堪与日本军国主义相互勾结而招来骂名。

然而在某种意义上，20世纪30年代末至40年代初的披汶·颂堪时期的确标志着暹罗的一场文化—意识形态变革。独裁者竭尽全力鼓吹民族主义，以此赋予自己权力合法性。他在很大程度上让官僚机构扮演着国家利益的守护者角色，尤其是其势力植根深厚的军队系统。如今更加明了的是，民族与君主制成为可以理性分割的不同概念，而国家（实质上是军队）则是前者的代言人，后者的捍卫者。② 形势的发展推波助澜，在许多重大方面将君主政体奉为某种意义上备受尊崇的民族守护神。③

尽管如此，披汶·颂堪在1932年政变中涉足太深，又参与过镇压1934年波汶拉德亲王（Prince Boworadet）保王党反政变行动，王室因此长期对其恨之入骨。因此他在第二个任期（1948—1957年）时，根本无法如愿以偿地利用君主制的象征资源。④ 也许是不得已退而求其次，1956年，他自感权势

---

① 参见 Wilson, *Politics in Thailand*, p. 18。
② 这与日本德川时期（Tokugawa Japan）幕府将军与天皇的关系有着奇妙的相似之处。对此，披汶·颂堪不可能毫无察觉。
③ 历史上老挝与缅甸两国权力斗争利害攸关之时，双方争夺的对象多为那些被顶礼膜拜、神力强大之物（尤其是佛像），被许多西方泰国历史学家称作庇护神。1932年后，我们发现一种念头越来越强烈：将国土当作统治圣器，并将其置于掌控之中。这种态势可能缘于王室的国内境遇。20世纪30年代末40年代初，拉玛八世还是个孩子，大多时间都在国外留学。（事实上，当时王室成员基本都并非身在暹罗。）第二次世界大战结束后不久，他回到了祖国，但是很快中弹身亡，枪杀事件至今仍然悬疑重重。他的弟弟即位，即当今的国王，当时尚未成年，因此也无法独立地发挥政治作用。
　　1971年，造神运动达到了某种程度的巅峰。当时，陆军元帅他侬刚发动了一场自我政变，然后现身电视。他当着观众的面，令人以金盘将其庇护神的批准函托入，并郑重其事地启封了这份信函。
④ 然而他的确大费周章，为自己披上佛教合法性的圣衣，尤其各种紧要关头。例如1956年，他在即将下台之际，动用政府款项修葺了1239座寺庙（1955年，数量仅为413座；1954年，少到只有164座）。参见 Thak, "The Sarit Regime," p. 128。他还在（1957年）佛陀涅槃2500周年庆典（The 25th Centennial of the Buddhist Era celebrations）上花了大钱，还不想让王室共享此事带来的荣光。王室则采取回应，明显撇清自己与庆典的干系。Ibid., pp. 129-130.

渐微，因此转而求助于民主制的象征。①

正是陆军元帅沙立发掘出了披汶·颂堪早期军国主义的全部"幕府"潜能，并因此显著改观了泰国政治的整个意识形态氛围。沙立是王家陆军军官学校（Royal Military Academy）的本土培养人才；他年纪尚轻，因此未曾在1932年政变及后续事件中扮演过重要角色；而且他与披汶不同，竟然毫不伪饰自己对立宪主义或民主主义概念不感兴趣。因此他一路畅通无阻，很快修复了与王室的关系。沙立掌权后不久，就发起了"复兴"君主制的系列运动，并且通过赋予王室新的荣耀来巩固自己的地位。在披汶时期，国王和王后绝少离开京城。如今他们被送上遥远的国际旅途，去和其他国家的元首们把酒言欢，尤其是欧洲各国的君主们；他们被鼓励与形形色色的欧洲王室互访往来，并出席其他诸如此类的活动。②王室仪典自绝对君主制时期终结以来就再未举行，如今又开始恢复。③国王和王后不仅被频频安排深入泰国百姓，而且还踏上以君恩厚赐"融合"少数民族部落的征途。甚至可以说，沙立统治时期出现了传统角色大挪移的奇观：陆军元帅扮演起君主的角色（罪行惩戒者④、课税征收者、军队部署者以及总体上的政治权力大佬），而君主则扮演了佛教领袖的角色（神圣化的权威和无私美德的典范）。因此我们无须惊讶的是，在一定程度上，君主制随着独裁政权的江山日固而愈具"神圣性"。

沙立并不满足于对君主制的利用，他同时还打着佛教的主意。1962年，他废除了地方分权、相当民主的既有僧伽组织，并代之以僧王（Supreme

---

① 关于披汶·颂堪的"民主复兴"（restoration of democracy）因1957年操纵大选而达到极致的一段描述，参见Wilson, *Politics in Thailand*, pp. 29-31。堪称泰国当代政治史上最怪异的一大讽刺的是：曼谷市中区著名的民主纪念碑（Democracy Monument）作为1973年10月14日以来激进学生游行示威活动最重要的视觉符号，竟然是由暹罗掌权最久的独裁者所建。

② 关于沙立利用传统符号这一方面的分析，参见Thak, "The Sarit Regime," pp. 397-402。1959年底至1960年初，国王和王后首次出国，访问西贡、雅加达和仰光。1960年6月至1961年1月，他们先后出访了美国、英国、西德、葡萄牙、西班牙、瑞士、丹麦、挪威、瑞典、意大利、比利时、法国、卢森堡和荷兰（值得注意的是，这些国家中有一半或多或少可称作君主制）。在1963年底沙立去世以前，他们还出访了马来西亚、巴基斯坦、澳大利亚、新西兰、日本和菲律宾。随着马来西亚和英国皇室的来访，泰国王室逐渐赢得了国际社会的"认可"。

③ 精彩细节参见 ibid., pp.410-425。塔同时还指出，王室有组织地直接参与了反共和反叛乱的宣传活动。

④ 沙立敢于为极刑判决和体制暴力承担个人责任，这一点完全吻合19世纪以前泰国君王们的做派。

Patriarchate）控制下的专制集权体系，并在这个委员会中安插了许多唯其命是从者。① 在他的唆使之下，两名备受爱戴、思想开明的高僧被褫夺了僧职头衔，并且被控告以莫须有的罪名（其中一名被控同情共产主义，另一名被控鸡奸罪）。② 最终，大部分的僧伽都被动员参与"民族大融合"（针对不信仰佛教的山地部落）和反叛乱行动，特别是在动荡不安的北部和东北地区。③ 为树立政权的合法性，佛教符号和佛教机构被肆无忌惮地操纵，其程度前所未有。④ 正是在沙立统治时期，"民族—宗教—国王"这一温和的箴言被改造成了政治斗争的口号，而且越发成为共识。⑤

然而，如果仅凭上文就认为王室和僧伽的威望都受到独裁统治和经济大繁荣的相同影响，那就大错特错了。正如所见，我们有充分的理由相信王室地位得到了提升。"王权复兴"恰逢大繁荣起步之时，对于许多泰国新富而言，这种巧合绝非偶然。发展证实了王权的合法性，而王权又赋予发展以

---

① 参见 Mahamākuta Educational Council, ed., *Acts on the Administration of the Buddhist Order of Sangha* (Bangkok: The Buddhist University, 1963)，其中全文收录了1962年条例和被取代的（1941年开始生效的）政治制度。1941年的政治体系是三权分立的，国家权力在立法、执法和司法三类机构中进行分割。1962年的政治体系仅仅是建立了一个行政—司法科层体系。正如石井米雄（Yoneo Ishii）一针见血地指出，新制度完全泯灭了"原本奉为法律精髓的民主理念"。（参见其"Church and State in Thailand," *Asian Survey* VIII, 10 [October 1968], p. 869。）新制度还容许世俗权力（警察）无须征询僧伽当局意见就直接逮捕僧侣，我相信这是史无先例的。

② 关于这起案件，参见 Somporn, "Rightist Phoenix," p. 384；以及 S. J. Tambiah, *World Conqueror and World Renouncer* (Cambridge: Cambridge University Press, 1976), pp. 257-260。尽管法庭宣判披莫丹长老（Phra Phimonladham）和萨沙纳索蓬长老（Phra Sasanasophon）两人完全无罪，但是长老僧伽们太过胆小怕事，唯利是图，又或是心生嫉妒，没有让他们恢复原职。1973年10月之后，一场为其平反昭雪的斗争悄然而起，起初动静不大。而后在1975年1月12日，许多青年僧侣掀起了一场泰国现代史上绝无先例的行动，在曼谷玛哈泰寺（Wat Mahathat）进行绝食抗议，除非僧王答允重查此案，否则将拒绝进食（*The Nation*, January 13, 1975）。抗议引起了轰动，僧王于1月17日做出让步，应允月内为其复职。（*Bangkok Post*, January 18, 1975）1月30日，一个专门指定的僧伽委员会最终还两人清白。（*Bangkok Post*, February 23, 1976。）

僧王颂德·帕·阿力雅翁沙达雁（Somdet Phra Ariyawongsakhatayan）最初曾与沙立合谋构陷。1971年12月18日，他死于一场令人毛骨悚然的车祸事件。许多泰国人认为其下场是滥用职权的报应。

③ 参见 Charles F. Keyes, "Buddhism and National Integration in Thailand," *Journal of Asian Studies* XXX, 3 (May 1971): 551-567，尤其是 pp. 559-565；同时参见 Ishii, "Church and State," pp. 864-871。

④ 沙立生前大力弘扬佛教，死后真相大白于天下：他贪腐敛财竟高达1.4亿美金，还养了大约80个情妇。参见 Thak, "The Sarit Regime," pp. 427-430，作者还大量引述了有关这桩丑闻的当代泰文文献。

⑤ "Education and Society," in Smith et al., *Area Handbook*, pp. 175-177, 对此的阐释略显天真。

道德荣光，两者互利互惠。在另一方面，资本主义强大的世俗力量也同时侵蚀了佛教的权威性，尤其在贵族和上层资产阶级的圈子里。这类阶层出身的男孩越发不愿入寺为僧，即便时间很短，更别提终其一生潜心事佛了。相比以往，年轻一代的虔诚僧侣大多来自下层阶级和农村家庭。可以预见，其后果是僧伽群体内部的政教冲突日益尖锐。① 越来越多的年轻僧侣，尤其是来自贫穷的东北地区的僧侣，逐步走向社会激进主义② 和对宗教教义的左翼解读。③ 其他一些人，诸如臭名昭著的吉迪乌托（Kitti Wuttho），公然将佛教与极端右翼思想混为一谈。④ 由此种种，僧伽群体被直接卷入了政治斗争。

---

① 与此相关的有价值资料，参见 Chatcharintr Chaiyawat 的论文 "Protests Divide the Monkhood," in the *Bangkok Post*, February 23, 1975。关于某地方社区的类似资料，参见 Kaufman, *Bangkhuad*, pp. 224-226。大概从 1971 年起，对于高阶僧侣们行为不检的冷嘲热讽就随处可闻。例如，参见 Phra Maha Sathienpong Punnawanno, "Phra Song Thai nai Rob 25 Pi"［泰国僧伽廿五年］, in *Sangkhomsat Parithat*［《社会科学评论》］IX, 6 (December 1971); 28。这段引证得益于颂汶·素森兰（Somboon Suksamran）先生的未刊文稿 "The Buddhist Monkhood in Thai Politics"［泰国政治中的佛教僧侣］。在最终推翻他侬—巴博政权的系列抗议示威行动中，越来越多的僧侣以持同情态度的旁观者身份出现。

② 1974 年 11 月 29 日，100 名僧侣手挽手，为大规模农民示威活动构筑起第一道防线。这些农民于 11 天前进京施压，要求进行土地改革。（Somboon Suksamran, "The Buddhist Monkhood," p. 6.）不出所料，这次行动引发了"稳健派"和右翼媒体的疯狂反应。这些媒体一脸严肃，坚称僧侣过去一直超脱于政治，应该继续保持。12 月 8 日，"激进"僧侣空素法师（Phra Maha Jad Khongsuk）宣布成立"泰国佛教徒联合会"（Federation of Thai Buddhists），以推进僧伽组织的民主化进程，并确定佛学教育的社会服务方向。（*Prachathipatai*, December 9, 1974; 同时参见 *Bangkok Post*, December 10-12, 1974.）前面脚注中提到的绝食抗议行动发生于 1975 年 1 月，由一个名为"Yuwasong"（青年僧侣）的团体所组织。自 1974 年以来，该团体在政治组织方面从泰国全国学生总会那里学到不少。

③ 例如，参见空素法师在讲习会上所做演讲 "Is Thailand a Genuinely Buddhist Country?"［泰国真的是佛教国家吗？］published in *Pha Tat Phutsasana*［给佛教动手术］(Bangkok: Pharbsuwan Press, 1974), pp. 48-49, 引自 Somboon Suksamran, "The Buddhist Monkhood," p. 22。

④ 据我所知，关于吉迪乌托（Kitti Wuttho）职业生涯和政治主张的最佳记述，参见 Charles F. Keyes, "Political Crisis and Militant Buddhism in Contemporary Thailand," in *Religion and Legitimation of Power in Thailand, Burma, and Laos*, ed. Bardwell L. Smith (Chambersburg, PA: Anima Books, 1978)。该文对吉迪乌托著名的 1976 年演讲"杀死共产主义者不是罪过"进行了精妙分析。查尔斯·F. 凯斯（Charles F. Keyes）引述其演讲内容如下："［杀死共产主义者并不是杀人，］因为任何破坏'民族—宗教—国王'立国三原则的人都行同狗彘，都算不得一个完整意义上的人。因此我们务必明白，要杀的不是人，而是魔（Mara）；这是每个泰国人义不容辞的责任……杀鱼当然也是罪过，但是如果我们杀鱼炖汤，盛入僧侣的化缘钵中，这就积了更大的功德。"凯斯的译文源自 Kitti Wotcho's *Kha Khommunit mai bap* (Bangkok: Abhidhamma Foundation of Wat Mahadhatu, 1976)。吉迪乌托演讲中的"反佛教"本质及其极端右翼秘密组织"新力量"（Nawaphon，详见后文第 91 页脚注 2）的成员身份，都遭到了自由派媒体、全国学生总会等组织的强烈谴责，然而僧伽组织高层仍然拒绝对其稍示惩戒，尽管此前他们曾以"参加与僧侣身份不符的政治活动"为由筹谋要将空素等人（暂时）逐出寺院。

到目前为止,我们仅仅考虑了主流文化传统的要素转型。但是,正如撒迪尤斯·弗拉德(Thadeus Flood)所阐释的,反传统的群体也在发生变化。学生和知识分子尤其深受越南战争的影响。越南人民英勇不懈地抵抗庞然大国美国,愈加广受赞赏。许多优秀学生在20世纪60年代末曾留学欧美,受到了反战运动的影响,并参与其中。在中国,"文化大革命"正如火如荼,反官僚制思想的国际声誉也正值巅峰。在暹罗本土,美国的巨大存在正引发着严重的社会问题:卖淫业猖獗,混血婴儿没有父亲,吸毒成瘾,腐败堕落,泰国社会生活许多方面出现低俗化和商业化。20世纪70年代初,强大的反美(和反日)民族主义运动引发多方关注,其标志是《白色威胁》(White Peril)这个充满愤懑之情的书名。该书出版于1971年,颇具影响力。① 1972年,学生们在曼谷成功组织了一场抵制日货的行动。②

然而独裁政权强制实施的新闻审查制度(诚然,他侬时期远比沙立时期宽松)向每一个人隐藏了当时思想躁动的真实程度。新闻审查制度在1973年10月14日后一夜间消失无踪。而且令公众惊讶的是,批判主义诗歌、歌曲、戏剧、小说和书籍源源不断地如激流般喷涌而出,最初在首都,继而涌向外府。这些作品大多创作于独裁统治时期,但是一直没有公开问世。③另外一些作品则创作于开明时期的自由氛围中,深受"十月事件"本身以及学生群体政治意识迅速增强的激进化影响。

1973年"十月事件"在思想文化方面有着两种截然相反的影响。在左翼一方,呈现出一派欢欣鼓舞、反对传统和富于创新的气象,几乎让人目眩神迷。人们一度以为可以畅所欲言,畅所欲歌,畅所欲为。在右翼一方,一种错误观念很快就深入人心,即新建立的自由派政权就是颠覆性思想迅猛传播的根源所在。独裁统治及其党羽和美日资本主义狼狈为奸带来了诸多恶果,

---

① 参见 Thanet, "Khwam Khluanwai," p. 30。
② 参见 Neher, "Stability," p. 1101。
③ 最具重大意义的作品当数才华横溢的马克思主义史学家、诗人、语言学家、散文家和社会批评家集·普米萨(Jit Phumisak)的各类著述。他被独裁政府的特务杀死时年仅36岁。在1974年以前,他的作品大多要么刚一出版就遭查禁,要么仅以手抄本的形式存在。事实上在他侬—巴博统治时期,连集的名字都是公开的禁忌。然而1974—1975年期间,他的《当今泰国萨迪纳制的真面目》(泰文书名:Chomna Sakdina Thai Nai Patchuban;英文译名:The Face of Thai Feudalism Today)出版了三次,成为整整一代激进青年的圣经。

民主政权却很快为此背了黑锅。

不出所料,"民族—宗教—国王"这个为巩固沙立独裁而特意打造的意识形态工具,很快被大做文章。三者当中,宗教是最次要的,起初并不炙手可热。但是在关于民族的问题上,左翼很快就采取了攻势,大体遵循以下路线:正如披汶·颂堪与日本人相互勾结,沙立及其继承者因此也同样叛国投美。泰国史上从未有过五万人的外国部队驻扎在泰国本土。绝大部分经济主导权竟任由其落入外国人手中。尽管有关于民族认同问题的种种说辞,但是独裁者们仍然心安理得地纵容泰国社会的腐败文化。旧政权曾如此盲从美国的反共战略及其对中国的过度猜忌,以致最终被尼克松—基辛格"马基雅维利式"亲华策略(Machiavellian Nixon-Kissinger approach to Peking)弃之身后,可笑地陷于瘫痪。总之事实证明,右翼的政策不仅唯利是图、机会主义,而且目光短浅,最终破产。

从长远来看,更具重大意义的是,在君主制的历史中心地位和民族主义的合法性这些泰国保守思想核心要素问题上,"哥白尼式"革命性视角转换(Copernican shift of perspective)①已经清晰可见。集·普米萨(Jit Phumisak)的《当今泰国萨迪纳制的真面目》(泰文书名:*Chomna Sakdina Thai Nai Patchuban*)②被广为流传,就很能说明问题。这部著作论证严谨,专门研究19世纪以前(也是欧洲帝国主义干预前)的暹罗,以压迫人民的统治者与不断抗争的被统治者之间的基本矛盾来阐释泰国的整个历史进程。集的这本著作只不过是1973年后面世的众多学术著作和新闻作品的其中一部。这些著述深入探究泰国的历史,对传统封建君主制的民族主义神话予以含蓄的否定和边缘化。想想当时此类文化—意识形态领域新变化每天引起社会反响的景象,会是大有裨益的。我们应该想象一下,泰国学生们在父母面前谈及19世纪的暹罗时,绝口不提伟大的国王拉玛五世,而是大谈特谈农业生

---

① "哥白尼式革命"(Copernicus revolution)是康德对自己在哲学认识论方面所做贡献的总结,喻指其批判方法在哲学上产生的影响。作者借用此概念喻指泰国保守思想核心要素问题上的批判分析视角的出现,具有革命性意义。——译者注

② 该书由克雷格·J.雷诺尔斯翻译为英文,并增加历史背景和深刻分析后,以"泰国的激进话语:泰国萨迪纳制的真面目"为题出版(纽约,伊萨卡:康奈尔大学东南亚研究计划,1987年)。其中译本(金勇译、杜洁校)亦作为"海外东南亚研究译丛"的译著之一,由商务印书馆出版。——译者注

产的商品化、买办商人群体的增长、外国势力的渗透、官僚权势的扩张,如此等等。但凡使用社会进程和经济因素的相关词汇,就是对泰国君主作为民族史的英雄人物和具体化身这一中心地位的否定。事实上,在某些方面,这种对传统历史范畴的避而不谈,无疑常是年轻人的放荡不羁或无声蔑视造成的,而这看起来比对王室权威声望的直接否定更加可怕。①(我们一点不应低估代际仇恨加剧意识形态对立的强大力量。②)

自由民主政府成立、新闻审查制度废止后不久,"冒犯君主罪"(Lèse majesté)就横空出世了。如今看来,其缘由再明白不过了。③ 这并非仅是统治集团恼怒于激进学生的敌意言论。实际上,围绕君主制这一象征,泰国社会的各种危机开始显现。长期经济繁荣走向终结,教育快速扩张反而引发挫败感,代际关系紧张④,美国战略性撤军以及军队领导名声败坏引发恐慌。对以上重重危机最有切肤之痛的,莫过于缺乏安全感的新兴资产阶级。我们必须谨记,对于这些资产阶级而言,君主制既是一道护身符,又是一番道德托词。君主制度的历史渊源和稳固地位看似具有神力,足以对抗种种动乱与分裂。无论这些资产阶级生活多么腐化堕落,无论他们实际上在经济和文化上

---

① 他宁政府公共关系部(Public Relations Office)于 1976 年 11 月 6 日发表了激愤言辞,从中可见一斑:"我们的文化,我们的祖先和习俗一直维系的文化[原文如此],都被忽略了,被认为过时了,被认为是恐龙或其他灭绝物种了。有些人对父母毫不尊重,学生们对老师嗤之以鼻。他们盲目奉行一种外来的意识形态,竟丝毫不知这种行为对我们自己文化所造成的巨大威胁,而且对深知这种意识形态的人的忠告置若罔闻。过去三年里,国家安全频遭威胁。只要有人对国家安全表示担忧,则会被那些自我标榜思想进步的人嘲笑,称其为官僚社会的废品……"(FBIS Daily Report, November 8, 1976.)
② 有趣的是,极端右翼组织"新力量"(据说总理他宁是该组织的成员)始建于 1974 年,其重要组成部分竟然曾经是(现在仍然是)大学里的中老年教授们。他们中许多人拥有国外二流大学硕士学位,长期诌媚于独裁政权,被年轻一代(通常拥有名牌大学博士学位,并且深受反战运动理想主义影响)对其的公然批判和蔑视深深激怒了。在许多重大案件中,大学高级行政官员被撤职,原因多为贪污腐败、工作懈怠、能力低下、为国家官僚机构监视学生等行径。关于"新力量",参见 Keyes, "Political Crisis," pp. 8-12.
③ 第一个案子,左翼激进学生巴登·丹龙乍龙(Praderm Damrongcharoen)被控写诗暗讽国王,发表于一家名不见经传的学生杂志。巴登最终于 1975 年 2 月被宣判无罪(详情参见 The Nation, March 1, 1975)。第二个案子,记者社尼·宋那(Seni Sungnat)被控冒犯王后,他在狂热的右翼报刊《暹罗之星》(Dao Sayam)上批评王后的演讲。社尼于 1976 年 2 月 4 日判两年监禁(参见 Prachachart Weekly Digest 15 [February 10, 1976], p. 36)。对右翼记者的惩处事件清楚地表明,实施"冒犯君主罪"并非仅是见利忘义的保守派对付左翼的伎俩,而是缘于真实的文化—意识形态恐慌。
④ Kaufman, Bangkhuad, pp. 229-231,精彩描述了一个地方社区里的此类冲突。

多么依赖外国势力，他们深知：只要效忠王权和继承民族遗产，就可在道义上捍卫自己作为民族主义者的尊严。因此任何对于王权合法性的攻击，无论多么间接，都必然会被理解为对这种托词的威胁。

1974年的局面躁动不安，这催生了首例"冒犯君主罪"案的审判，同时又因印支事件而极度恶化。1975年春，在短短数周之内，万象、金边和西贡全被共产党军队攻占。短期内的主要影响是恐慌性资本外流。在稍长一段时期内，相对从前的象征性意义，王权发生了实质性变化。因为毫无疑问，老挝君主制于12月被废除（事实上五年前当高棉王朝终结在右翼手中时，还是一派欢呼雀跃）①一事令人惶恐不已：拉玛九世（Rama IX）最终或许会成为其王室正统的末代君主。国王负隅顽抗，其公开言论中的保守主义反共路线日益明显。整个右翼集团很快察觉到王室的转变，因此更加有恃无恐，发起了暴力进攻。

由于右翼分子在大众传媒中根基深厚，尤其是广播和电视领域②，这场攻势起端于1975年秋，1976年春进入高潮，特别在4月议会选举的竞选期间。例如，泰国民族党（Chat Thai party）党魁巴曼·阿滴列山（Pramarn Adireksan）上将动用其内阁大臣的权力，在所有国家控制的媒体上公开喊出"右翼干掉左翼！"的口号——这是他在一年前根本不敢干的事情。③右翼势力控制的所有广播电台，尤其是极端右翼的装甲师广播电台（Armored Division Radio），请人谱写并反复播发《地球之重》④（泰文名：Nak Phaendin；英文译名：Heavy on the Earth）和《地球人渣》（泰文名：Rok Phaendin；英

---

① 他侬—巴博政府很快恢复了与金边的外交关系，1970年夏差点就向柬埔寨派出泰国军队，支持朗诺（Lon Nol）政权和美国—南越"进犯"。甚至早在20世纪50年代初，柬埔寨王国国王诺罗敦·西哈努克（Norodom Sihanouk）在争取柬埔寨独立的"国王圣战"（Royal Crusade）期间到过曼谷，受到披汶·颂堪政府明显的轻蔑和冷遇。参见Roger M. Smith, *Cambodia's Foreign Policy* (Ithaca, NY: Cornell University Press, 1965), p. 48. 但是，柬埔寨政局变动却并非完全未被境外势力所利用。例如，吉迪乌托曾为其反共斗争辩护，以柬埔寨内战最后阶段所谓的柬埔寨共产主义者大肆屠杀高棉僧侣为一大理由。
② 那时，军队独自拥有全国一半以上的电台，以及曼谷仅除一家的所有电视台。信息源自 The National Anti-Fascism Front of Thailand, "Three Years of Thai Democracy," in *Thailand Information Resource*, No. 1 (May 1977), p. 3.
③ 巴曼是众所周知的日本大财团生意伙伴，又是无人哀悼的已故警察总署署长炮·希亚侬上将的妻弟。炮在20世纪40年代末50年代初的暴虐行径，前文已有简要描述。
④ 骂人的话，指人出生之后不但没给社会带来好处反而增加社会负担。——译者注

文译名：Scum of Earth）等暴力歌曲。吉迪乌托关于佛教赞同剿杀共产主义分子的名言被不断地广为传播。当然这绝不仅仅停留于语言暴力。1976年春夏见证了一系列的肢体暴力，正如本文文初所述。

应该谨记于心的关键之处是，整个右翼攻势围绕运行的支点就是君主制，而君主制越发深受自由派政权之敌的影响并与之趋同。其特别之处在于，1976年10月6日推翻政权事件的导火线竟然是一桩莫须有的"冒犯君主罪"案。此前数日，即9月24日，佛统府（Nakhon Pathom）两名工人曾张贴抗议独裁者他侬以僧侣身份重返暹罗海报，被当地警察活活打死，悬尸示众。① 政变发生两天前，作为全国驱逐他侬运动的组成部分，一个激进学生剧团在法政大学的菩提树园（Bo-Tree courtyard）表演，再现了这起谋杀事件。② 狂热的右翼报刊《暹罗之星》（泰文名：Dao Sayam）对剧照稍作加工，以此暗示剧中一名"被勒死"的演员扮相酷似王储。③ 装甲师广播电台用尽各种手段散布谣言，力劝公众购买《暹罗之星》报纸，并且要求严惩这种"无情攻击"王室成员的行为。④ 私刑犯罪集团从此发迹，并为军事接管铺平了道路。

也许值得强调的是，这种阴谋陷害和媒体集体围攻在泰国政治中完全是新生事物。当年沙立陷害披莫丹长老（Phra Phimonladham）和萨沙纳索蓬长老（Phra Sasanasophon），炮谋杀反对派议员，都属于密室里的行政犯罪。20世纪60年代的大众媒体反复发出警示：政府将严惩共产主义分子和颠覆分子。然而1976年，阴谋陷害被公开上演，还煽动公众为政权颠覆报复。

其原因是，我希望上文中已经表述明白，旧的统治集团因国内外形势发

---

① Natee, "Village Scouts," p. 35. 文中提及，这起谋杀案发生前数小时，佛统府的"乡村子虎团"训练营举行了模拟演练，杀死"坏学生"并悬尸示众。作者同时断言，一些真正的杀人犯就出自该训练营。
② 菩提树园已经成为反抗独裁的全国性象征，因为1973年10月推翻他侬－巴博政权的示威游行正是从这个庭院出发的。
③ 值得一提的是，《暹罗之星》由一名典型的暴发户创办，还开设了定期报道"乡村子虎团"活动的专栏。富有的捐赠人和积极分子们看到自己声名远播，甚至与那些王公贵族和政府要员们的名字相提并论。这份报纸因此也理所当然地成为"乡村子虎团"迅速掀起暴力行动的动员场所。
④ 装甲师广播电台的幕后操纵者乌坦·萨尼迪翁上校（Col. Utharn Sanidwong na Ayutthaya）是王后的亲戚，因此也是王储的亲戚。参见 Far Eastern Economic Review, February 11, 1977. 他是10月5日至6日系列莫须有事件中的核心人物，这表明了王室是推翻议会制立宪政权的同盟。另一个成功煽动仇恨情绪的人是物迪·那沙瓦（Uthit Naksawat）博士，毕业于康奈尔大学，任泰国独立广播集团（泰文名拉丁转写：Chomrom Witthayu Seri；英文译名：Independent Radio Group of Thailand）总裁。

展而日渐衰弱，他们一直在寻找国内的新同盟，并最终在发迹于旧独裁统治时期的迷茫愤懑、屡遭打击的中小资产阶级群体中找到了。"民族—宗教—国王"立国三原则等表述被阐释和运用的粗鲁方式，既表明人们越来越认识到这些说法再也不能真正大一统天下了，又表明20世纪70年代的文化革命衍生出了真正的恐惧和仇恨。①

因此，"10.6"政变之后出现两种截然不同但相互关联的走向。一方面，政变明显加速了泰国政治的世俗化和去神秘化。公然直指君主制的攻击事件也来势汹汹。②相当规模的自由派和激进派团体，均已经意识到曼谷秩序中并无自己的一席之地，因此人数空前地流亡他乡或者加入丛林游击队。另一方面，右翼曾一度占尽风光，如今其政治观念和符号已成日益增加的特定社会支持群体的自觉口号。在20世纪50—60年代，许多泰国保守派当真把泰国左翼认作一种外来少数族群（"地道的"越南人、中国人，诸如此类），把反共斗争视为一场崇高的民族圣战，尚有可能。如今，这些观点甚至对右翼而言也愈发难以自圆其说。"10.6"事件加速了内战的进程，右翼也逐渐承认这一点，尽管他们几乎并未察觉。从长远来看，这一变化最终可能具有决定性意义，因为现代历史非常清楚地表明，革命运动只有赢得或被授予民族主义光环才能取得胜利。③

---

① 他宁政府竟然要严禁在泰国学校中讲授任何形式（甚至包括右翼）的政治理论，这表明了他们已经陷入了一种极度恐慌，既荒唐离奇，又标新立异。参见 New York Times, October 21, 1976；以及 Far Eastern Economic Review, November 5, 1976。

② 从近期游击队电台和曼谷发行的秘密传单上的宣传来看，情况一目了然。非常有趣的是，有些迹象表明某些心怀不满的右翼集团越来越持批评态度，即便不是针对君主制这种制度，至少是针对当政者及其配偶。

③ 我希望有一点我已经清楚表明，即在本文的分析中，我特意聚焦于泰国系列政治事件中的新因素。我当然并非想说新兴资产阶级只不是曼谷权力结构中的次要因素；在统治集团的眼里，他们或许甚至是靠不住的次要因素。很有启示性的是，在"10.6"政变后，军政府竭尽所能恢复了老派的"行政性"镇压模式。"红牛"成员或受到打压，或被打发派往北部、东北部和南部的战区（据报道他们在那里伤亡惨重）。"新力量"被奉劝销声匿迹。乌坦上校被撤掉装甲师广播电台的控制权。目前身居高位的将军们——清一色的"稳健派"——很可能要按照沙立—他侬—巴博式风格执掌政权。但是有人认为这种情形再难复制了。新兴资产阶级、新兴外州地主阶级等昔日的同盟，他们不能被忽略被抛弃，否则很难善罢甘休。而将军们又可能完全解决不了这些阶层的问题。昔日高歌猛进的大繁荣时期再也不能复返：过去铁板一块的思想不能恢复；无业失业问题积久成弊；官僚系统愈加人满为患、开支庞大；大学的悖论看似无解。新右翼集团有了政治参与的经验，若想再将其完全排除在外，已绝无可能。精灵已被放出了魔瓶，军政府及其继承者们要想把他们再永远地关回去，就难如登天了。

《镜中》*导言

现代暹罗的文学作品至今在国外仍然鲜为人知。通晓热爱泰语并能品读鉴赏的外国人本就屈指可数，而能在赏读之余进而将心仪文本译为本民族语言的外国人就更是少之又少了。①

英译本就很具代表性。我们暂且不谈诗歌，集中讨论相较而言更易理解的泰国现代白话小说世界，即会发现这般的情形：仅有两部严肃泰文小说被英语母语者译为英文，并且都是最近的译作。此外，这两部作品均未给英文读者提供理解泰国社会快速变迁的广阔视角。1977年，苏珊·弗洛普·莫勒尔（Susan Fulop Morell）的优秀译作《泰国来信》（英文译名：*Letters from Thailand*）出版，原著 *Jotmay jak muang thai*（泰文名拉丁转写）的作者是牡丹（Botan，本名：素帕·勒斯里[Supha Lusiri]）②，曾获得1969年东南亚条约

---

* 该书全名为《镜中：美国时代的暹罗文学与政治》（Benedict R. O'G. Anderson & Ruchira Mendiones, *In The Mirror: Literature and Politics in Siam in the American Era*, Bangkok: Editions Duang Kamol, 1985）。——译者注

① 这篇引言的撰写基于素差·萨瓦希（Suchart Sawatsi）为四卷本的先锋性现代泰国短篇小说选集所作序言中的珍贵历史资料：《干旱》（泰文名拉丁转写：*Laeng khen*；英文译名：*Drought*）（Bangkok: Duang Kamon, 1975），第13—35页；《通向死亡之路》（泰文名拉丁转写：*Thanon sai thi nam pai su khwam tai*；英文译名：*The Road that Leads to Death*）（Bangkok: Duang Kamon, 1975），第19—47页；《仿佛从未发生》（泰文名拉丁转写：*Meuan yang mai khoey*；英文译名：*As If It Had Never Happened*）（Bangkok: Duang Kamon, 1976），第1—33页；《回答》（泰文名拉丁转写：*Kham khan rap*；英文译名：*Response*）（Bangkok: Duang Kamon, 1976），第1—55页。

② 牡丹（โบตั๋น，1945— ），原名素帕·勒斯里（สุภา ลือสิริ），泰国著名华裔女作家，以其长篇小说著称。著有《泰国来信》（又译《南风吹梦》）、《迎风竹》、《那个女人叫温若》等数十部长篇小说，《漂亮的小鸡》《绿森林》等十余部儿童文学作品，以及《三枚宝珠》《雨》等多部短篇小说。1999年，素帕·勒斯里被泰国教育部下设文化促进委员会授予"国家艺术家"称号。资料来源："牡丹"，2017-01-17，东方文学数据库（http://www.eastlit.pku.edu.cn/database/view.php/30746）。——译者注

组织文学奖（SEATO Prize for Literature）①。这部小说讲述了二战后的二十年间，一名青年华人移民及其家人的命运沉浮，故事扣人心弦。小说场景逼仄于曼谷"唐人街"这个狭小世界，并且只有两位重要人物是"泰人"。四年之后，格翰·维耶沃登（Gehan Wijeyewardene）②出版了极富思想性的译著《疯狗沼泽的老师》（英文译名：*The Teachers of Mad Dog Swamp*），原著是堪曼·坤开（Khamman Khonkhai，本名：宋蓬·帕拉逊[Somphong Phalasun]）③的小说《乡村教师》（泰文名拉丁转写：*Khru ban nok*；英文译名：*Rural Schoolteachers*）。这部小说1978年甫一问世就大受欢迎，并且很快被拍成电影而更加风靡，但是其关注面同样过于狭窄，仅着重于对暹罗与老挝、柬埔寨交界地区边远乡村小学的两名理想主义青年教师苦难生活的描述。④

据我所知，现已出版的英译本短篇小说集仅有三部。其中最优秀的一部作品当数1973年出版的译本《政客与其他短篇》（英文名：*The Politician and*

---

① 东南亚条约组织文学奖（又名SEATO Literary Award，1968—1976年），是"东盟文学奖"的前身，又称"东南亚文学奖"（รางวัลซีไรต์, Southeast Asian Write Award，简称S.E.A Write Award），泰文全称"东盟最佳创意文学奖"（รางวัลวรรณกรรมสร้างสรรค์ยอดเยี่ยมแห่งอาเซียน）。资料来源："东盟文学奖"，2017-01-17，东方语言文化数据库系统（http://sfl.pku.edu.cn/olc/database/notes.php/jack/泰国?sort=title_asc）。——译者注
② 格翰·维耶沃登（Gehan Eardley Thomas Wijeyewardene，1932—2000年），澳大利亚当代泰国人类学与民族学先驱，被誉为澳大利亚"泰学之父"。——译者注
③ 堪曼·坤开，本名宋蓬·帕拉逊，泰国作家。长期在家乡乌汶府任教员和教育巡视员，熟悉东北部农村。其作品真实地反映了泰国东北部农民和中小学教师的生活，在社会上引起很大的反响。长篇小说《乡村教师》获得1977年全国优秀小说奖，并被搬上银幕。其他主要作品还包括《乡村教师的来信》《乡村教师日记》等。资料来源：季羡林主编：《东方文学辞典》，吉林教育出版社1992年版，第466页。——译者注
④ 此外，还有两部很有分量的小说被译为英文，译者詹简·汶纳（Janjaem Bunnag）是泰语母语者，笔名为"杜拉詹"（Tulachandra）。1964年，她出版以女主人公名字命名的小说《布丽莎娜》（*Prisna*），是"W. N. 巴蒙玛洛"（W. na Pramuanmak，ว.ณ.ประมวญมารค，即已故作家薇帕瓦迪·兰实[Wiphawadi Rangsit]）小说 *Pritsana* 的译本；1981年，她出版了第一卷克立·巴莫（Kukrit Pramote/Kukrit Pramoj）的《四朝代》（泰文名：*Si phaendin*；英文译名：*Four Reigns*）的简译本，终卷于1984年问世。值得一提的还有译者不详的《红竹村》（英文译名：*Red Bamboo*，1961年），译自克立·巴莫的 *Phai daeng*——这本书大量抄袭乔瓦尼·瓜雷斯基（Giovanni Guareschi）的《多·卡米罗》（*Don Camillo*）英译本。批评家素拉·西瓦拉（Sulak Siwarak/Sulak Sivaraksa）曾一针见血地评论此书："……只要泰国人写任何反共的东西，这本书绝对会赢得热烈的掌声。这就是为什么美国新闻处（USIS）一定要让……《红竹村》这部平庸的小说被译成十八种语言。"参见 Sulak Siwarak, *Siam in Crisis*, Bangkok: Kamol Keemthong Foundation, 1980, p. 321。

Other Stories），原著为康邢·西诺（Khamsing Sinok）[①]的小说集《天意不可违》（泰文名拉丁转写：*Fa bo kan*；英文名：*The Sky is No Barrier*）。不仅康邢无可争议地堪称暹罗最杰出的小说家，丹南·甘德（Damnern Garden）细腻入微的翻译也非同凡响。在此之前，泰国笔会（P.E.N. Thailand）于1961年出版了《泰国短篇小说集》（英文名：*Thai Short Stories*，1971年出版第二版），收集了六名作家的共计六篇小说。最晚的一部是珍妮弗·德拉斯考（Jennifer Draskau）于1975年出版的《陶和其他故事》（英文名：*Taw and Other Stories*）。除德拉斯考女士的两部短篇之外，这本小说集还收集有九位泰国作家的十一部短篇。从这些近期小说集的序言可以看出，短篇遴选主要由编辑的个人志趣而定，因为入选的短篇在主题、风格、视角和历史时期方面均无明显的关联。

与以上不同的是，本小说集特意为了凸显时代性特征，仅遴选二战后出生的这一代泰国作家的代表性作品；同时为了凸显有序性与多样性的统一，遴选的均是反映当代暹罗的诸多社会问题的短篇。这一代青年作家兼顾作品的道德性、政治性和文学性，能够确保既符合上述遴选原则又无碍作品的文学水准。因此，本选集的目的有二：一是服务文学的发展，二是为希望了解现代暹罗的读者们提供观察泰国社会生活的视角。这些观察视角，与学院派社会科学研究以及记者与游客的通俗叙事中的常见视角相比而言，或相似，或互补，或相对。

历史背景

泰人写作真正意义上的"短篇小说"这种文体的历史大概已有一百年之

[①] 康邢·西诺（泰文名：คำสิงห์ ศรีนอก；泰文名拉丁转写：Khamsing Sinok 或 Khamsing Srinawk，1930— ），来自泰国东北（Isan）地区的一名作家，一直以笔名劳·堪宏（泰文名：ลาว คำหอม）从事写作，小说主要反映泰国东北部农村的风土人情和农民的生活，对生活在社会最底层的农民寄予了深切的同情。并获1992年泰国国家艺术家奖（National Artist in Literature）提名奖，主要作品有《天意不可违》《金线蛙》《政治家》《火板》，短篇小说及散文集《墙》等。本尼迪克特·安德森认为，康邢·西诺是泰国有史以来最著名的短篇小说家。资料来源：季羡林主编：《东方文学辞典》，吉林教育出版社1992年版，第503—504页。——译者注

久。从 19 世纪 80 年代第一部短篇小说问世直到现在，这种文体的形塑经历了三次强有力的连锁冲击：宽泛意义上泰国传统佛教文化（包括贵族书面文学、民间口头叙事和诗歌）的遗留影响；印刷资本主义（print-capitalism）[1]的兴起与大众市场忠实读者群体的稳步成长；以及经济、政治和社会领域更加快速激烈的变革。

这种"连锁冲击"在暹罗最早发行的英文报纸《曼谷纪事》（英文名：*Bangkok Recorder*）字里行间就可见一斑。这份报纸命运多舛，只勉强经营了一年（1844 年），创办者是美国医学传教士、学者丹·比奇·布拉德利（Dan Beach Bradley）博士，他当时还教授过后来在 1851 年登基的蒙固王（拉玛四世）。[2] 这份新生报纸不同寻常，不仅带来了外部世界的新闻，还刊载了很多译文，包括民间流传的《佛本生经》故事、《一千零一夜》和《伊索寓言》的节选。当泰文期刊在 19 世纪 70 年代开始印刷时，不仅收录佛本生故事等诸如此类的作品，还邀请读者参与日常生活的讨论，针对源于现实生活的假设"问题"，提出"解决方案"。在这些先驱出版物中，诞生了现代暹罗首批具有自我意识的"虚构小说"，最初发表在《瓦契拉央特刊》（泰文名拉丁转写：*Wachirayan Wiset*，1883—1894 年）[3]上。这份期刊的创办者和读者群是第一代深受西方教育熏陶的（上层阶级）泰人，他们常身居海外，因此习惯于当代欧洲杂志的版式和内容。

这批新小说中最早的一部甫一出版，就引发了一场政治风暴，导致了第一部强制性现代审查制度的出台。这既是对这个时代的写照，又反映出

---

[1] "印刷资本主义"（Print Capitalism）概念是安德森在其著作《想象的共同体：民族主义的起源和散布》（*Imagined Communities: Reflections on the Origin and Spread of Nationalism*）中首次提出。安德森认为，16 世纪早期资本主义企业形态在书籍出版业中出现，"书商主要关心的是获利和卖出他们的产品，所以他们最想要的是那些能够尽可能地引起多数当代人兴趣的作品"，印刷术与资本主义的结合"改变了这个世界的面貌和状态"，小说与报纸这种脱胎于"印刷资本主义"的"印刷语言"及其形式在民族国家的想象性建构中作用重大。资料来源：〔美〕本尼迪克特·安德森：《想象的共同体：民族主义的起源和散布》（增订本），吴叡人译，上海人民出版社 2016 年版，第 38 页。——译者注

[2] 下文中许多资料引自 Sudarat Seriwat, *Wiwatthanakan khong ruang san nai meuang thai tangtae raek jon P.S. 2475* [The Evolution of Thai Short Stories from the Beginning up to 1932 CE], Bangkok: Ministry of Education, Teacher Training Division, Thai Language Department, 1977。

[3] 又译《瓦奇拉奄维塞》，参见栾文华：《泰国现代文学史》，社会科学文献出版社 2014 年版，第 26 页。——译者注

虚构小说对泰国生活的影响一直持续至今。1855年,《瓦契拉央特刊》杂志刊载了小说《有趣的想法》（泰文名拉丁转写：Sanuk nuk；英文译名：*Fun Thinking*）的第一章，作者公銮皮琪布里查功（Krom Luang Phichit Prichakon）是一位声名卓著的海归贵族青年。这篇小说采取了虚拟对话的形式，在曼谷名刹波汶尼威寺（Wat Bowonniwet）里，四名年轻僧侣正在畅谈他们的未来：有人说不久将要离开佛寺，重操旧业，回政府谋职；另一人却淡淡道出继续黄袍僧侣生涯的现实好处，可以经济无虞，内心宁静。当然，把虚拟对话融入人们熟知的"真实生活"场景，是现代西方"现实主义"的一种惯常文学手法，很具表现力。但是对于波汶尼威寺方丈和泰国僧王（Supreme Patriarch）而言，皮琪的小说则被看作是对该佛寺青年僧侣真实思想状况的不敬与侮辱。他们向拉玛五世朱拉隆功（King Julalongkon, Rama V）表达了愤怒之情，国王随即严禁了这部小说后续部分的出版。

泰国自19世纪90年代以来，大众识字率逐步提高，留学人数稳步增长，又受到维多利亚时代英国文化的渗透影响，城市休闲阅读人群成长壮大，其中女性也越来越多。这一切形成了一种强大的社会力量，刺激着新文学的创作。玛丽·科雷利（Marie Corelli）[①]赚人眼泪的言情小说《仇敌》（又译《爱情与复仇》，英文名：*Vendetta*）的泰文译本于1901年出版，自此便掀起了一场文学品位的虚拟革命。一个家境殷实的读者群体在持续成长，他们对反映自身幸福与困惑的"现实主义"描写如饥似渴，从此疏远了泰国古典诗歌、编年史或中国的演义小说。（莫泊桑、欧·亨利、阿瑟·柯南·道尔等人作品的译本提供了一种正式样板，教会作家们如何有效模仿。）杂志数量成倍增长，为了抢夺印刷市场份额，他们竞相给短篇小说和连载小说支付稿酬。泰国社会由此诞生了一种新角色：职业作家。他们通常集新闻工作者、散文作家和小说作家于一身。直到1926年，在古腊·赛巴立（Kulap Saipradit）的小说《人类的命运》（泰文名拉丁转写：*Watsana Manut*；英文译

[①] 玛丽·科雷利（Marie Corelli，1855—1924年），英国作家，真名玛丽·麦凯（Mary Mackay）。她创作的小说辞藻华丽，多愁善感，很受维多利亚女王的喜爱，在当时非常流行，如《两个世界的故事》（*A Romance of Two Worlds*，1886年）、《塞尔玛》（*Thelma*，1887年）、《撒旦的悲伤》（*The Sorrows of Satan*，1895年）。资料来源："玛丽·科雷利"，2017-03-18，博闻网（http://www.bowenwang.com.cn/literature-marie-corelli.htm）。——译者注

名：*Man's Fate*）中，这种从事小说创作的人物才以小说主人公的身份为世人所认识。

如果说在 20 世纪的头三十年，白话小说的主要类型是英国维多利亚和爱德华时代晚期的流行文学，包括伤感言情小说、"神秘及幻想故事"、探险小说，以及对家庭问题和代际冲突的描写等，对此我们不应感到丝毫的讶异。英国早期的作家和读者同样均来自舒适安全的城市地区，这些城市依靠大量的低薪佣仆、坚挺稳定的货币，以及崭新的国民幸福感得以维系。欧洲帝国主义的浪潮吞噬了泰人的外部宿敌，包括缅甸人、高棉人、马来人、越南人，但是暹罗却由于上佳的运气、数度的妥协以及精明的外交，逃过了与之相同的厄运。直到 1910 年，欧洲领土扩张的最终需求得到了满足，世界新秩序为现代泰国的边界提供了有效保障，而国际联盟（League of Nations）将成为这个世界新秩序所孕育的最具代表性的成果。

然而，多股力量都在改变着"维多利亚女王时代"的秩序，同时也一并改变着泰文小说的特征。19 世纪 90 年代初，朱拉隆功国王启动了行政集权和教育两项重大改革，却无意间在政治冲突和社会矛盾方面，给两个儿子拉玛六世（Rama VI，1910—1926 年在位）和拉玛七世（Rama VII，1926—1935 年在位）执政时期埋下了严重隐患。因为，一方面，拜和平无战事所赐，再加上按照西式路线重组国家并由此大量获取了财政和行政新资源，王室向来号称专制，此时更是在行动上达到空前的专制主义。在另一方面，专制现代化带来了官僚机构的巨幅膨胀，从 1892—1905 年其规模翻了两番。[1]这样的官僚体系已不再可能只为暹罗传统贵族阶层所掌控了，因为已经有一大批胸怀大志的平民青年涌入了官僚体系的低阶职位，当中包括学成回国的公派留学生，他们已深受自由主义、精英主义和平等主义思想的影响。大萧条造成了重创，"唯贤者论"与"唯血统论"的分歧愈趋剑拔弩张，王室的外国顾问们力主严格实施财政紧缩计划，这对"唯贤者论"一方更加不利。1932 年 6 月 24 日，由文官和军队"新人"缔结的同盟发起了一场不流血的政变，推翻了绝对君主制。三年后，拉玛七世退位并自愿流亡。

---

[1] 截至 1910 年，仅内务部（Ministry of the Interior）就有官员 1.5 万人，超过了 1892 年所有领取国家俸禄的 1.2 万名官员。参见 William J. Siffin, *The Thai Bureaucracy: Institutional Change and Development* (Honolulu, HI: East-West Center Press, 1966), pp. 80, 94。

正如经常发生的那样，远处隆隆的文学惊雷之声预示着政治风暴的来临。暹罗现代严肃小说的三位奠基者，都在政变前夕发表了他们的首部重要小说："多迈索"（"Dok Mai Sot"，意为"鲜花"，即布帕·谷春［Buppha Kunchon］）于 1930 年发表小说《第一次错误》（泰文名拉丁转写：*Khwam phit khrang raek*；英文译名：*The First Mistake*）；阿卡丹庚亲王（Akat Damkoeng）于 1929 年发表小说《生活的戏剧》（泰文名拉丁转写：*Lakhon haeng chiwit*；英文译名：*Life is a Play*）；以及古腊·赛巴立于 1932 年初发表小说《生活的战争》（泰文名拉丁转写：*Songkhram Chiwit*；英文译名：*The War of Life*）。这三部小说视角迥异，都以阶级意识与冲突赋予了泰国文学崭新的问题意识，也极大地拓宽了泰国文学的关注范围。① 如果说阿卡丹庚亲王和"多迈索"是敏锐洞察到旧秩序行将没落的贵族，平民古腊的写作则是为"新人"论辩，他抨击傲慢自大和阶级歧视，宣扬民主平等和社会公正的益处。正是古腊带来了泰国小说中一种自觉"进步倾向"的首次出现，而且其影响至今仍然深远。

1932 年后，当时王室和贵族远离了政治权力中心，"政变集团"的文官与军队成员之间的冲突却在不断升级。文官集团的领袖比里·帕侬荣（Pridi Phanomyong）是个典型的"新人"，才华横溢，父亲是华裔移民，母亲是泰国人。他曾是巴黎第四大学法学院（Sorbonne Law Faculty，又名"巴黎—索邦大学"）的高材生，也是政变集团开创民主与社会革新新时代主张的重要倡导者。在他的周围，汇集了一批思想进步的政治家、新闻工作者、专家学者和（包括古腊在内的）作家。其标志性贡献是 1934 年创办了暹罗第二所大学（并且当时属于"开明大学"），即法政大学（Thammasat University）。自此以来，法政大学一直是泰国社会中传播和捍卫民主与平等思想的最重要的核心机构。与此同时，军队日益被掌控在另一个"新人"銮披汶·颂堪（Plaek Phibunsongkhram）的手中。銮披汶·颂堪曾留学法国（但就读的是推崇保守主义和民族主义的圣西尔军校［St. Cyr Military Academy]），他深受意大利、日本、中国国民党和德国模式的吸引，成为右翼民粹民族主义的倡导者。与比里相似，披汶也有其文学同盟，其中最著名的当数极端爱国主义者、剧作

---

① 关于这三位小说家的杰出研究（英文）可参见 Wibha Senanan[Wipha Senanan]'s *The Genesis of the Novel in Thailand* (Bangkok: Thai Watana Panich, 1975)。

家、诗人和小说家銮威集瓦他干（Wijit Wathakan）。20世纪30年代晚期，比里集团的影响力日衰，而披汶则趁太平洋战争（Pacific War）爆发之际很快将泰国带到了轴心国（Axis powers）一边。1944年夏，日本军事大国衰落，导致披汶下台，进步文职官员又纷纷重出江湖，次第登场。1945—1947年期间，比里主导了泰国政局，并在暹罗最初几次真正选举后出任过总理。军队制定的审查制度被废止，关注社会的文学迎来了繁荣发展的新局面。

军队不甘屈居眼下在泰国政治中的边缘地位，因此借战后时期经济困滞问题和1946年青年国王拉玛八世（Rama VIII）被离奇枪杀事件大做文章，试图东山再起。1947年11月8日，军事政变爆发，比里被迫流亡国外，长达二十五年、几乎坚不可摧的军事专政时代拉开了帷幕。1948年，銮披汶·颂堪再度出任总理一职，真正的大权却愈发旁落到了相互争锋的两名下属手中，即炮·希亚侬（Phao Siyanon）和沙立·他那叻（Sarit Thanarat）两名将军。他们来自省府的小城镇，完全在暹罗接受教育，而且对外语一窍不通（不同于文质彬彬、举止优雅的披汶），在这个意义上堪称"新—新人"。他们对民主与平等价值观念全无兴趣，并对此毫不伪饰，行事完全是一套旧式军阀的冷酷做派，在这个意义上又堪称"旧人"。在1947—1957年期间，炮尤其成为一个让人闻风丧胆的狠角，他用监禁、刑讯逼供、暗杀行动等手段来对付政治对手，包括进步政治家和知识分子。

与其战前先辈们相比，战后的军事独裁政权还有一大不同之处：他们得到了美国这一境外势力的大力扶持。披汶、炮、沙立及其党羽早已发现，如果他们愿意紧密协同美国在亚洲开展冷战，就可得到来自华盛顿的巨额经济和军事援助。曼谷政权深知越南末代皇帝保大（Bao Dai）傀儡西贡政权的处境，因此出兵朝鲜，严格遵循美国"反共"路线从而获取合法性地位，将东南亚条约组织（SEATO）总部建在泰国。此后不久，泰国便成为美国遏制越南、柬埔寨和老挝的重要空军基地和情报基地。①

美国强力支持1947年后的历届军事政权，并为其按照美式反共路线对

---

① 关于这一时期美国与泰国军警两方的关系，有价值的记述可参看 Frank C. Darling, *Thailand and the United States* (Washington, DC: Public Affairs Press, 1965) 和 Thomas Lobe, *United States National Security Policy and Aid to the Thailand Police* (Denver, CO: University of Denver, Monograph Series of World Affairs, 1977)。

内实施暴力镇压的行径进行公然辩护（美国驻曼谷大使馆最初对泰国政府关于红色威胁的漫不经心的态度感到十分警惕，以至于赞助了《共产党宣言》的泰语版翻译）。其一大后果则是，为数可观的一批（包括古腊·赛巴立在内的）泰国知识分子和文学家愈发坚定了马克思主义世界观立场。促成这个转变的还有一个因素，即知识界对毛泽东1949年胜利的无限向往，以及对东南亚新独立国家与解放运动斗争的深刻同情。1955—1957年期间，炮（掌控警方势力，并在美国中情局的撑腰下支持国民党在中国西南部开展秘密行动）和沙立（掌控军队势力，并在美国国防部的幕后支持下按照美国路线实施军队现代化改革）之间的权力斗争不断升级，为作家和知识分子们提供了迂回作战的余地。1957年9月16日发生军事政变，炮和披汶被迫流亡海外。在政变之后，自由度甚至更大过从前。1955—1958年这段时期，关注社会现实的批判文学发展迅猛，康邢·西诺备受推崇的短篇小说集《天意不可违》最具代表性。

然而1958年10月20日，沙立颠覆了披汶和炮下台后的过渡政权，建立了泰国自1932年以来的首个专制（即非宪政）政权，强制实施严苛的审查制度，大批知识分子、作家和进步政治家或遭监禁拘留，或被迫流亡（其中有一两位被处死）。镇压是如此严酷，以至于被后世铭记为"黑暗时期"（泰文名拉丁转写：Yuk Thamin；英文名：Dark Age），泰民族的精神生活遭遇了一段"文化失忆"（cultural amnesia）。进步人士的文学遗产大多消失了整整一代人的时间（康邢辍笔长达十年之久，古腊则待在中国直到1974年去世），只能等到20世纪70年代中期才好不容易被"发掘"出来。

无可争议的是，沙立独裁统治时期（1958—1963年，1963年死于肝硬化），以及其同盟者和继任者他侬·吉滴卡宗（Thanom Kittikhajon）和巴博·乍鲁沙天（Praphat Jarusathian）统治时期（1963—1973年），完全可以被称作泰国现代史上的"美国时代"（American Era）。美国的存在被极大地强化，其结果是泰国社会开始经历空前的快速变迁。几乎本书提到的所有作家，都在美国时代中日臻成熟，也在美国时代带来的转型中深受影响。因此，我们可对转型最重要的几点做简要勾勒。

沙立上台执政正逢杜勒斯时代（约翰·福斯特·杜勒斯［John Foster Dulles］，1953—1959年任美国国务卿）的巅峰时期，又与［美国总统］约翰·肯尼迪（John Kennedy）几乎同时去世。这是一个让美国深感恐慌的时期，诸如北越共产主义政权的防御抵抗，南越反共政权的虚弱无力，老挝左派力量的茁壮成长，以及柬埔寨的中立化倾向。因此，暹罗被视为"自由世界"①的堡垒，其国家实力、社会稳定和正统意识形态对美国至关重要。此后的美国历届政府基于越南经验做出结论，他们认为暹罗最广泛意义上的"安全"需要曼谷政权对全国人口实施行政控制，需要西方发展模式得到强劲推广，尤其是在农村地区。他们动用所有的影响力推动泰国独裁政府照此执行，丝毫无畏于眼前的现实：正是在以上方案付诸实施之后，共产党武装游击力量就开始发展壮大；而且似乎这些方案愈得到强力实施，共产党武装游击力量规模就愈壮大。②

刚巧这些目标正与沙立及其继任者们的目标不谋而合。如果说披汶的合法性主张源自 1932 年政变集团反对贵族特权的诉求、实施宪政原则，以及某种民粹民族主义（包括经济民族主义）思想的话，沙立却无缘接触到这些思想，或者说他对此全无兴趣。因此他抓住"发展"，以及王室和前现代泰国传统的大复兴，旨在为其专制主义正名。③

"发展"首先意味着外资在暹罗的畅通无阻（在他有生之年主要是美资）。因此，沙立撤销了许多国有企业，破坏商会组织，实行最低工资制度，为公司利润回流提供优厚条件，废除了披汶时代关于个人拥有土地最大面积为 50 莱（约 20 英亩）的法律限制。部分由于以上各项措施的实施，也部分由于 1964 年后美国随着印支战争（Indochina War）激化而在暹罗斥以巨额军费开支④，泰国经济进入了一个长达十年的持续繁荣时期，并破天荒地催生

---

① 自由世界（Free World）这一术语起源于冷战时期，指世界上的非共产主义国家，包括美国、英国、意大利、法国、加拿大、西德、澳大利亚、新西兰，以及欧洲共同体、北约等组织的成员国家。在更宽泛意义上而言，它也指所有的非共产主义国家。——译者注

② 关于这一时期美国在暹罗的政治、军事和经济行动，质量最高、内容最全的记述是 Sean Randolph, "Diplomacy and National Interest: Thai-American Security Cooperation in the Vietnam Era"(PhD dissertation, Fletcher school of Law and Diplomacy, 1978).

③ 清晰透彻的论述，参见 Thak Chaloemtiarana, *Thailand: The Politics of Despotic Paternalism* (Bangkok: Thammasat University, Thai Khadi Institute, 1979), 尤其是第三章。（修订版于 2007 年由康奈尔大学出版社东南亚研究计划［Cornell Southeast Asia Program Publications］出版。）

④ 更加精确的信息：1951—1971 年期间，美国为泰国军队提供的"常规军事援助"总额达 9.359 亿美元，相当于该时期泰国政府军事预算总额的 59%。此外还有 7.6 亿美元用于军备购置和雇佣泰国军队参与越南战争（四年总计 2 亿美元）。美国还投入 2.5 亿美元，用于修建空军和海军基地。另计用于驻泰美国军人"休养假"及其他项目开支约 8.5 亿美元。参见 John L. S. Girling, *Thailand: Society and Politics* (Ithaca, NY: Cornell University Press, 1981), p. 236.

出泰国真正意义上的中产阶级。[1]"农村发展计划"很大程度上依赖美国的资助[2]，意在驱策曼谷政府紧紧掌控该国占绝大多数的农业人口；[3] 国家的各种警察部队、军队和教育行政机构大幅扩张；农业快速商品化；修建道路和高速公路（选址通常由美方战略规划者们定夺）；[4] 电气化进一步普及并向农村推广；发挥农村佛教僧侣在政府公共关系治理和安全项目实施方面的作用。

为了实现这些目标，并且为了满足暹罗正在壮大的中产阶级的需求，教育亟须得到大规模的扩张。1961 年，泰国仅有 5 所高等院校，在校学生总计不超过 1.8 万人；截至 1972 年，泰国已有 17 所高等院校，在读学生超过 10 万人。[5] 与此同时，由于政府政策的调整，以及美国各类公立和私立机构的资金支持，越来越多富有才干的泰国青年远赴美国继续深造，不再像从前那样留学欧洲（尤其是英国）了。[6] 本书中的青年作家们大多是这场教育爆炸式发展的受益者。

我们暂且不论新兴中产阶级的迅猛成长。这段蓬勃发展时期还带来一个重大的社会影响，即资本主义社会关系已蔓延至泰国许多地区，而当时老百姓仍然主要靠自给性农业为生。土地投机买卖过热在一定程度上造成了土地价格迅速攀升，催生出省府土豪这一新阶层，造成农村田地租赁行情恶化，大批失地无地农民为谋生计，被迫迁入城市贫民区。[7] 这支城市劳动大军在

---

[1] 更多细节，参见拙作 "Withdrawal Symptoms: Social and Cultural Aspects of the October 6 Coup," *Bulletin of Concerned Asian Scholars* 9, 3 (July-September 1977): 13-31, at pp. 15ff.。（在本书中，参见原著第 52 页、本书第 66 页《撤军症候》。）

[2] 1950—1975 年期间，美国向暹罗提供 6.5 亿美元，支持其经济发展计划。大部分资金是在沙立掌权后的数年内提供的。参见 Girling, *Thailand*, p. 235。

[3] Lobe, *United States National Security Policy*, p. 16 表明，在 1965—1969 年期间，美国几乎过半的经济援助流向了泰国警方。

[4] 更多有价值的详细资料，参见 Randolph, "Diplomacy and National Interest," pp. 51-54。

[5] Girling, *Thailand*, p. 177。

[6] 20 世纪 30 年代晚期，泰国赴海外留学的人数不超过 500 人。截至 1973 年，仅赴美留学者就达 6000 人左右。截至 20 世纪 70 年代，"大约每年有 3.6 万名泰国人赴海外留学（其中约有 3 万人赴美留学）"。截至 1974 年初，政府官职最高四级的 2.6 万余名文官中，有四分之一曾赴美培训。Ibid., pp. 82, 150, 96。

[7] 据泰国社会援助委员会（National Council on Social Assistance）1968 年一项调查显示，曼谷当时已有大约 200 个贫民窟。此后，法政大学对犯罪率最高、毒品最泛滥的孔提（Khlong Toey）贫民窟进行调查，该贫民窟 2.5 万居民中 71% 是"逃进"首都寻找饭碗的农民。参见 Wiraprawat Wongphuaphan, "Salam" [Slum], *Sangkhomsat Parithat* 10,2 (February 1972): 43-49。基于贫民窟居民系列采访的统计数据，结果令人触目惊心，参见匿名文章 "Chiwit na beua meuan reua mai mi jutmai"（英文译名：Lives of Boredom Like Drifting Boats), *Sangkhomsat Parithat* 10,5 (May 1972): 45-49。

第二次世界大战之前还主要由华人移民构成，如今泰人越来越多。①（本书中的一位作家"西刀勒"［Si Dao Ruang］的人生很能反映这种变化。她出生于1943年，来自泰北农村，20世纪50年代晚期到曼谷谋职，先做过女佣，后进工厂当工人。）

20世纪60年代中期，美国大量军事集结对泰国社会产生的影响，同样不可小觑。截至1968年，驻扎在泰国境内的美国军人至少有4.6万人。② 八大军事基地以及众多小型军事基地，在泰国境内星罗棋布③，以一种非常直接的方式将"美国化"送入了乡土暹罗。建设军事基地，既向泰国农村注入巨资，又意味着美国文明最肮脏的东西也在同步渗透。其结果是，卖淫业④、"红发小孩"（无父美亚混血儿）⑤、吸毒成瘾⑥等诸如此类的状况大量滋长。与

---

① 作为产业工人群体的核心，制造业工人规模在1947年不到20万人，1970年增至大约70万人，1976年增至大约100万人。在此之前，建筑业和交通运输业的从业人员就已达数十万人。Girling, *Thailand*, p. 178.

② *New York Times,* April 16, 1968.

③ 关于这些军事基地及其历史和各种用途，最详尽的记述资料参见 Randolph, "Diplomacy and National Interest," pp. 108-123.

④ 例如，参见描述生动的报告文学 Wiraprawat Wongphuaphan, "Takhli: khaya songkhram"（英文译名：Takhli: War Garbage；中文译名：塔科里：战争垃圾），*Sangkhomsat Parithat* 10,8 (August 1972): 44-55。作者描述了两次美国浪潮给一个沉睡中的泰北小镇带来的冲击。第一次美国浪潮起始于1961年后美国在此建立了一个空军基地，执行轰炸老挝和胡志明小道（Ho Chi Minh Trail）的任务。第二次美国浪潮是该基地参与了［美国总统］理查德·尼克松（Richard Nixon）1972年的全面轰炸行动。作者提到，截至1972年，该镇的酒吧和夜总会（46个）比寺庙（44个）还多。1972年1月，有91名妓女登记做性病检查，仅在六个月之后的6月，人数增加至2954人。一项关于塔科里（Takhli）小镇的学术研究，资料翔实，基于对320名泰国空军基地人员、150名女性"伴侣"和420名当地居民的问卷调查，参见 Narong Sinsawat 的 "Rayngan kanwijay ruang phon krathop thang setthakit lae sangkhom khong kanprajamyu khong thahan amerikan"（英文译名：Research Report on the Economic and Social Impact of the Presence of American Troops；中文译名：美国部队存在之经济与社会影响研究报告），December 1968.

⑤ 参见 Anan Wiriyaphinit, "Dek phom daeng: luk raboet thi amerikan thing nai thai"（英文译名：Red-haired Kids: Timebombs Abandoned by the Americans in Siam；中文译名：红发小孩：美国人遗弃在暹罗的定时炸弹），*Sangkhomsat Parithat* 10,8 (August 1972): 58-65。作者难过地指出，估计在赛珍珠基金会（Pearl S. Buck Foundation）资助下生活的大约2000名小孩中，88%出生于1964—1970年；只有11%得到过父亲的支持；68%的生存状况介于贫困和极端贫困之间。黑人父亲和白人父亲的比例是1∶3.5。

⑥ 参见 Wiraprawat Wongphuaphan, "400,000 khon nai man khwan"（英文译名：400,000 People in a Haze of Smoke；中文译名：40万瘾君子），*Sangkhomsat Parithat* 11,3 (February 1973): 67-82。他估计，相比1956年的12万人，1973年暹罗的吸毒者（包括华人、泰人和少数族裔人）已增至40万人，而且吸毒者一年在毒品上的花销就达到86亿泰铢（折合4.3亿美元）。与此同时，全国仅有一个康复治疗中心，1971年收治患者3123人，成功戒毒者不足400人。

军队同来的还有一路浩荡的美国人马，有商人、传教士、技术专家、学者和游客。[1] 这一切带来的文化影响丝毫不亚于社会影响：面对美国电影及其众多仿效者，传统艺术走向衰落；电视和梅赛德斯-奔驰进了寺庙，僧侣的合法性地位下降[2]，年轻一代在疏远他们；年轻一代遭遇文化断根，一部分又被大西洋消费文化所吸引；而且最终，在20世纪70年代，出现了泰国史上非常罕见的状况——大批泰国人在美国加州永久定居，而且他们早在离开泰国之前就已经在文化上对其相当适应了。

以上各种巨变必定带来错综复杂的反应。从1958年10月20日沙立建立独裁政权，到1973年10月14日他侬—巴博独裁政权被大规模群众游行赶下台，如果细究这段时期的综合反应，有两大特征可在瞬间映入历史学家的眼帘。首先，临界反应最初是在文化领域，而且仅限于一批为数不多的城市青年知识分子，而后逐渐通过迅速扩大的学生群体乃至社会更广泛领域得到传播，并且在此过程中愈趋政治化。其次，这种反应虽然植根于泰国传统和当代现实，但是非常荒谬的是，它却被完全是另一回事的"美国化"塑造到了相当深的程度，并远非上文所能详尽述及。

在沙立独裁统治的最后几年，第二次美国浪潮开始泛起涟漪。正如预料，在政治紧控的年代，反应最初是从城市知识分子这个有限群体开始的。1963

---

[1] 对比以下数据：

	1965年	1966年	1970年	1971年
外国游客总数	225000	469000	628700	638700
美国人	78300	133000	159200	147000
（休养度假的现役军人）	(15000)	(70700)	(44300)	(26600)

引自 Anderson,"Withdrawal Symptoms"（参见原著第51页，本书第65页）。

[2] 1971年底，帕玛哈沙天拉鹏布纳万诺（Phra Maha Sathiaraphong Punnawanno），一名才华横溢的青年僧侣（自19世纪开初以来第三个新进佛巴利文最高级别［九级］考试的青年僧人），发表文章 "Phra song thai nai rop 25 pi"（英文译名：The Thai Sangha over 25 Years；中文译名：泰国僧伽院二十五年），*Sangkhomsat Parithat*, December 1971, pp. 20-28。这对泰国现代僧侣而言，是一次令人震惊的重击：泰国僧伽院高层内的阴谋欺骗尤甚于世俗政治。修行精进程度的主要标准是修建豪华的庙宇。僧侣交谈不再是老套的宗教致礼，而是有了新的话题，比如"寺庙情况如何啊？""已经有300万了，还差50万……"比起那些世俗信徒，僧侣们更清楚拳击手和足球冠军，哪个电影明星最近和谁上床。寺庙已经变得醒醒嘈杂，不再是清修之地了。如此等等。

年，性情乖僻的保守派君主主义知识分子素拉·西瓦拉（Sulak Siwarak）得到亚洲基金会（Asia Foundation）的资助，创办了一本刊名略带误导性的新杂志《社会科学评论》（泰文名拉丁转写：Sangkhomsat Parithat；英文译名：*Social Science Review*）。① 尽管素拉与美国关系相当好，但是他对沙立时代的"亲美主义"（Americanophilia）和"发展主义"（developmentalism）始终保持尖锐批判的立场。他极力主张在上层阶级中重新普及传统的泰服，并且再次启用"暹罗"（Siam）国名，以取代披汶时期带有民族大融合意味的国名"泰国"（Thailand），② 还因此在某些方面招来嘲笑。即便如此，他很多文章针砭时弊，捍卫泰国文化和政治自治，抵制美国的过度影响，仍然赢得了一批为数不多但影响力日盛的青年知识分子追随其后。③ 基于保守政治立场的安全性，他得以让《社会科学评论》杂志面向更趋激进的批评家约稿，包括尼提·尤希翁（Nithi Tawsiwong/Nidhi Aeusrivongse）④，还有尽管当时仍对政治

---

① 素拉本人的有趣记述，参见 *Siam in Crisis*, pp. 324-325。我们并无理由认为素拉知晓亚洲基金会间接接受美国中情局的资助，亚洲基金会直到1967年才公开承认这件事情。参见 *New York Times*, March 22, 1967。素拉同时还担任了弗朗西斯科·西奥尼尔·何塞（Francisco Sionil José，又译"尚尼·扶西"）的杂志《团结》（英文名：*Solidarity*）的编委。《团结》是与《社会科学评论》类似的菲律宾杂志，由美国中情局慷慨援助的另一受益机构文化自由大会（Congress for Cultural Freedom）提供支持（参见 *New York Times*, May 8 and 14, 1967）。

② 比里·帕侬荣并非持此主张的第一人。他在二战后再次掌权，曾恢复了王国的传统国名，这无疑是因为披汶的创举暗含国家只属于泰人之意，而他更青睐一个众多少数族群都有份的国名。1947年军事政变后，军队重新启用"泰国"作为国名。

③ 例如，参见他的社论 "Antaray samrap pannyachon khon num"（英文译名：Dangers Facing Young Intellectuals；中文译名：青年知识分子面临的威胁），*Sangkhomsat Parithat*, 2:1 (June 1964): 3-6。这篇社论告诫新近留美归国的青年人，最初务戒骄傲自大和轻率急躁，此后要警惕认知惰性，勿轻易被当权者招纳。更加尖锐的论述，参见其 "Itthiphon khong farang"（英文译名：The Influence of the Whites；中文译名：白人的影响），*Sangkhomsat Parithat* 4,3 (December 1966): 3-6，文笔辛辣，对盲目效仿西方的行为及其后果予以抨击。他谴责曼谷正遭到的破坏：为了扩建拥堵的大街，寺庙被拆毁，运河被填埋；嘲讽自诩亚洲首个拥有空调影院和电视的国家这种荒谬的自豪感；批评浪费钱财兴建豪华酒店而非改善教育；并且警醒人们抵制无止境的贪欲，道德的沦丧，甚至把葬礼当作旅游表演的荒唐念头，尤其自大批美国士兵涌入泰国以来。

④ 例如，参见尼提反驳素拉的文章 "Krung Si Ayutthaya sin khon di"（英文译名：Ayutthaya Has Lost Its Good Men；中文译名：阿瑜陀耶失去了好人），*Sangkhomsat Parithat* 5,8 (September 1967): 81-90，赞赏主编抛出美军基地负面影响话题的勇气，并提醒主编其实泰人受到西方影响的历史已逾百年。他指出，素拉在其所有关于"美国化"问题的评论文章中，反而很自然地采用了美国对世界共产主义的妖魔化概念。（尼提还深入透彻地评析了苏联、中国和越南三国共产主义运动的不同之处）还可参见尼提对保守的民族主义历史编纂的精彩评论，"Somdet Krom Phraya Damrong Rachanuphap kap Arnold Toynbee"（英文译名：Prince Damrong Rachanuphap and Arnold Toynbee；中文译名：丹隆亲王与阿诺德·汤因比），*Sangkhomsat Parithat* 7,1 (June-August 1969): 17-36。

不感兴趣的诗人昂堪·甘拉亚纳蓬（Angkhan Kanlayanaphong）。昂堪·甘拉亚纳蓬后来与泰国诗歌语言的官本位传统彻底决裂，追寻佛教人文主义（Buddhist humanism）的个人愿景。

大约在同一时期，一名自称荣·翁萨万（Rong Wongsawan）的青年作家声名鹊起，他创作了一系列以曼谷暗娼、男妓、没落贵族、酒鬼、辍学生以及持虚无主义态度的纨绔子弟（*jeunesse doreé*）为题材的小说和短篇。这些作品表面上"无关政治"，不露声色，但本身却极具颠覆性，关于暮光世界的描述令人沮丧，话锋中满是对城市精英的嘲讽。此外，荣的文学风格极富想象力，随心所欲，不讲究连贯性，接近市井话语，经常不遵循泰语语法规范，具有挣脱束缚的感召力。①

昂堪·甘拉亚纳蓬和荣·翁萨万在文体和文化方面推陈出新，尽管其重要性在于从多方面搅动了后来被称作处于"死水"状态的泰国文学，但是其成就带有疏离感和另类感。然而在 1967 年，泰国青年知识分子群体中形成了两个松散型组织，泰国文学创作在特点、风格和主题方面由此发生重大转型。第一个组织被称作"新月派"（泰文名拉丁转写：Phrajan Siaw；英文名：Crescent Moon group），成员主要是与法政大学有些关联的青年作家，他们将素差·萨瓦希（Suchart Sawatsi）奉为精神领袖。这些作家为了表达自己的厌倦感、疏离感和政治无力感，有意识地借鉴国外超现实主义和意识流的叙事手法，并将之引入泰国文学中，创作出大量以神秘象征主义和伤感讽刺为特点的文学作品。第二个组织跟泰国艺术大学（Sinlapakon University）有些关联，自称为"郎少妹华社"（泰文名拉丁转写：Num Nao Sao Suay；英文译名：Spoiled Boys and Lovely Girls）②，由素集·翁帖（Sujit Wongthet）和甘

---

① 曾有一个愤怒的批评者带着荣写的文字前来向荣请教，荣哈哈大笑，只依样把原文誊抄了一遍，这就是荣的个性。参见评论 "Jinda Duangjinda" in the "Men and Books" section of *Sangkhomsat Parithat* 3,1 (June 1965)。杰奎琳·德·菲尔斯（Jacqueline de Fels）曾引用其小说《亲爱的苍蝇》（泰文名拉丁转写：*Ai malaengwan thi rak*；英文名：*Dear Fly*）的一段代表性文字，这种特点尽显无遗，一只同名的苍蝇将新年鸡尾酒形容为"些许杜松子酒，再加上一两滴尿……或者，如果你喜欢更甜一点的东西，加点内阁大臣的尿也行——这些人吃了太多的糖，几乎都有糖尿病"。参见她的 "Littérature Populaire: Les éditions bon marché en Thailande," in Pierre-Bernard Lafont and Denys Lombard, eds., *Littératures Contemporaines de l'Asie du Sud-est* (Paris: L' Asiathèque, 1974), pp. 57-72, at pp. 67-68。

② 社名取自阿瑜陀耶时期的文学作品《十二月》中的诗句"郎少妹华"。——译者注

猜·布攀（Khanchai Bunpan）担任领袖，选择了与前者相反的路径。这个群体最初深受荣·翁萨万的影响，他们创作的散文生动幽默，坚定地捍卫真正的"老暹罗"（echt "Old Siamese"）文化与文学，认为当权者堕落颓废且西化流于表面，并对此予以坚决抵制。尽管二者的文化导向迥异，政治倾向也在某些方面相对（"新月派"含蓄地保持自由派立场，而"郎少妹华社"则旗帜鲜明地坚持保守派立场）。他们同属于一代，并拥有共同的目标。1969年后，他们愈趋频繁地密切合作，最终共同塑造出泰国新生代知识分子的轮廓。

1969年6月，素差接替素拉担任《社会科学评论》主编，并很快将其做成多元观点的第一荟萃地，内容几乎涵盖所有领域，如政治、教育、性观念、宗教以及文学。①

再自相矛盾不过的是，支持素差"宣战"的部分最重要的资助却来自美国。泰国优秀学生赴美留学潮始于20世纪50年代末期，在60年代末期达到一个小高潮，那时许多美国大学校园正因印支战争问题而骚动不安。而且当时，在更宽泛的意义上讲，美国青年正投身于一场热血沸腾的反抗之中，他们抗议国家在政治领导、社会道德观念和文化价值观方面所表现出的拘泥传统。在美国历史上的这个节骨眼上，"美国化"对这批泰国青年中的许多人具有强大的双重影响。

首先，这场伟大的民众抗议运动的发生地，是在西方资本主义与自由民主世界的心脏地带，也是自己祖国最亲密的政治同盟国。他们无论作为近距离观察者还是间或参与者，都在其中获得了直接的体验。②1965—1973年期间，美国的中产阶级学生、专家学者、知识分子、新闻工作者、神职人员、专业人士以及政治家们逐渐形成同盟，转而采用各种更加新颖的政治技巧和策略，将两个总统赶下台，迫使美军大批撤离中南半岛。反对派对既定秩序的抵制模式呈现出民粹主义化和激进民主化特征，美国并非独此一家。同样在法国，在1968年"五月风暴"那激动人心的日子里，学生运动几乎把戴

---

① 《社会科学评论》最初每年出版三期，1971年在素差的积极领导下发展成为月刊。
② 关于美国反战运动，上佳的回顾性报道文章当数 Thak Chaloemtiarana, "Sinlatham khong khon num sao lae panha songkhram wiatnam"（英文译名：The Morality of Youth and the Problem of the Vietnam War；中文译名：青年道德观与越战问题），*Sangkhomsat Parithat* 8,2 (September-November 1970): 44-48。

高乐（De Gaulle）的法兰西第五共和国独裁政权推翻。大多其他发达资本主义国家则程度较轻一些，如英国、西德、瑞典、荷兰和日本，但都汹涌着相似的浪潮。不可避免的是，许多客居海外的泰国青年渐渐萌生出回国开展同样斗争的念头。

其次，20 世纪 60 年代末至 70 年代初在美国的浸润，意味着知识分子的两段式转型，并且很快就引起了国内的关注。转型发端于学生们了解到一些令人惊骇的消息，不仅是美国政府的所为，更有泰国政府的行径。从威廉姆·富布莱特（William Fulbright）参议员担任主席的美国参议院外交关系委员会（[US] Senate Foreign Relations Committee）的听证会上，从丝毫不亚于《壁垒》杂志（*Ramparts*）和《民族报》（*Nation*）的《纽约时报》（*New York Times*）和《华盛顿邮报》（*Washington Post*）的报页中，从主要电视媒体的晚间新闻播报，从各种学术专著，从美国学生对"战争研究"的披露①，从《五角大楼文件》（*Pentagon Papers*）以及其他许多消息来源，这些泰国学生开始认识到美国正在泰国境内和正对泰国做什么的一连串现实。他们知道了老挝境内泰国雇佣军的部署调遣②，华盛顿雇佣泰国部队在南越

---

① 比较 Warin Wonghanchao, "Nak wichakan amerikan kap kanwijai kiaw kap meuang thai"（英文译名：American Scholars and Research on Siam；中文译名：美国暹罗问题学者及其研究），*Sangkhomsat Parithat* 8, 1 (June-August 1970): 126-127 以及 "Panha samkhan khong ngan wijai nai meuang thai"（英文译名：A Serious Problem of Research in Siam；中文译名：暹罗研究的严重问题），*Sangkhomsat Parithat* 8, 3 (December 1970-February 1971): 18-28。两篇文章均以 1970 年春在旧金山举行的美国亚洲研究协会（Association for Asian Studies）年会公开发布的指责信为根据，声称泰国问题学术顾问委员会（Academic Advisory Committee on Thailand）此前已签署秘密合同，要为美国政府执行反叛乱任务。这封公开指责信提及《壁垒》杂志刊载的两篇著名揭丑文章：Warren Hinkle, "Michigan State: The University on the Make"（中文译名：密歇根州立大学：追名逐利的大学）(1966)，以及 David Ransom, "The Berkeley Mafia and the Indonesian Massacre"（中文译名：加大伯克利分校黑帮和印尼大屠杀事件）(1970)。值得关注的还有 Charnvit Kasetsiri, "Ngan wijai khong amerikan nai thatsana thai"（英文译名：American Research from a Thai Perspective；中文译名：泰国视角的美国研究），*Sangkhomsat Parithat* 8, 3 (December 1970-February 1971): 70-71，引用了诺姆·乔姆斯基（Noam Chomsky）在其著作《美国强权和新官僚》（*American Power and the New Mandarins*）中对越战时期社会科学专家治国的抨击，尤其详细的是 Thirawet Pramuanratthakan, "Ngan wijai khong nakwichakan amerikan kap khwam mankhong khong prathet thai"（英文译名：Research by American Scholars and the Security of Thailand；中文译名：美国学者研究与泰国安全），*Sangkhomsat Parithat* 8, 3 (December 1970-February 1971): 30-40。

② 参见 Sombat Waniphok, "Thahan thai nai lao: reuang jing reu ing niyai?"（英文译名：Thai Troops in Laos: Truth or Fable?；中文译名：泰国军队在老挝：真相还是无稽之谈？），*Sangkhomsat Parithat* 9, 1 (June-August 1971): 24-31。他奚落泰国政府勃然大怒于《纽约时报》和《华盛顿邮报》的报道，

作战①，以及中南半岛空袭造成的巨大恐慌②——但是这一切却由于独裁政府严苛的审查制度，令他们在暹罗国内一无所闻。他们生活在美国，至少现在是自由的，远离独裁政权的控制，因此就开始把自己知道的报道传递回国。这些报道通常是美国媒体和学术界辛辣调侃严肃问题的直接转播，开始出现在曼谷，最初发表在《社会科学评论》，而后出现在了各种新期刊杂志上。

第二个阶段可以被看作是马克思主义的复苏。③ 这最初是一种带有浪漫主义色彩的马克思主义。这种马克思主义，将切·格瓦拉（Che Guevara）、胡志明（Ho Chi Minh）和毛泽东等当今第三世界的英雄人物，置于比马克思、恩格斯、列宁和斯大林这些欧洲"老人"更核心的地位。复苏的标志是 20 世纪 60 年代青年人的流行风尚：切·格瓦拉 T 恤、胡志明画像、毛泽东像章，以及许多像鲍勃·迪伦（Bob Dylan）④ 和琼·贝兹（Joan Baez）⑤

涉及中情局秘密雇佣 4800 名泰国军人在老挝作战，每年酬金达 1000 万美元。所有人都知道这些事情，除了泰国人！同时参见社论 "Thahan rap jang: kiatiphum khong chat yu thi nai?"（英文译名：Mercenary Troops: Where Is Our National Honor?；中文译名：雇佣军：我们的国家荣誉哪去呢？），*Sangkhomsat Parithat* 11, 10 (October 1973): 10-12, 此文将雇佣军称作 "*sunak rap chai*"（走狗）。

① 1969 年底，[美国] 参议院外交关系委员会听证会揭露了这一事实，即 1967 年和 1968 年间，从曼谷派往南越的"皇后眼镜蛇志愿军团"（"Queen's Cobras"）和"黑豹步兵师"（"Black Panther" Division）均非泰国政府的无偿援助，而是由华盛顿按照 1967 年 11 月 1 日达成的一份秘密协定全额支付。参见 *United States Security Agreements and Commitments Abroad: Kingdom of Thailand*, Hearings before the Committee on Foreign Relations of the United State Senate, Ninety-First Congress, First Session, Part 3 [November 10, 11, 12, 13, 14, and 17, 1969] (Washington, DC: US Printing Office, 1970), pp. 624-626, 657, 842-844, 896-897.

② 例如，参见 Suchart Sawatsi, "Songkhram ngiap nai Indojin"（英文译名：The Silent War in Indochina；中文译名：中南半岛的无声之战），*Sangkhomsat Parithat* 10, 7 (July 1972): 72-76, 大量引用康奈尔大学国际研究中心（Cornell University's Center for International Studies）完成，并于 1972 年初由灯塔出版社（Beacon Press）出版的《中南半岛的空战》（*The Air War in Indochina*）。

③ 这种兴趣早已在 20 世纪 70 年代末期的两篇（充满忧思的）文章中显而易见：Akon Huntrakun, "Sai mai' nai thatsana khong khon num"（英文译名：The "New Left" in the Eyes of Youth；中文译名：青年眼中的"新左翼"），*Sangkhomsat Parithat* 8, 2 (September-November 1970): 9-11; 以及 Woraphut Chaynam, "Khon num sao kap kanpatiwat"（英文译名：Youth and Revolution；中文译名：青年与革命），ibid.: 16-19.

④ 鲍勃·迪伦（Bob Dylan, 1941— ），美国摇滚歌手、民谣艺术家。其许多著名作品均来自 20 世纪 60 年代的反抗民谣，被普遍认为是美国 20 世纪 60 年代新兴反叛文化的代言人。2016 年获得诺贝尔文学奖，是首位获得该奖项的作曲家。——译者注

⑤ 琼·贝兹（Joan Baez, 1941— ），美国乡村歌手、作曲家，曾参加民权运动与和平示威。——译者注

等人的激进民粹主义民谣音乐。① 更为重要，也更具讽刺意味的是，马克思主义的文本和词汇是由发达资本主义国家的平装书籍行业送来的，而非莫斯科或北京官方印刷出版。因为这是一个出版伟人著作的时代：伯纳德·法尔（Bernard Fall）整理的《胡志明选集》，斯图亚特·斯拉姆（Stuart Schram）的《毛泽东传》，卡尔·奥格勒斯贝（Carl Oglesby）对莱谢克·柯拉柯夫斯基（Leszek Kolakowski）的介绍，以及受人敬仰的美国学者刘易斯·费尔（Lewis Feuer）和理查德·塔克（Richard Tucker）对马恩作品的精选呈现。② 阿尔德里奇·克里佛（Eldridge Cleaver）的不朽名言"如果你不能参与问题的解决，那你本身就是问题"，相比马克思、恩格斯所说的"全世界无产者，联合起来！"，更能紧紧拽住青年人的想象。直到1972年，这股浪潮将人民引回追溯暹罗的过去，慢慢地"重新发现"20世纪50年代的泰国激进知识分子，尤其是才华横溢的博学之士集·普米萨的著作。③（一直到20

---

① 这种趋势的一大典型是将英国著名民谣老歌《大麦约翰》（John Barleycorn）改编为泰文版本的时代背景，这是对已故泰国马克思主义学者集·普米萨（Jit Phumisak，详见本页脚注3）的浪漫致敬，而《大麦约翰》这首歌曾于20世纪60年代被美国许多摇滚歌手翻唱。这首歌成为20世纪70年代中前期最著名的泰国进步民谣组合的主打曲目：素拉猜·扎提玛托（Surachay Janthimathon）的《大篷车》（泰文名拉丁转写：Kharawan；英文译名：Caravan）。

② 例如，参见 Suraphong Chainam, "Khrai pen sai?"（英文译名：Who is Left?；中文译名：谁是左派？）, *Sangkhomsat Parithat* 8, 4 (March-May 1971): 104-116, 该文旁征博引，引文包括戴维·科尔（David Caute）的 "The Left in Europe"（中文译名：《欧洲左翼》）(1966)，乔治·李希特海姆（George Lichtheim）愈久弥香的平装书 "The Concept of Ideology"（中文译名：《意识形态概念》）(1966)，以及卡尔·奥格勒斯贝（Carl Oglesby）的 "The New Left Reader"（中文译名：《新左派读者》）(Grove Press Paperback, 1966)，还包括莱谢克·柯拉柯夫斯基（Leszek Kolakowski）的论文 "The Concept of the Left"（中文译名：左派概念）。

③ 集曾是20世纪50年代初期朱拉隆功大学文学院（Julalongkon University's Literature Faculty）的一名高材生，但是因为顶撞老师被开除出校。（实际上并未开除，只是被迫暂时休学。——译者注）（他也曾与美国泰国语言文学学界领军人物威廉·格德尼［William Gedney］教授有过密切合作）他最终获得允许完成学业，得益于1955—1958年"开明时期"，他许多关于泰国历史和文学的开创性著作得以出版。1958年沙立政变后，他在被捕之列，在沙立的有生之年里，他一直被关在牢里。他出狱之后就转入地下活动，最终加入了（泰国）共产党的游击队。1966年，他离奇地被枪杀致死。直到初杰·乌塔格潘（Chukiat Uthakaphan）的一篇文章发表在 *Witthayasan*（《启智》杂志）23, 45 (December 1, 1972) 之前，他的名字基本一直不为年轻一代所知。参见 Chaloem Yuwiangchai, "Thiphakon: sinlapa pheua chiwit, sinlapa pheua prachachon"（英文译名：Thiphakon: Art for Life, Art for the People；中文译名：提巴功：文艺为人生，文艺为人民）, *Sangkhomsat Parithat* 11, 3 (March 1973): 77-89。这篇文章宣布集·普米萨（以笔名"提巴功"署名）的论文《文艺为人生，文艺为人民》再版面世，负责再版此书的是一批法政大学的学生，他们声称"要为重视社会生活的文学扫清障碍"。他们此前在大学图书馆的一个昏暗角落里偶然发现了集的著作，并决定亲自负责再版，因为"在十五年之后"作者和出版社都"找不到了"。

世纪 70 年代晚期，这批马克思主义者，成长于本土，用泰语写作，为泰国人写作，已经取代国际"新左派"并成为核心影响力量。随之而来的，则是属于威廉·福斯特［William Z. Foster］① 和毛泽东《在延安文艺座谈会上的讲话》时代的老派马克思主义思想。）

此外在 20 世纪 60 年代，美国还以一种方式推动了暹罗青年知识分子向智性思想的转变：提供援助，让他们可以直接接触泰国农村日渐增多的社会问题。观察者再次深感到这种援助的讽刺意味。换句话说，该项目的功效大多显现于漫不经心之际。从某一层面来说，这意味着对美式社会科学的引入，其原因包括泰国学生在美国接受的教育，泰国大学组织结构和价值排序的愈趋美国化，以及美国军队和民间机构资助的暹罗反叛乱研究。② 1970 年后，《社会科学评论》刊载的文章首次表明该期刊开始名副其实了：读者可以找到各种统计研究，关于失地问题日益恶化，关于教育体系带来的社会分层，关于工人劳动工作条件，以及其他许多的社会问题。③

---

① 威廉·福斯特（William Z. Foster，1881—1961 年），美国激进主义劳工运动领袖和马克思主义政治家，1945—1957 年期间担任美国共产党总书记。——译者注
② 由于泰国共产党斗争取得节节胜利，美国指导并资助的有关泰共成功原因的农村根据地研究也随之得以加强。相当一批泰国青年参与了这些项目，深入山野和稻田，第一次近距离观察自己农村同胞的生活。其中一个主要的资金来源是高级研究计划局（Advanced Research Projects Agency, ARPA），美国国防部设立的一个研究机构。一篇由一名高级研究计划局前雇员撰写的详细回忆录，参见 "Special Correspondent," "Buang lang kanjarakam khong sahara amerikan tor prathet thai"（英文译名：Behind American Spying on Thailand；中文译名：美国窥探泰国幕后），*Sangkhomsat Parithat* 12, 2 (February 1974): 37-46。
③ 关于农业问题，参见《社会科学评论》1970 年 9 月的"农民问题"专刊（Special Issues on Peasants），尤其是玛坤·猜攀（Mangkun Chaiphan）的文章 "Chaona kap botbat khong sahakon nai prathet thai"（英文译名：Peasants and the Role of Cooperatives in Thailand；中文译名：泰国农民与合作社的作用）第 31—44 页，文字尖锐激进，统计数据充分，对资本家（泰文名拉丁转写：*nai thun*）、土地投机商、外府腐败官员、有电视机的佛教僧侣等给予了辛辣的嘲讽。同样让人感兴趣的是孟坤·丹西里（Mongkhon Dansiri）在全国各地的农民采访（Ibid., pp. 82-93）。关于教育问题，参见乌栋·格拨布（Udom Koetphibun）的英文文章 "Education and Social Stratification: A Thai Study"（中文译名：教育与社会阶层分化：基于泰国的研究），*Sangkhomsat Parithat* 8, 4 (March-May 1971): 78-85。关于劳工生存状况问题，参见披帕·泰阿里（Phiphat Thai-ari）的文章 "Raeng ngan khong thai nai rop 25 pi"（英文译名：Thai Labor over 25 Years；中文译名：泰国 25 年来工人阶级状况），*Sangkhomsat Parithat* 9, 6 (December 1971): 40-47；素威·拉威翁（Suwit Rawiwong）的文章 "Kan nat yut ngan: reuang jing reu ing niyai"（英文译名：Strikes: Truth or Fable?；中文译名：罢工：真相还是传说？），*Sangkhomsat Parithat* 10, 5 (May 1972): 40-43；以及占隆·颂布拉松（Jamnong Somprasong）的文章 "Prakat khana patiwat chabap thi 101 kao na khong krabuankan raeng ngan thai"（英文译名：Revolutionary Group Decree No. 101, a New Step for the Thai Labor Movement；中文译名：

在另一方面，人们会联想起和平队（Peace Corps）这个例子。无论实际的成败得失如何，该项目展现出了一种新奇的景象：一批受过良好教育的富裕青年走出城市，本着典型的美国功利主义和理想主义精神去"援助村民"。农村发展项目最初由泰国政府发起，1971年后又得到泰国全国学生总会（National Student Center of Thailand, NSCT）的大力倡导，暹罗一批数量可观、生活优渥的学生参与了这个项目。① 对很多年轻人来说，事实证明这个项目是一次强烈的情感体验，因为他们直接体验了农村的贫困现状，并开始理性思考造成农民困境的政治原因。

1971年11月之后，各种浪潮更加汹涌激荡，当时独裁者们已近暮景残光，他们小心翼翼地做了几步恢复宪政体制和代议制政府机构的尝试之后，发动了一场推翻自己统治的军事政变，试图重建沙立式独裁政权。② 但是此时的暹罗早已今非昔比，情况迥异了。此外，中美两国突然恢复邦交正常化（以尼克松1972年2月访华为标志），在这点上美国自然不用征询泰国独裁政府的意见，这彻底破坏了1947年以来军政府统治可信性的一大重要根基：来自共产主义中国的威胁。与此相应，在1972年和1973年期间，他侬和巴博想要全面维持其专制权力，但却无法遏制独裁政权腐败之风日盛的现状。1972年11月，泰国全国学生总会的学生们在提拉育·汶密（Thirayut Bunmi）③的领导下，组织了一场抵制日货的行动。这次行动表面上是一场抵制外国经济控制的民族主义抗议行动，然而鉴于日本跨国公司与泰国军队部分精英之间关系密切，这也是对当权者的间接攻击。④ 大约与此同时，法政

革命组织第101号令，泰国劳工运动迈出新的一步），*Sangkhomsat Parithat* 10,5 (May 1972): 24-35。还可参见前文第105页脚注7，第106页脚注4、5、6和第107页脚注2引用的文章。

① 直到20世纪70年代末，仅有不到6%的泰国学生来自农民家庭。参见Girling, *Thailand*, p. 89。
② 1968年，最终颁布了一部具有高度限制性的宪法。1969年，在由164名指定议员组成的上议院（Senate，当中有117名成员来自军队和警方）的基础上，增设选举产生的下议院（Lower House）。在巴博内务部的保驾护航之下，执政党在农村地区取得重大胜利，轻而易举地击败了赢得首都大选的反对党民主党（Democrat Party）。
③ 提拉育·汶密于1972年担任泰国全国学生总会秘书长，在全国学生总会从一个无关紧要的大学校际联盟组织发展成为一个颇具号召力的政治组织中，发挥了很大的作用。参见Girling, *Thailand*, p. 190。
④ 基于《社会科学评论》上刊载的一篇资料翔实的文章，罗列了暹罗境内的主要日资企业，包括企业规模、劳工情况、投资目的、（相对泰方而言）日方占有的股份比例。这个阶段非常特别的一点在于，日本出版的《东方经济统计学》（*Eastern Economic Statistics*）中的资料被庆应义塾大学

大学一批激进学生出版了一本小册子《白色威胁》(泰文名拉丁转写：*Phay Khao*；英文译名：*White Peril*)，从多个方面痛批美帝国主义及其在暹罗和中南半岛的影响。① 12 月，当局计划取消仅存的一点司法独立，学生举行抗议并大获全胜。② 1973 年秋，一场恢复立宪制的运动由一小群学者、政治家和学生发起，像滚雪球似地发展成为大规模的示威游行，最终在 10 月 14 日导致了独裁政府垮台，两名独裁者自行流亡。③

"10.14"学生运动之后，暹罗步入了国民生活的全新时代。审查制度实际上已被废止。工人和农民可以组织起来，捍卫自己的利益。军队一度远离权力中心，(1975 年 1 月和 1976 年 4 月) 还先后举行了两次泰国史上最自由的选举。1973—1976 年夏，泰国全国学生总会成为全面社会改革运动的推动力量。1974 年 11 月，在其活跃分子的帮助下，泰国农民联合会 (Farmers' Federation of Thailand) 得以成立，其宗旨是为争取深受压迫的农民阶级的权益而斗争。他们还和一些工会新领袖合作，为争取提高工资待遇和改善工作条件而斗争。他们曝光了省府当局滥用职权的可憎行径。④ 最终，他们的

(Keio University) 一名泰国学生译为泰语。"Arai oey ... meuang ja bot huajai hai pen phlae? Kham torp: kanlongthun khong yipun" (英文译名：What Is It that Feels Like It's Crushing One's Heart till It's a Bloody Wound? The Answer: Japanese Capital Investment；中文译名：心被揉碎到流血是什么感觉？答案：日本资本投资), *Sangkhomsat Parithat* 10,4 (April 1972): 30-33。关于对此次抵制日货行动及其失败原因持同情态度的透彻分析，参见 Phansak Winyarat, "Songkhram thang kankha thai-yipun" (英文译名：The Thai-Japanese Commercial War；中文译名：泰日商业战争), *Sangkhomsat Parithat* 11,1 (January 1973): 12-16。

① 这本 100 页的小册子由皮琪·忠萨提瓦塔纳 (Phichit Jongsatitwatthana) 和格蒙·格摩达古 (Kamon Kamontrakun) 担任编辑，由文字关系出版社 (Aksonsamphan) 于 1971 年出版，收录 16 篇文章，从各个生活领域批判"美国新殖民主义"：军事、经济、思想和道德。这册书彻头彻尾充满着强烈的民族主义论调。

② 参见 Girling, *Thailand*, p. 190。这个片段的详细描述，参见 Wiraprawat Wongphuaphan, "Meua dokmai 3,000 dok ban" (英文译名：When 3,000 Flowers Bloomed；中文译名：当三千朵鲜花盛开之时), *Sangkhomsat Parithat* 11,1 (January 1973): 51-57。泰国当局已经被公开称作 "*rabop phadetkan bet set*" (全面独裁) 和 "*amnat thamin*" (野蛮政权)。

③ 事实上有对该事件过程的概述，参见 Daivd Morell and Chai-anan Samudavanija, *Political Conflict in Thailand: Reform, Reaction, Revolution* (Cambridge, MA: Oelgeschlager, Gunn, and Hain, 1981), pp. 146-148。

④ 例如，参见 Ruangyot Jansiri, "Raingan jak Phatthalung; thip long khao, phao long thang" (英文译名：Report from Phatthalung: Kicked out over Mountains, Burnt in Oildrums；中文译名：来自博他仑府的报道：踢到山上去，装进油桶烧死), *Sangkhomsat Parithat* 13,1 (January 1975): 41-71。他描写了"嫌疑犯"被政府反叛乱部队从飞机上推下，或者是被无情殴打之后塞入旧油桶活烧死。

宣传鼓动取得了巨大胜利，美国军人几乎全部撤离暹罗，美军基地也被关闭。[1] 1974 年底，泰国社会党（Socialist Party of Thailand）成立，他们中的许多人起到了关键作用。

审查制度的废止大大加速了年轻一代知识分子、作家和学生文化生活的激进化。[2] 正如我们所见，对于泰国史上早期激进主义者著述的挖掘，甚至早在"10.14"学生运动前就已经小心翼翼地启动了，此后进展神速。已故的集·普米萨是这场复兴运动的核心人物，他的著作《当今泰国萨迪纳制的真面目》（泰文名拉丁转写：*Chomna sakdina thai nai pajjuban*；英文译名：*The Face of Thai Feudalism Today*）对泰国历史进行了鞭辟入里的分析，大大修正了传统的观点，其论文《文艺为人生，文艺为人民》（泰文名拉丁转写：*Sinlapa pheua chiwit, sinlapa pheua prachachon*）赞成文艺参与政治的论辩，都已极具影响力。在文学界而言，其结果是一场蓬勃发展的泰式"社会主义现实主义"自发运动。

同时，其反弹并未姗姗来迟。早在 1975 年，1976 年则尤为明显，激进学生、农民领袖和工会领袖经常遭到恐吓、暴打和暗杀。[3] 1976 年 3 月，泰国社会党总书记汶沙侬·本约塔炎（Bunsanong Bunyothayan）博士，一名曾留学美国的年轻社会学家，在曼谷的家门口被枪击致死。一场精心策划的媒体大战，覆盖了所有电台和电视台，四处散布"右翼干掉左翼"（Right Kill Left）的口号，并且把学生激进分子及其支持者描绘为"国土的负担"（burdens on the land）和"地球人渣"（scum of the earth）。[4]（1975 年印支战

---

[1] 主要在 1976 年 6 月以前。
[2] 泰国学生激进主义运动崭新的自由思想源泉的典范，当属 Suraphong Chainam, "Thammai Sangkhomniyom?"（英文译名：Why Socialism?；中文译名：为何选择社会主义？）, *Sangkhomsat Parithat* 11, 11 (November 1973): 37-47。该文对马克思主义和新马克思主义做了深入详尽的探究，其重要参考包括阿尔都塞（Althusser）的《保卫马克思》（*For Marx*）、加罗蒂（Garaudy）的《20 世纪的马克思主义》（*Maxism in the Twentieth Century*）、卢卡奇（Lukacs）的《历史与阶级意识》（*History and Class Consciousness*）、葛兰西（Gramsci）的《狱中札记》（*Prison Notebooks*）、密里本德（Miliband）的《资本主义社会的国家》（*The State in Capitalist Society*）（均于 20 世纪 60 年代末至 70 年代初在伦敦出版），以及马克思原著的莫斯科标准版本。
[3] 关于被暗杀农民领袖的具体统计数据，参见表 8.3（Assassinations of Members and Leaders of the Farmers' Federation of Thailand［泰国农民联合会成员和领袖被暗杀数据］），Morell and Chaianan, *Political Conflict*, p. 227。
[4] 例如，"Nak Phaendin"（中文译名：地球之重）和"Rok Phaendin"（中文译名：地球人渣），就是 1976 年军队控制的电台常播的两首煽动歌曲的歌名。

争中共产主义取得胜利，1976年底老挝君主制被废除，都在暹罗保守派当中引起了极大的恐慌，尤其是军队和王室。）1976年10月6日，反弹累积到了顶点，一向被当作激进学生运动"精神汇聚地"的法政大学遭到受雇流氓、警察和右翼狂热分子的袭击，数百名学生惨遭杀戮，手段残忍，令人惊骇。①当天傍晚，军队再次掌权，旋即他宁·盖威迁（Thanin Kraiwichian）的极端右翼政权便宣告成立。这一系列事件发生之后，成百上千名左倾知识分子、作家、学生和政治家纷纷潜入地下，他们当中许多人最终投奔北部、东北部和南部丛林地区的泰国共产党（简称"泰共"，Communist Party of Thailand, CPT）。

若非1978—1979年期间一系列非常事件，他们很可能就一直留在那里了。世界历史上共产主义国家之间最早爆发的公开战争（越南入侵柬埔寨，中国与北越之战②）。这些战争爆发在不久前还团结一致将美帝国主义赶出中南半岛的国家之间，本身就令这些笃信左翼阵营国际团结理念的理想主义青年们错愕不已。然而不仅如此，泰共及其全部相关组织被驱逐出早前设于老挝和柬埔寨西部境内的根据地，造成了其政治势头与军事力量的全部损失。最后，陆军上将江萨·差玛南（Kriangsak Chamanan，1977年底推翻他宁政权）推行了一项精明的自由化政策。这项政策包括真正大赦有意离开丛林的回归者，由此引发了一股汹涌的变节浪潮。直到1981年，可以毫不夸张地说，绝大多数于1976年逃入丛林的人都已经回归来处，满怀忧虑，青春不复，不再幻想，但是他们绝未完全摒弃自己这代人的理想。

---

① "10.6"事件的详细记录，参见长达140页的匿名地下手册"Thung … phu yang yu"（英文译名：To... Those Who Remain；中文译名：致……幸存者），该手册还包括20页篇幅的大屠杀骇人照片。
② 这里指的是对越自卫反击战，1979年2月17日至3月16日爆发在中国和越南之间的战争。——译者注

镜中，三十年后

本篇新序言的目的在于：一是简要描述本书出版的背景，以及本人为何要尝试这种类型的研究；二是要反映过去二十五年来暹罗与艺术创作相关的一些变化。

当康奈尔大学"政府学系"（即"政治学系"）的同事们见到《镜中》这本书时，都困惑不解。"究竟为什么你在写了《想象的共同体》（*Imagined Communities*）这么一本理论高深的大作之后，还要翻译泰国短篇小说呢？'政府学'显然和文学没有丝毫关联，而且你也没有受过文学方面的专业训练。"我那时并不想要为自己多做解释。事实上，自从初中一年级开始，我就一直研习英法文学，以及古罗马和古希腊文学，而并非政治学，并且我更热爱前者。

此外，1972年我被苏哈托（Suharto）军事独裁政权赶出了印度尼西亚，并且明白自己很多年之内是不能再回去了。因此我最初开始研究印尼文学，康奈尔大学图书馆东南亚藏书丰富，获取资料非常方便。而且，我如今必须得考虑研究其他国家的政治了；曾经有一小段时间，我还认真考虑过斯里兰卡。但是1974年初，我选定了泰国，原因有二。首先是"10.14"事件（泰文名拉丁转写：14 Tula），当时最让我开心的是，军事独裁政权被推翻，一个进步民主的泰国看似即将成真。其次是在20世纪60年代末至70年代初，一批非常有趣的高素质泰国研究生接踵而至，来到康奈尔大学。他们当中许多人的名字为你们所熟知。第一个就是禅威·格塞希利（Charnvit Kasetsiri）[①]，他不仅在美国积极投身反越战运动，并且回到暹罗后仍然间接

---

① 禅威·格塞希利（泰文名：ชาญวิทย์ เกษตรศิริ；泰文名拉丁转写：Charnvit Kasetsiri，1941年5月6日出生），泰国当代著名历史学家和东南亚问题专家。1963年获泰国法政大学外交学专业学士学位，后于美国西方学院（Occidental College）攻读硕士学位，1972年获得美国康奈尔大学东南亚历史学专业博士学位，师从O. W. 沃尔特斯（O. W. Wolters）和戴维·K. 怀亚特（David

地参与其中。其他的包括瓦林·翁韩超（Warin Wonghanchao）①、汶沙侬·本约塔炎（后来担任泰国社会党总书记，于 1976 年初被暗杀）、阿金·叻丕帕（Akin Rabibhadana）、巴末·纳空塔（Pramote Nakhornthab，后担任新力量党［Palang Mai Party］领袖）②、塔·查冷迭拉那（Thak Chaloemtiarana）③，以及查拉猜·拉米达侬（Chalardchai Ramitanond）。巴妮（Pranee）正被素集·翁帖④热烈追求着，后者在小镇伊萨卡（Ithaca）呆了很长时间，为其鸿篇巨制小说《美国制造》（英文书名：Made in the USA）收集了足够的素材。塔内·阿坡素万（Thanet Aphornsuwan）在不远的纽约州罗切斯特大学读书，经常过来造访。稍后一些时日，尼提计划写关于（想象一下他会写什么！）荷兰殖民统治后期印尼文学与流传的、后来被证明是相当杰出的一篇论文（他通晓荷兰语和印尼语）。他来到康奈尔大学图书馆工作，并和我一起生活了几个月。尽管当时我还一点不懂泰语，但我从他们那里学到了很多。因此当我在 1974—1975 年得到一年学术年假时，就决定去曼谷进修语言，并考虑着手暹罗政治学研究。但是次年，即 1976 年，却等来了恐怖的"10.6 流血事件"（泰文名拉丁转写：6 Tula）。他宁·盖威迁内阁仗着背后有军队撑腰，禁止一切政党活动，镇压左派分子，无所不用其极。许多进步青年逃入丛林，一起逃走的还有作品被收录进《镜中》的两位短篇小说家，康邢与瓦·塔内（Wat. Thanet）。我该研究什么呢？

K. Wyatt）。1965—1970 年在美留学期间，他曾获得洛克菲勒基金会奖学金。1973 年后，他任教于泰国法政大学历史系，后历任该校历史系主任、泰国模式研究院（Thai Khadi Institute）副主任、副校长、人文学院院长、校长，退休后担任泰国人文社会科学教材基金会（Social Sciences and Humanity Textbook Foundation, Thailand）秘书长。禅威在泰国阿瑜陀耶王朝史和泰国近现代史研究方面均有杰出贡献，其代表性论著有《泰国古代历史编纂学》（英文名：*Thai Historiography from Ancient Times*）、《阿瑜陀耶王朝的崛起：14—15 世纪的暹罗历史》（英文名：*The Rise of Ayutthaya: A History of Siam in the Fourteenth and Fifteenth Centuries*）、《阿瑜陀耶王朝：历史与政治》（英文名：*Ayutthaya: History and Politics*）、《泰国政治史（1932—1957）》（英文名：*A Political History of Thailand: 1932-1957*）等。资料来源：杜洁：《马克思主义在泰国的传播与影响研究》，中国社会科学出版社 2017 年版，第 229—230 页。——译者注

① Warin Wonghanchao（中文名：汪华林），泰国最著名的经济学家，被称为"泰国经济、政治研究第一人"。——译者注
② 巴末·纳空塔（Pramote Nakhornthab）是泰国著名政治分析师。——译者注
③ 塔·查冷迭拉那（Thak Chaloemtiarana）是泰国著名政治观察家。——译者注
④ 素集·翁帖（Sujit Wongthet）后成为 20 世纪 60 年代末泰国著名知识分子组织"郎少姝华社"的领袖人物。——译者注

在访问曼谷期间，我与素差·萨瓦希（此前曾担任《社会科学评论》杂志主编，如今杂志遭到镇压后，担任《图书世界》[泰文拉丁转写：*Lok Nangseu*]杂志主编）、坤·素（Khun Suk）曾有过一次非常有趣的谈话。坤·素是心形出版社（Duang Kamol）的进步出版商。可以这么说，他对素差·萨瓦希有再造之恩。他们计划"走国际化路线"，把泰国文学翻译成英文，让外国人更好地近距离观察"真实的暹罗"，并与那些肤浅的游客传记和中规中矩的学术著作抗衡。这也是一条路子，反击泰国政府欲将1973—1976年这一段从泰国现代历史中"删去"的野心。出于这种想法，我主动提出为他们翻译一些短篇小说。我曾翻译过多种印尼文学作品，乐在其中，且受益匪浅。因此我知道通过翻译泰文作品，我同样会自得其乐，学到很多，尤其是在泰国文学语言方面。

我完全信任素差的为人，胸怀博大，诚实无私，品味高雅。我告诉他因为我是个新手，最好他能帮我遴选作品。有意思的是，接下来产生的误会却歪打正着，我竟在无意之间遴选出了待译小说。素差寄给我十三篇短篇小说的复印件，原意仅是将其当作不同风格和主题的样本。文学价值并未总是被当作收录标准。但是我误认为这些是他认为最优秀的作品，因此就立即开始了翻译工作。正如生活中的寻常事，偶然性起了很大的作用。我很快发现这些短篇小说正合我意。1977年，我发表了论文《撤军症候：1976年10月6日政变的社会和文化面向》（英文名：Withdrawal Symptoms: Social and Cultural Aspects of the October 6 Coup），分析了1975—1976年期间右翼势力暴力镇压的背景。[1] 现在我很可能会写部姊妹篇，好好地写写年轻一代泰国左翼的社会文化史，通过发掘他们的小说，让他们原声讲述，不受干扰。

素差还慷慨地给我送来许多关于作者的传记资料，对了解这些短篇小说当中和背后的范式而言是弥足珍贵的。首先是代际因素。除了三名作家之外，其他作家全都出生于1943—1949年这六年之间。其次是只有两名作

---

[1] Withdrawal Symptoms 发表于 *Bulletin of Concerned Asian Scholars* 9,3 (July-September 1977), pp. 13-31. 过了很久之后，卡贤·特加皮让（Kasian Tejapira）老师将头两个字翻译成 *Baan Meuang khong Rao long daeng*（"long daeng" 的意思是"血痢"）。Withdrawal Symptoms 在本书中再版，参见原著第47—76页，本书第60—94页。

家出生于曼谷（那时吞武里[Thonburi]还是一座独立的城市）[①]。绝大多数来自泰国中部地区的外府小镇。你可以说，他们说到底就是些"外府孩子"或"乡下仔"（泰文拉丁转写：dek baan nork）。第三点是，除了一个例外，"10.6"政变发生时所有人的年龄都介于20—31岁之间，而且其中八篇短篇小说发表于1977—1979年，即刚好在恐怖事件之后。因此最清楚不过的是，这部选集无论在历史、政治还是文化方面，都真正具有差异中的统一性（unity-in-diversity）。心里有了这样的基础想法，比较地看这些短篇小说就有意义了，尤其是着眼于"叙事策略"，即小说的真实讲述方式。从这个角度来看，这些故事充分展现了作家们在暹罗"美国时代"晚期的亲身经历和心路历程。

最后，我应该再讲讲我的另外一点考虑。从泰国友人处和《社会科学评论》的篇章中，我了解到沙立独裁政权及其党羽曾想方设法，要将泰国早期激进主义者的著述从公众记忆和教育系统中抹去。然而早在20世纪70年代初，青年们就已在挖掘几乎被禁一代之久的那些著述：尤其是泰国当代第一才子集·普米萨的著述，才华横溢，著作等身。在我看来，如果我能成功，那么年轻一代进步分子的部分著作就能得到保护和传播，不落入他宁内阁及其支持者的手中。我当时并没有充分预见到的是，即将来临的政治、经济和社会的巨大变迁。

*　*　*

在世界舞台上，属于激进社会主义和共产主义的漫长时代即将结束。早在1972年，毛泽东已在北京会见了尼克松，这为冷战在亚洲的提前结束开辟了道路。20世纪80年代初，南美洲、亚洲和非洲的共产主义游击队大多已经消失。到1991年，苏联解体，斯大林的东欧帝国分崩离析，例如南斯拉夫。尽管越南共产党和柬埔寨共产党都有军事武装，且完全掌控了各自的

[①] 1972年之前，吞武里和曼谷是以湄南河为界的两个独立的城市，1971年吞武里与曼谷合并都市区，1972年正式组成曼谷吞武里京都，称大曼谷，吞武里成为今天曼谷市的一个区。——译者注

国家，还于1975年令美国蒙受巨大耻辱，但是仅在三年之后，民族主义战争就在他们之间打响。

几乎所有西欧现存的共产党组织，或已消亡，或遭摧毁。曾经为他们所主导的工人阶级社区，如今转而支持右翼种族主义组织，抵制外来移民，尤其是来自非洲的移民。民主社会主义政党愈趋陈腐化、官僚化和分化，这不仅是因为他们难以应对各种新的社会运动，而这些新社会运动的代表包括女权主义者、同性恋主义运动者、先锋生态主义者，以及日益不满的少数族群和宗教少数派。曾经依靠左翼知识分子的知名报刊，或是纷纷倒闭，或是转为右翼立场的商业性报刊。美国的政治宣传和新自由主义信条在意识形态方面主宰了世界，甚至在现存的共产党领导的国家，资本主义也在快速侵入。

那暹罗呢？也许是因为这个国家从未完全沦为殖民地，没有大型农场，也没有庞大的工人阶级，左翼运动的兴起相对较晚，而且从未真正强大过。泰共就是这一特点的很好例证。泰共于1965年才开始向军事独裁政权发动游击战争，并且需要暹罗境外共产主义力量的大量援助。泰共很快面临存亡危机。是福是祸，陆军上将江萨·差玛南堪称战后时期最睿智的总理（泰文拉丁转写：Nayok），他于1977年11月推翻了他宁内阁，向泰共党员及其追随学生颁布了有条件大赦令，并且创下了与中越两国建立友好外交关系的卓越功绩。令人叹息的是，1980年初，由于王室对其充满敌意，以及军队敌对势力野心昭然若揭，他被迫辞职下野。取而代之的是王室宠臣炳·廷素拉暖（Prem Tinsulanond）上将。在接下来的八年时间里，炳将许多保守派政党党魁拉入其内阁。主要依靠美日投资，一场宏伟的经济腾飞拉开了序幕，一直延续到1997年大崩溃。试问谁能在1976年就预见到这一切？

但是重要的不仅是跨国联盟组合形式方面的变化。在1975年和1976年，暹罗举行了其史上唯一的两次真正诚信选举。试想，一名清贫的进步青年脚踏单车参加竞选，最终竟然当选了益梭通府（Yasothon）选区议员。泰国社会党和自由主义左派的新力量党均在议会中赢得了数量可观的席位。但是五年之后却风光不再。事实上在整个80年代和90年代，所有的议会党都是保守派，他们全都依赖曼谷各大银行向外府大规模扩张形成的金钱政治。无论是对集团犯罪的地方寡头（泰文拉丁转写：*jao phor*）而言，还是对势力逐年见长的君主制度而言，这正是绝好的艳阳时节。

在贫苦不堪的泰国东北（Isan）地区，这些影响清晰可见。东北地区曾经有一个悠久的传统，向首都输送进步政治家为该地区代言；并且，这里也曾是泰共招兵买马的坚实基地。但是在 20 世纪 80 年代和 90 年代，东北地区臭名昭著，地方寡头多如过江之鲫，腐败横行，恣意作恶，金钱政治大行其道。但是，东北地区人民真的还有其他选择吗？

同时，20 世纪 70 年代中期的激进学生骨干，大多已经接受江萨颁布的大赦，因此必须应对回归正常城市社会的种种后果。一些人设法到国外大学（包括康奈尔大学）继续学业，之后回国做大学教授；一些人进入兴盛的家族企业，或者自创企业；一些人成为作家、新闻工作者，以及非政府组织运营官。少数人死于自杀或吸毒成瘾。到 20 世纪 90 年代，他们中的一些人以现有（保守派）政党成员的身份登上了选举政治的舞台。2001 年，素探·相巴吞（Sutham Saengprathum）出任他信·西那瓦（Thaksin Shinawat）首届政府大学事务部（Ministry for University Affairs）部长。我至今犹记当时闻悉此事的震惊不已。素探曾是著名的"曼谷十八君子"（Bangkok 18）之一（1976 年被捕入狱，此后一直未经审判，直到 1978 年 9 月江萨大赦获释），此时距他活跃于早已被人遗忘的进步党（Kao Na Party）和泰国力量党（Palang Thai Party）已逾十年了。我至今尚记当时通柏·通包（Thongbai Thongpao）顺道带他到康奈尔大学的情景，他描述了关于"10.6"暴力事件始末及其后续的一手信息。1976 年时他年仅 21 岁，如今已经 46 岁，人到中年了。如果说他是两次"十月事件"（1973 年"10.14"事件和 1976 年"10.6"事件）激进人士中首个出任部长的，那么他并不是唯一。次年，披尼·扎禄颂巴（Pinit Jarusombat）继加盟阿提·乌莱拉（Arthit Urairat）的自由正义党（Seritham Party）五年之后，出任他信内阁的科技部（Ministry of Science and Technology）部长，而且巴帕·班亚差腊（Praphat Panyachatrak）[①] 成为暹罗首任环境部部长。普探·卫差塔猜（Phuntham Vejjatachai）于 2005 年出任交通运输部

---

① 巴帕·班亚差腊（Praphat Panyachatrak），20 世纪 70 年代泰国农业大学（Kasetsart University）学运成员，曾于 1973 年"10.14"学生运动中被拍下手握木棍面向全副武装的士兵大声疾呼"我随时准备着为民主而死！"的照片，被泰国多家报纸打上"捍卫家园"标语做头版报道，后出任泰国环境部部长、农业部副部长以及泰国全国农民协会主席，是他信泰爱泰党制定惠农亲贫政策的核心成员。——译者注

（Ministry of Communications and Transportation）部长。他曾在非政府组织领域工作十年，1997 年进入他信的一家企业，后成为这位亿万富豪的泰爱泰党（泰文名拉丁转写：Thai Rak Thai Party；英文名：Thais Love Thais Party）创始人之一。

也许如果早想着去看看这些男性激进分子择偶这件事儿的话，我就不会为所有这一切太感惊讶。他们很多选择出身于社会、政治、经济条件更加优越家庭的青年女子：女孩儿们来自高级军官或警官、资深官员、巨富商贾这样的家庭，还与这些激进分子在曼谷顶级大学同校读书。20 世纪 70 年代中期，这些青年男性曾经都自诩为社会主义新社会的政治先锋；在丛林时期，他们渴望在泰共发挥关键作用，希望受教育程度远不如他们的泰共领袖听取他们的意见。这两次，他们的希望都破灭了。当回到八九十年代的曼谷时，他们再次上下求索，想要成为知识界或政界的领袖。无论如何，如今他们都已年届四十。在 1997 年经济危机之前，他们都不太走运。直到那时，"现存体系"仍然带来经济飞速"发展"，GDP 稳步增长，当然不平等也在同步加剧。正是 1997 年金融危机的灾难性后果，为几年后他信·西那瓦的平步青云开辟了道路。

出于自身的考量，这位清迈府亿万富豪将许多原激进人士纳入麾下，而这些人对他"民粹主义"（populist）竞选策略的成功有着决定性影响。如今他们大多已经年过五旬，他们的宏伟抱负也最终得以实现。

不难推测，有两个历史遗留因素对他信做此抉择非常重要。甚至在 2006 年军事政变推翻他信政权之后，这两大因素更加明显。第一个因素，我认为就是原激进人士报复最初压制、继而长期排斥他们的各种制度和机构群体：军队、警察、官僚精英以及君主制。陆军总司令颂提（General Sonthi）①及其支持者发动政变，建立素拉育（Surayud）②政权。尽管该政权并不是他宁残暴

---

① 颂提·布雅拉特卡林（泰文名：**สนธิ บุญยรัตกลิน**；泰文名拉丁转写：Sonthi Boonyaratglin，1946 年 10 月 2 日出生），曾任泰国王家军队（Royal Thai Army）总司令和国家安全委员会（Council for National Security）主席，是泰国军队首任穆斯林领袖。2006 年"9.19"军事政变推翻民选政府后，他成为泰国政权的真正掌权者。2007 年从军队退役后，他出任泰国副总理，负责国家安全事务。——译者注
② 全名为素拉育·朱拉暖（Surayud Chulanont），泰国史上第 24 位总理（2006 年 10 月至 2008 年 1 月）。1944 年出生于泰国曼谷，曾任陆军总司令，退役后任泰国枢密院大臣。2006 年 10 月 1 日，由颂提将军发动军事政变上台，担任泰国临时政府总理。——译者注

政权的复制品，但却再次将许多有涉"10.6"事件的政治家边缘化，并且阻挠他们在国家权力体系中的晋升。第二个因素，起码对一些人而言，则是冗长催眠的左翼政策主张死灰复燃的机会。时至今日，已经和他们年轻时的情况大不相同了。那时，他们直接依靠乡村贫农和山地少数民族，并和他们同吃同住。如今，他们生活在曼谷，够讽刺的是，他们依靠的是这个国家最功成名就的（也是最冷酷无情的）资本家。这种情形意味着太多的忍受：数百名所谓的毒贩被法外处决，最南端农村地区的不满民众惨遭灭顶镇压，腐败现象泛滥，独裁者多次欲图垄断或恐吓大众媒体。时隔二十五年，左翼卷土重来。

与此同时，东北地区一个重大政治变化也开始显露迹象。他信太过飞扬跋扈，太过迫不及待，太过富贵逼人，不愿意狠下功夫在东北地区营建真正拥有广大群众基础的政治组织。非常典型的是，他选择了一条更便捷的通途，将地方寡头及其随从强行绑上自己的竞选战车，他们要么接受，要么被粗暴淘汰。碎片化的旧式"金钱政治"或可被"民粹主义"纲领性政策替代，尤其是在廉价的全民医疗保险制度方面。像1997年之前的时代那样，偶尔发放的竞选传单也可能被国家政策替代。他信势力在东北地区旌旗飘扬。相比"金钱政治"时代选举日的小贿赂来讲，解决看病难的问题是个大进步。毫无疑问，军队颠覆了他信政权，而后来创建的新政权软弱难堪重任，又引发东北许多地区的再度激进。历来仇视军队、警方和傲慢官僚的传统，在2006年之后再度出现。对这一代人来说，曾经心安理得地榨干贫困外府的"曼谷"，第一次公然沦为众矢之的。

另一方面，他信的治理风格在"10.6"这代其他激进人士中造成了相互猜疑与敌对。那些抱有政治野心的人突然转而加入颂提·林通恭（Sonthi Lim）[①] 和占隆·西蒙（Chamlong Simuang）[②] 领导的右翼民族主义和拥护君主

[①] 颂提·林通恭（泰文名：สนธิ ลิ้มทองกุล；拉丁转写：Sondhi Limthongkul；中文名：林明达；1947— ），泰国华裔传媒大亨，泰国经理媒体集团董事长，祖籍中国海南。1983年，在曼谷创办《经理月刊》；1992年，创立泰国林映云薇基金会。颂提·林通恭曾是泰国前总理他信·西那瓦的支持者，后于2006年领导人民民主联盟发起运动反对他信。——译者注

[②] 占隆·西蒙（泰文名：จำลอง ศรีเมือง；泰文名拉丁转写：Chamlong Simuang/ Chamlong Srimuang；中文名：卢金河，1935— ），泰国退伍军官，曾是少壮派（"Young Turks"）军队派系的领袖之一，创立并领导正义力量党（Palang Dharma Party），领导过泰国1992年"黑色五月"民主运动

主义的"人民民主联盟"（英文名：People's Alliance for Democracy, PAD）。这些党派堪称新力量（Nawaphon）、乡村子虎团（Luk Seua Chao Baan）等亲王室、亲军队右翼组织的可怕还魂。具有象征意义但却非典型的是春提拉·萨达亚瓦塔纳（Chontira Satayawadhna），他曾是煽动起义的宣传者，来自地处云南的泰共广播电台"人民之声"（泰文名拉丁转写：Siang Prachachon；英文译名：Voice of the People），如今却嚷嚷着要力挺人民民主联盟。其他一些人感觉已经厌倦了国家两极分化的怪象，或在公众场合保持沉默，或将他信主义（Thaksinism）划出进步政治的范畴。值得赞誉的是，作家们仍然踩着自己的鼓点，并尽量规避道德上的愚蠢错误。而我们，也是如此。

依然，还有许多"10.6"这代人一直在很多领域辛勤工作，包括非政府组织、新闻传媒、劳工组织、学术写作、医疗和法律服务等，致力于推动泰国社会的真正进步，完全没有谋求个人政治权力的野心。

尽管如此，对整整这一代人而言，已经时不我待了。倘若你曾是1973年的激进大学生，你应该出生于1955年前后，如今已年近六旬。未来还有什么在等着你呢？20世纪70年代时，还可以将自己想象成全球左派的一分子，而识别敌人是如此轻而易举。如今，事情就没那么简单了。葛兰西有一句名言：旧世界垂而不死，新世界尚未诞生；于此明暗交错之际，怪物浮现。

不足为奇的是，目前并无更多像《镜中》选译的这类秉持操守的短篇小说问世。这部分是因为20世纪90年代早期的计算机革命。只要走进网吧，每个人都可以成为一名博客作者。有的博义纯属娱乐，有的辛辣嘲讽，有的荒诞不经，有的混乱不清，有的博文广识，而且密切关注政治。但是，因为是迅即写就，半带电报文体风格，仅应眼下之景，这些博文难成传世佳作。从这个角度来看，入选本书的短篇小说在形式上完全属于另一个时代。瓦尔特·本雅明（Walter Benjamin）[①]曾描写事物行将永逝之际的惊艳之美，堪称

抵制军队独裁，2006年与华裔传媒大亨颂提·林通恭共同领导了以曼谷和泰南地区中产阶级为主体的人民民主联盟，支持军事政变推翻他信政府。占隆·西蒙在泰国2005—2006年、2008年的政治危机中扮演过重要角色。——译者注

① 瓦尔特·本雅明（Walter Benjamin，1892—1940，享年48岁），犹太裔德国哲学家、文化评论折中主义思想家。本雅明的思想融合了德国唯心主义、浪漫主义、唯物史观以及犹太神秘学等元素，并在美学理论和西方马克思主义等领域有深远影响，被称作"欧洲最后一位文人"。本雅明著作等身，包括《机械复制时代的艺术作品》《发达资本主义时代的抒情诗人》《单向街》等。本雅明最终在逃离纳粹时，在法西边界的波尔特沃自杀。——译者注

经典。但是就我们而言，这种悲观情绪是大可不必的。

20世纪70年代初期，激进分子在老一辈泰国左翼遭到封禁、几被遗忘的著作中找到斗志，其代表人物有古腊·赛巴立，诗人乃丕（Nai Phi）[①]，以及诗人、历史学家和词曲作家集·普米萨。试想如果《镜中》里这些早已被人"遗忘"的故事，会在未来的动荡岁月中激励起一批青年读者，那该是一件多么惬意的事情啊！

[①] 乃丕（泰文名拉丁转写：Nai Phi 或 Nai Pii），意为"鬼先生"，是泰国著名诗人阿沙尼·蓬占的笔名，常用的其他笔名还有古立·因图萨、因特拉尤等。阿沙尼·蓬占出生于一个富裕的文职高官家庭，于1940年获得法政大学法学学位，20岁左右开始诗歌创作，是公认的泰国20世纪50年代"为人生"诗歌的奠基人。他的名诗《东北》描写泰国东北地区劳苦大众的苦难生活和人民内心的愤怒，具有极高的思想价值和艺术价值。他还将毛泽东《在延安文艺座谈会上的讲话》首次翻译为泰文，并于1949年12月至1950年2月期间在《文学信》月刊上连载，对泰国进步文学影响深远。1951年泰共接管《政治周刊》后，他担任幕后总编，后逃入东北部丛林，参加游击斗争。资料来源：杜洁：《马克思主义在泰国的传播与影响研究》，中国社会科学出版社2017年版，第133—134页。——译者注

暹罗现代谋杀及其演变 *

1983 年，暹罗最高票房影片中有一部佳作《枪手》（泰文名拉丁转写：*Mue Puen*）。英文广告把片名译为 "*The Gunman*"，但或许译作 "*The Gunmen*"（复数。——译者注）更妙。其原因是，导演试图让观众仔细思忖主角和反角这两名雇佣杀手有何不同。他们一人为私企干活，一人为政府效力。在影片开头，镜头闪回到 20 世纪 60 年代末，两人同为美国中情局"秘密"雇佣军战友，被派往老挝作战；正是在那儿，他俩练成了神枪手，精于大威力全自动步枪射击。可是在一场惨烈的火拼中，主角身负重伤。战友贪生怕死将他抛下，任他惨落敌手，任人宰割。电影的主体剧情被设定在现今的曼谷，讲述了两位主人公此后的职业生涯。主角拖着一条残腿，表面上以理发为业，但很快剧情就告诉我们，原来他私底下是个高薪职业杀手。他的金主和暗杀对象全是富商。

反角则境况迥异，当上了曼谷市警察局威名赫赫的特警队（SWAT team）队长。他尤其精于引诱罪犯上钩，再将其击毙，冷酷无情，枪法精准。他每每在为雇主（即政府）杀人之前，持枪之手都会戴上黑手套，很是招摇，因此媒体就给了他一个绰号"黑手党"（泰文名拉丁转写：*Mue Dam*）。即使换一个世道，他兴许天生还是块做秘密行刑队[①]头子的料。

影片向我们呈现了两名杀手的人生际遇与杀人动机，并由此对二人做出道义评判。主角遭妻子抛弃，留下病重的孩子靠他一手照料。为了攒钱给孩子做昂贵的外科手术，他唯有杀人这一条出路。反角杀人是为了找补自己早

---
* 本文最初发表于 *New Left Review* 181 (May-June 1990): 33-48. 经授权许可再版。
① 秘密行刑队（death squad）是指出于政治高压、种族灭绝、恐怖革命等目的受雇执行政治暗杀的秘密（准）军事组织，通常还被称作"暗杀队""行刑队"。——译者注

年怯懦的记忆,想博得媒体关注,打动妻子芳心。他的妻子酗酒成性,而他对妻子性虐成瘾。他因此利用政府特授的杀手身份,满足如许恶念与私欲。但是导演唯恐观众将反角误解为心理变态,于是特意给他设定了一个心腹,一名更加享受为国行刺、获得冷酷快感的小警察。

很难想象在东南亚其他地区能够制作出这样一部影片,更别提能够上映。私以为,即便在暹罗也是不能的,但 20 世纪 80 年代除外。特别有趣的是,泰国警方只坚持影片公映前原版片需做两处改动:主角的大金主不能被演绎成一名暗地里兼差的高级警官;被"黑手党"枪杀的蒙面飞车匪徒不能被演绎成年轻女性。另一方面,令人奇怪的是,这部影片竟然备受公众喜爱。年轻观众会喜欢这类描写恶警的罕见电影奇观(filmic spectacle),这一点不难理解。但是他们会喜欢一个为了金钱而滥杀"无辜"的主角(即便扮演者是最有票房号召力的明星索拉朋[Soraphong])吗?我猜想答案会是肯定的,但前提条件是:遇害者均须为中年、男性且富裕(换言之,大资本家),而且影片内容须与当代泰国现实社会之间存在着某种共鸣。

我此时关注的这一现实,或者更确切地说是部分的现实,即是在 20 世纪 80 年代,暹罗的政治谋杀已然呈现出一种全新的特征。说来也怪,兴许对于将来而言,这种特征还是个好兆头。原因在于,这一现实似乎牵涉军队—官僚独裁统治传统由盛转衰,最终被资产阶级议会制这一稳定的政体取而代之。对暹罗政治谋杀的历史范式做一略述,或许有助于明辨"枪手们"与激变中的泰国政治结构之间的关联。

早期模式

习惯上常认为暹罗现代史起始于 1855 年。就在这一年,经典名言"自由贸易即耶稣基督,耶稣基督即自由贸易"(Free Trade is Jesus Christ and Jesus Christ is Free Trade)的原创者、维多利亚女王的使臣约翰·鲍林爵士(Sir John Bowring)就凭一纸条约,迫使泰国政府取缔妨碍帝国主义经济渗透的一切坚实壁垒,从而将其商业神学(commercial Divinity)强加于泰国。^① 在1855年以前的泰国社会，大多数情况下，政治参与权仅为极少数以姻亲为纽带的"封建"上层阶级所独享。当时的政治谋杀模式，也正是该社会背景下可想而知的典型模式。遇刺者通常属于王公贵族与文武高官这个阶层，而行刺者也大抵如此。倘若有平民侍卫或军士参与此事，他们则鲜为一己之私，往往是受命于恩庇主。政治谋杀属于家族内部事务，常令父子、叔侄、同父异母的兄弟之间同室操戈。多数谋杀发生在京城，这里才是政治角力的唯一真正舞台。这个国家依旧古韵犹存，天下依旧皆为王土，因此在处决与谋杀之间、"政府"杀人与"私刑"杀人之间并无观念上的鲜明区分。

1855—1932年期间，这种上层阶级内部的谋杀模式暂时告一段落。其原因多半有二，一则是出于对欧洲政治干预的担忧，二则是由于欧洲在经济领域的介入。曼谷的政治首脑们放眼东南亚邻邦，统治集团纷纷同室操戈，自相残杀，欧洲帝国主义列强乘机以此为由进驻军队，或是建立"法律与秩序"，或是扶植一名俯首听命的当地"正统"王位继承人登基。另一方面，在19世纪后半叶，自由贸易经济迅猛扩张，通过将手头蛋糕做大，精英阶层内部竞争的残酷性得到了缓解。（将暹罗与缅甸两国历史做一对比，会大有裨益。缅甸君主政体的最后几十年是一段血淋淋的历史，国家税收主要来源因为两次英缅战争中的失败而丧失过半。）这种状况一直相当稳定，甚至在拉玛五世（Rama V，1868—1910年在位）创建现代官僚体制、"新人"们在政治经济方面对旧贵族阶层形成威胁之时，种种冲突最终都一一化解，兵不血刃。

直到1932年之后，一种颇似前1855模式的谋杀才又现端倪。当时一批平民出身的军人和文官密谋，发动了一场不流血政变，推翻了所谓的绝对君主制。^②20世纪30年代末，发生了数起针对帕耶帕凤丰派育哈色纳（Phahon Phonphayuhasena）上将和"銮"披汶·颂堪（"Plaek"［古怪之意］Phibunsongkhram^③）两名军队最高统帅的恶性暗杀未遂事件，均是他们的圈内

---

① 引文摘自 Charles R. Boxer, *The Dutch Seaborne Empire, 1600-1800* (London: Penguin, 1965), p. 249.
② 最完整的英文记述参见 Thawatt Mokarapong, *History of the Thai Revolution: A Study in Political Behavior* (Bangkok: Chalermnit, 1972)。
③ "銮"披汶·颂堪原名是 Plaek Khittasangkha（แปลก ขีตตะสังคะ），爵名为銮披汶颂堪，后来他当总理时取消了爵衔，就把自己的爵名换成了自己的姓，改名 Plaek Phibunsongkhram（แปลก พิบูลสงคราม）。——译者注

人所为；而对这些人的武力反扑，当然是以这个"莫非王土"色彩依旧浓厚的国家名义，对其实施"合法"处决。直到此时，实际上不存在此类谋杀会导致外来干预的担忧，因为帝国主义列强正逐渐放弃他们享受已久的治外法权（extraterritorial rights）。同时，君主立宪制的建立，以及20世纪开创新王朝（例如，披汶·颂堪）的不可能性，原则上意味着将有更为广泛的社会集团加入政治经济支配权的角逐。在20世纪40年代末50年代初，这种模式变得更加清晰，暴力冲突在1932年军事政变的残余势力及其追随者和潜在继承者们之间爆发了。我们可将1949年3月3日四名前内阁部长遇刺事件作为这一阶段的特征。他们均是来自贫困的东北地区的文官，被警察总署署长炮·希亚依（Phao Sriyanon）麾下手段毒辣的 *asawin*（"武士"）杀害。① 这四名遇害者跻身于与炮相同的社会环境；他们的遇害地点都在首都；遇害原因与更宽泛意义上的阶级对抗甚或地区冲突并无关系。正如1855年之前的情况，若还要追问这几起暗杀事件是政府还是私人行动，就完全不得要领了。毫无疑问的是，并无任何法律程序介入过；然而即便有过，我们从该时期所谓莫须有的弑君案判决便可得知，法律机制轻而易举地被私人谋杀所滥用。② 事实也的确如此，炮和披汶·颂堪试图掩盖谋杀真相的拙劣行径本身就表明，他们深知二战后关心政治的民众更多了。

政府谋杀

在陆军元帅沙立·他那叻（Sarit Thanarat）1958年10月军事政变上台后的专制统治下，政治谋杀呈现出新的特征，这与现代泰国史上诸多方面相

---

① 详细资料可参见 Thak Chaloemtiarana, *Thailand: The Politics of Despotic Paternalism* (Bangkok: Social Science Association of Thailand, Thai Khadi Institute, and Thammasat University, 1979), p. 48. （修订版于2007年由康奈尔大学出版社东南亚研究计划出版。）

② 1946年6月9日，时年21岁的拉玛八世被发现倒在床上中弹身亡。其死亡谜团一直未得到澄清。泰国军方因披汶·颂堪与东京的战时联盟让盟军大为光火，1945年后曾一度靠边站了。但军方抓住这次事件大做文章，指控文官政府合谋所谓弑君案，并最终于1947年底将其推翻。警察总署署长炮一手操作了一系列审判，走走过场。关于国王之死（包括对更多不同解释的充分探讨）和相关审判的最详细记述，参见 Rayne Kruger, *The Devil's Discus* (London: Cassell, 1964)。该书至今仍为暹罗禁书。

似。① 在沙立时代，政治谋杀的对象范围向外和向下延展，而且比以往更不含糊的是，凶手就是政府部门及其雇员。系列死刑案件充分说明了这一变化，被处死者包括五个"臭名昭著"的纵火犯（1958 年）、两名左翼前议员（1961 年）和一名共党头子嫌疑犯（1962 年）。② 这些遇害者均是沙立的精英圈外人（他也许与他们素未谋面）；均被指控危害国家安全；均由法定国家机构公开行刑。③ 此类处决的真正用意在于，不仅在如今的全国报刊读者和广播听众面前，甚至在今后的潜在选民面前，沙立都意欲树立起自己的独裁强人形象。④ 换言之，这些杀戮行为均本着公共关系的精神，又采用大众传媒的方式。

大众传媒受众群体的出现，既需要为其上演政治谋杀，同时又意味着另外某些政治谋杀就必须对他们保密了。1971—1972 年，博他仑府（Patthalung province）发生"油桶烧人"屠戮事件（泰文名拉丁转写：*Tang Daeng*；英文名：*Red Drum*），就是这种自相矛盾的最好例证。⑤ 这类屠戮行动本意是要震慑有同情共产党嫌疑的当地农民，但是全国的媒体受众是难以接受的，甚至沙立之后的军政府都感觉有些不敢恭维。同样，1973 年 10 月军政府刚一倒台（见后文），那赛村（Ban Na Sai）这件当地公开、全国保密的事件的真相就被激进学生们给揭露出来了，国家安全机构的合法性地位遭受重创。⑥ "法律国家"（the state as law）与"国家机器"（the state as

---

① 关于沙立政权的最完整记述，参见塔·查冷迭拉那（Thak Chaloemtiarana）的《泰国：庇护网络下的专制主义政治》（英文书名：*Thailand: The Politics of Despotic Paternalism*）。"铜嗓子"（Bronze-throat）沙立于 1963 年死于肝硬化，但是其政权在其两大副手陆军元帅他侬·吉滴卡宗（Thanom Kittikajorn）和巴博·乍鲁沙天（Praphat Jarusathien）将军的控制下，一直维持到 1973 年 10 月。
② Ibid., pp. 193-195, 203-204.
③ "纵火犯"的处决在大皇宫（Grand Palace）前的王家田广场（Pramane Square）上执行，位于曼谷市中区。所有的被害者靠着气势恢宏的玛哈泰寺（Mahathat Buddhist temple）庙墙，站成一排。
④ 沙立甫一上台，就废止现行宪法，解散议会，取缔政党和工会，逮捕数百名知识分子、政治家和新闻记者，建立严苛的审查制度。他去世以后，铁腕政策稍微有些松动，制定了临时宪法，还举行了（被严重操纵的）选举。
⑤ 遇害者们，一些人死了，大多还活着，被安全部队塞进盛满汽油的旧油桶里焚烧。参见 Norman Peagam, "Probing the 'Red Drum' Atrocities," *Far Eastern Economic Review* 87, 11 (March 14, 1975).
⑥ 那赛村因同情共产党的嫌疑，被烧为平地，许多村民就地草草处死。参见 Marian Mallet, "Causes and Consequences of the October '76 Coup," in *Thailand: Roots of Conflicts*, ed. Andrew Turton, Jonathan Fast, and Malcolm Caldwell (Nottingham: Spokesman Books, 1976), pp. 80-103, esp. p. 82; 以及 David Morell and Chai-anan Samudavanija, *Political Conflict in Thailand* (Cambridge, MA: Oelgeschlager, Gunn, and Hain, 1981), pp. 169-172.

apparatus）之间一道巨大的鸿沟正在拉开。

武装斗争

沙立、他侬和巴博时期还有另一重大变化，即泰国政坛两大新兴力量开始崭露头角。其一是泰国共产党（简称"泰共"，Communist Party of Thailand, CPT），1965年后在该国的外围地带开展武装斗争，并且取得节节胜利。① 泰共的领导人均非京城旧派政治精英圈内人，他们也未试图直接参与京城政治。他们小心翼翼，对政府刽子手们的势力范围敬而远之。他们开展斗争的边远农村地区，在传统意义上毫无政治价值。但如今在这个以疆域界定民族国家的时代里，这些地区已然被国家当作重要的政治角力场了。由于泰共在广大农村地区的成功动员，事实上已经带领低地农民和高地少数族群加入了全国性的权力斗争之中，同时也加入了政治谋杀潜在遇害者的行列之中。在头几年的政府反叛乱行动中，暴力（包括谋杀）镇压农村百姓一直都是中央政府机构的特权。但是冲突愈加深化和宽泛化，泰共武装不仅袭击中央政府的钦派官员，还袭击当地民间支持者，于是在暗杀行当里冒出了一个举足轻重的"私营部门"，从此与"国营部门"并驾齐驱。在东北部、北部和南部地区，治安维持会、乡村恶棍、兼差的安保人员等纷纷加紧行动。由于美国大力援助泰国军警部门并在老挝境内部署"秘密战争"，枪支弹药破天荒地可以被轻而易举搞到手，这严重地加剧了农村政治的暴力程度。② 尤其重要的是，大批的泰国乡镇人员在美国持续援助期间被征入准军事安全部队，但美国基金被耗尽后他们即遭遣散。③ 遣散

---

① 参见 Morell and Chai-anan, *Political Conflict*, pp. 80-81; 以及 Patrice de Beer, "History and Policy of the Communist Party of Thailand," in *Thailand*, ed. Turton, Fast, and Caldwell, pp. 143-194。

② 参见 Andrew Turton, "Limits of Ideological Domination and the Formation of Social Consciousness," in *History and Peasant Consciousness in Southeast Asia*, ed. Andrew Turton and Shigeharu Tanabe (Osaka: National Museum of Ethnology, Senri Ethnological Studies No. 13, 1984), pp. 19-73。

③ 参见拙文《撤军症候：1976年10月6日政变的社会和文化面向》（Withdrawal Symptoms: Social and Cultural Aspects of the October 6 Coup），见原著第47—76页，本书第60—94页，特别是原著第64—65页，本书80—82页。这篇文章最初发表在 *Bulletin of Concerned Asian Scholars* 9, 3 (July-September 1977): 13-30。

复员意味着他们再非政府雇员；但是，正如我们即将所见，他们却将军事化态度和暴力伎俩带进了私人生活，并因此在20世纪70年代逐渐获得了真正的商业价值。这里最后要指出的一点是，中情局的秘密部队是一支雇佣军，新兵对此完全心知肚明。由此我们可说雇佣枪手这个对暹罗而言的一个崭新职业，直接源于美国发动的印度支那战争（Indochina War），因此一开始就带有政治色彩。

新兴资产阶级

泰国政治的第二支新兴参与力量完全可以被称作官僚体制外资产阶级（extra-bureaucratic bourgeoisie）。这支力量源起于泰国华商社群和商业社群，主要分布在曼谷、春武里（Chonburi）、北榄（Paknam）和南部一些兴旺城镇。① 在20世纪四五十年代，他们仍然规模很小，财力有限，政治影响力也微不足道（尤其因为在多数情况下，同化进程尚未完成）。但是时至20世纪60年代初，恰逢越南战争带来的大繁荣拉开序幕，新一代华裔泰人已经完全同化，正值上高中和大学的青春韶华。他们生逢其时，受益匪浅，赶上了20世纪60年代高等教育的大发展，以及大繁荣带来的就业大扩张与多样化。②

外部经济资源如此大量涌入，在暹罗史无前例。这不仅是由于美国在军事基地和战略性基础设施发展方面的资本投资，也是由于美国对泰国政府的直接援助，以及大量日美私人投资流入这个低工资、无工会组织的社会。外部经济资源这股洪流有三大影响，尤其值得关注。首先，它并非全部集中在大都会地区，而是在东北部、北部和南部许多地区均有直接或间接的重大影响。其次，它催生了一个新兴商人阶层，他们远不似老一辈泰国华商那样与现代官僚尖锐对立。这个阶层的领军人物当中，不乏高级酒店、购物广场、

---

① 权威之作当数施坚雅（G. William Skinner）的两部著作：*Chinese Society in Thailand: An Analytical History* (Ithaca, NY: Cornell University Press, 1957) 和 *Leadership and Power in the Chinese Community of Thailand* (Ithaca, NY: Cornell University Press, 1958)。
② 参见拙文《撤军症候》（Withdrawal Symptoms）中"新兴阶级的困境"（Troubles of New Classes）部分，见原著第50—66页，本书第63—83页。

汽车特许经销商、保险公司，当然还有银行的老板和经理人。[1] 这些人衣着打扮很像官僚，在郊区新建住宅区与官僚阶层比邻而居，进餐、聚会、购物、旅游也与官僚阶层出入相同场合。自20世纪60年代以来，他们愈发集中地来自同一机构，即大学。再次，它与泰国华商银行业的迅速崛起相得益彰，而且事实上它或许就是华商银行业崛起的主要因素。这些泰国华商银行并未被日美巨头们挤到一边。他们无疑在外国人难以精通泰、中两门语言（更甭提掌握令人头疼的正确读写）这件事上占尽便宜，从而迅速行动开发国内资本市场。他们很快发现，在大繁荣时期，大力开展外府业务必会利润丰厚。在20世纪60年代初，大多府会城市最宏伟的建筑就是府尹衙门，这是旧式官僚统治泰国社会和政治生活的象征。十年以后，在曼谷各大银行地方支行富丽堂皇的玻璃—混凝土—大理石大楼的衬映下，泰国这许多爱德华时代风格建筑完全黯然失色。

新兴的议会民主制

因此，我们需要从两个角度来观察官僚体制外资产阶级的崛起。第一个角度更为人熟知，即一批数量可观的知识青年群体的出现（其中一部分知识青年令泰国全国学生总会［National Student Center of Thailand, NSCT］发展成为20世纪70年代早期不容小觑的一股政治力量）。早在20世纪60年代末，他们就再也不能像早前的大学毕业生那样被吸纳进入官僚体制。但是他们深知，自己正身处一直以培养新生代统治阶级为己任的大学，因此他们认为政治参与是其天赋权利。如今的知识青年大多来自外府，他们期望不仅在曼谷，还要在今后他们从事职业所在的任何地方，行使这项权利。因此，泰国史上首次有了一种现实的可能性，即一批令人瞩目的非官僚小知识分子阶层在地方上崛起。第二个角度较少为人知晓，关注点在小镇企业家们的做大做强（基于银行信贷和外府生活普遍快速的商业化）。他们有的独立经营，

---

[1] Suthy Prasartset, *Thai Business Leaders: Men and Careers in a Developing Economy* (Tokyo: Institute of Developing Economies, 1982).

有的给大都市行业巨头做代理。在多数外府城镇，这类人群很快在收入水平方面堪比驻地政府官员，继而是生活方式和地位做派。与此同时，他们无须受政府官员例行调任规定的限制，因此在地方上扎下了深厚的社会和商业根基。这些根基若要培植地方势力，唯需中央政府机构作为地方官僚的后盾，在统一性与威权性方面做出充分让步。

1973年民众运动于10月14日达到高潮，最终推翻了他侬－巴博政权（Thanom-Praphat regime），历史的"断层"由此形成。[1] 确实，若非国王和陆军总司令格利·西瓦拉（Krit Sivara）将军的高层派系介入，这个二头政治原是垮不了台的。实际上，格利·西瓦拉不是依靠政变除掉上司，而是通过煽动曼谷学生和知识分子的激进运动；加入激进运动行列的还有包括中产阶级和中低阶层在内的广大群众。这标志着他本人已经认识到传统形式的"政治合法性"不再可行。全国的变化堪称天翻地覆。1973—1977年期间的系列事件表明，尽管反动集团依旧势强，但这种认识甚至已在政府机构内部蔓延扩散，结果是从前目标一致、行动统一的情形再难重现。

典型的资本主义政治制度正在破茧而出，即我们所熟知的议会民主制。这是所有野心勃勃、殷实自负的资产阶级最满意的政权形式，其原因正是这种政权形式令其权力最大化，又令其对手权力最小化。如果有人认为1973年是暹罗版的1789年[2]，那么就可以用单一的视角来观察随后的整段时期（直至现在）。这即是资产阶级斗争的视角，这种斗争旨在扩大和维持该阶级新的政治权力（由议会制度所规定），以抗击来自左翼和右翼势力、民间社会和政府机构的种种威胁。过去16年里政治谋杀的模式恰好证明了这种视角颇有用处。

巩固期

这个时期可被合理地划为两段：1973—1978年和1978—1989年。第一

---

[1] 精要记述参见 Morell and Chai-anan, *Political Conflict*, pp. 146-150。
[2] 1789年法国大革命。——译者注

段时期充满着不稳定性和不确定性，资产阶级正在摸索前行，将其矛盾立场公开化。一方面，资产阶级需要民间社会的支持，最理想的主要渠道是选举机制，以增强其合法性和权力，抵制军人和文官；在这场斗争中，"民主"是个有力武器，既可内争国家权力，又可外赢国际声誉。另一方面，资产阶级也深感需要国家机器武力镇压的支持，以遏止城市地区"民粹过头"（popular excesses）现象，打击农村地区崛起的泰共；鉴于美国在印度支那地位急剧下滑，还要捍卫民族国家免受东面新兴共产主义邻国的报复。[①] 第二段时期，资产阶级的主要难题在于对付国家安全部门内机会主义分子和极端右翼分子的种种图谋，这些人利用"外部威胁"大做文章，满嘴一套假民粹主义和"反资本主义"的公共辞令，竭力重获从前的统治地位。

资产阶级的斗争取得胜利，其中媒体的重要性不可低估。大众报纸《泰叻报》（*Thai Rath*）的重要作用首屈一指，它在全国拥有庞大的读者群，因此伴随着议会制度或者旧制度下的"民族—宗教—国王"（Nation-Buddhism-Monarchy）立国三原则衍生出来的那些共同体一道，成为人们想象中的又一个民族共同体。多数媒体即便没有公然对抗军队—官僚集团的主张（更别提政变），至少也一直疑虑难释。毕竟这些成功的报社都是大型商业企业，其成功之处在于，它们至少在某种程度上道出了读者的热望。与此相应，这个时期的媒体可被视作新兴资产阶级争取政治权位的盟友。然而更有意思的是，在第二段时期里，资产阶级对自己的权位已经非常自信，并且非常确信议会制度可以捍卫其阶级利益，以至于他们甚至乐意放任本阶级内暴力竞争的滋长。20世纪80年代，我们目睹议员遇刺的奇特景观，凶手并非共产党人或军事独裁者，却是同僚议员或争夺议席者。

进而细究这两段时期政治谋杀的模式反差之前，我们有必要再度提醒自己：议会制度如此吸引当前这批泰国新兴中产阶级，其原因何在？首先，面对专横跋扈的文职与军事官僚机构，议会制度打开了通向政治权力的纵横双维渠道。人们无需大学文凭，也无需少年入仕从基层干起，就能当选议员。身为女性也不再是从政的致命缺陷。因此，受教育程度较低者和非男性者在社会与政治的纵向流动上呈现出巨大的增长，至少是理论上的增长。与

---

① 鉴于暹罗曾大量参与同谋美国战争事务，泰国资产阶级有充分理由担心报复。

此同时，在基于区域划分的选举制度中，原籍外府并非严重缺陷，甚至可能还是一大优势。身为内阁部长，其根基可以依旧扎在那空沙旺府（Nakhon Sawan）；事实上，唯有在那空沙旺府的根基稳固，他才能得到内阁职位。因此，在内务部（Ministry of the Interior）等级森严、按属地设置的科层体系中，外府精英通过议会获得机会平步青云，并得偿所愿地跻身官僚体系总部，在享誉"天使之城"①（Krung Thep Maha Nakhon）的首都出人头地。概而言之，相较其他类型的政体，基于选举的议会制度更有助于缩小外府和首都之间的权力鸿沟：这当然就是议会制度如此吸引外府显贵的缘由所在。② 其次，随着官僚机构的减权，官僚机构控制和庇护的专卖体制势必遭到削弱，这最终总会令资产阶级臣服于国家机器。当然，这种专卖权会令某些商人或商业集团获益，但却损害了资产阶级的整体利益。再次，选举政治迎合资产阶级的利益，其方式更加讲求精确性和技术性。金钱对于连续当选至关重要，并且金钱也正是资产阶级最富足的天赋资源。③ 另一方面，一旦选举政治能稳固确立，其威望即可令议会外政治活动丧失合法性，尤其是资产阶级不太能控制的罢工、游行和民众运动，有时他们会对此深感恐慌。最后，一目了然的是，在暹罗这样一个国家里，"封建"残余势力依然强大，特别是在农村地区，议员职位足以增强地方势力，其显赫程度远非通常工业社会可比。因此，暹罗议会制度不断巩固，所谓的地方寡头（jao phor），或类似黑帮的资本家政客显著崛起，二者步调一致，绝非偶然。他们利用暴力手段和

---

① 曼谷又常被称作"天使之城"。其来源是曼谷的城市全名（世界上最长的城市全名），融合了巴利语和梵语两种古老印度语言，意为"大使之城，宏伟之城，永恒的宝石之城，坚不可摧的因陀罗之城，被赠予九块宝石的世界大都会，欢乐之城，转世神天上宫廷般的巍峨皇宫，一座由因陀罗阿凡达和毗湿奴建造的城市"。——译者注
② 参见此篇格外翔实、资料充实的文章，Anek Laothamatas, "Business and Politics in Thailand: New Patterns of Influence," in *Asian Survey* 28,4 (April 1988): 451-470。阿涅·劳塔（Anek Laothamatas）指出，1979 年仅有四个府建有当地商会，但是到 1987 年所有 72 个府都自己建有商会。此外，这些商会还建立府际联盟，通过议会渠道进行斗争，不断扩大对首都（包括首都的官僚和大资本家）的影响力。
③ 阿涅·劳塔以一些数字阐明了这一点，令人触目惊心。1963—1973 年，在军事独裁者沙立、他侬和巴博的三任内阁中，确切地讲，只有两名内阁成员是商人，不到总数的 4%。在 1975—1976 年由选举产生的政府内阁中，有 35 名商人，大概 40%。1976 年 10 月政变之后（1976—1980 年初），比重下降至 13%。20 世纪 80 年代（1980—1986 年），恢复了议会选举制度，比重再次激增至 44%。Ibid., p.455.

政治关系，控制地方市场，操纵非法勾当，成为令人生畏的外府大佬。

地方谋杀与政府谋杀

我们现在可以回到政治谋杀的主题。1974年底到1976年"10.6"军事政变期间，典型遇害者包括与全国学生总会有关联的中产阶级激进学生，农民组织领袖、工团主义分子，以及揭露黑幕的左翼记者。[①] 谋杀事件大致可以分为两类。（1）地方谋杀。遇害者通常是农民领袖、工团主义分子、记者，他们被认为威胁到了包括地主、商人和腐败村长等外府显贵的权力或利益。这类谋杀大多都是私人企业雇凶杀人，地方显贵从越战时期储备的大批职业杀手、从前的保安人员、赚外快的警察和地痞流氓中雇佣枪手。[②]（2）政府谋杀。1976年2月28日，泰国社会党（Socialist Party）党魁汶沙侬·本约塔炎（Boonsanong Punyothayan）博士在曼谷遭遇埋伏暗杀，是尤其引人注目的事件。但是，杰出学生领袖不时遭到暗杀，特别是1976年10月6日发生在曼谷法政大学（Thammasat University）的大屠杀事件，本身就构成了政府谋杀的总体特征。这些遇害者并未威胁到任何特殊私人利益。但是他们被当作政府的公敌，或者被用心险恶地说成马基雅维利式（Machiavellian）为达目的不择手段（比如，通过氛围营造，国家机器得以合乎情理地扭转议会的局面）。因此，凶手基本上都是政府机构的直接代理人。[③] 10月6日法政大学屠杀学生事件尤其有助于区别（1）和（2）两类谋杀。因为遇害学生大多是资产阶级自己的子女，他们养尊处优（若要明白这一点，只需在任何一个工作日，去看一看法政大学校门里那些学生的中—泰混血面孔，再看一看

---

① 关于这些谋杀事件的严谨探讨，并附有翔实数据，参见 Morell and Chai-anan, *Political Conflict*, pp. 225-253。
② 这类谋杀大多发生在小镇和村庄。暴力事件的地理分布极不均衡（北部居多），这凸显出中央政府并未参与其中。
③ 最臭名昭著的当属所谓的红牛（Red Gaurs），其成员大多是来自中情局从前驻老挝"秘密部队"的雇佣兵，听令于武装部队国内安全行动指挥部（Internal Security Operations Command, ISOC）的当权派；但是，此外还有乡村子虎团（Village Scouts），这是王室庇护下的右翼治安维护会。参见拙文《撤军症候》（Withdrawal Symptoms）原著第62—65页、本书第78—82页部分及其引用文献；以及 Morell and Chai-anan, *Political Conflict*, pp. 241-246。

校门外那些小摊贩的泰—泰[此处指的是纯泰国人。——译者注]面孔即可)。没有任何理由可以认为泰国资产阶级乐于见到此类谋杀事件。这类谋杀从未在首都以外的任何地方重演。

因此,"政府谋杀"由政府代理人实施,具有反中产阶级的性质,其意图是要恢复1973年10月14日之前的政治秩序。"地方谋杀"由私人雇佣兵实施,具有亲中产阶级的性质,其意图是要恐吓属下阶层成员及其自封领袖。

农村游击战的溃败

有一个观点看似合理,即1978年12月爆发的柬埔寨—越南—中国三角战争最终造成泰共农村游击战的溃败,这对暹罗、泰国议会民主制和/或泰国中产阶级来说无疑是个意料之外的绝好运气,令其从中渔翁得利。诚然,泰共领导层完全拥护北京立场的决策令该党遭受重创。泰共因此失去了老挝和柬埔寨境内的安全避难所,以及干部赴越南受训的机会,甚至还有其设在云南的大功率无线广播电台。(总理江萨·差玛南[Kriangsak Chomanan]上将非常精明①)但是还有一种观点认为,对该党造成的损害尤其严重的是,泰共早已在如何对待1976年"10.6"血腥政变后逃进丛林寻求庇护的数百名中产阶级激进青年这个问题上困扰不已。这些激进主义者属于年轻得多的一代,家庭条件优越,学识渊博,能言善辩,并且还有一段国家层面合法政治参与的真实历练。他们感觉难以机械地接受泰共的许多观点立场,泰共对1978—1979年危机反应迟缓更令这种可能性化为乌有。江萨总理精明过人,大赦天下,令激进主义者得以全身而退,安全返家。颇令人寻思的是,泰共却丝毫没有劝阻他们,尽管这"大规模叛逃"的局面令已遭政治重创的泰共更加雪上加霜。总而言之,导致泰共走向衰亡的原因并非泰国军队的作战胜

---

① 1976年"10.6"政变过后,紧接着王室和军队就尴尬地达成了妥协,衍生出一个由最高法院(Supreme Court)大法官他宁·盖威迁(Thanin Kraiwichian)领导的极端右翼文官政府。大约刚好一年过后,这届政府被江萨上将发动不流血政变推翻,江萨是个干练非凡的军人政治家。正是江萨的政策,成功说服北京停止支援泰共。

利,而是国际政治风云变幻与泰共自身的内出血。毫无疑问,泰国新兴资产阶级倒成了最大的赢家。1978—1979 年之后,泰国资产阶级再也没有任何来自左翼或者社会底层的严重威胁了。直到这时,尽管泰国军方千方百计想要如此,他们再也不为越南军队踞于泰国东部边境而惶恐不安。资产阶级深知越南实力有限,而暹罗的优势则在于有美中日轴心作坚实后盾。

但是,柬越中战争恰恰就爆发于后"10.6"时期大法官他宁·盖威迁(Thanin Kraiwichian)右翼政权垮台之后。而正是他宁的政治浮沉,更有助于我们理解泰国资产阶级时代的政治动态变迁。

他宁政权

他宁本人是个思想古怪偏激的华裔泰人法学家①,自身毫无政治根基,并且不代表任何重要的集团或机构。他被任命为总理这件事反映出王室与将军们之间的倾轧。王室对最近老挝废除君主制一事深感恐慌,且两国王室之间素有往来。因此,王室想要的人既要强硬反共,又是文官出身(因其从未真正相信过军队)。相比反共,将军们更加热衷于争夺权力,想要自己人出任总理。王室最初占据上风,但时日不长。他宁政府由于言论荒唐可笑,不久就被坊间称作"蛤蚌内阁"(Clam Cabinet)②,并很快因为内阁无能和极端主义意识形态而众叛亲离。但是这届政府的领导者们郑重其事地肩负起其历史使命,即抵制共产主义,还有文人至上和(右翼)法治,这在泰国现代政治史上是绝无先例的:判处一名高级将领死刑且竟然真的执行。毋庸置疑的是,1977 年 3 月未遂政变领导人差拉·希兰西里(Chalard Hiransiri)将军曾在其短暂的夺权过程中,杀死了王室宠臣阿伦·德瓦塔辛(Arun Dewathasin)将军。然而如果当时是真正由军政府掌权的话,差拉将军是极不可能被判处死刑的。③当然差拉的命运足以帮助说明一个问题,即为什么

---

① 他宁曾出版过关于强奸、思想灌输、共产主义威胁的书籍,观点怪异癫狂。
② 在早前的一次演讲中,他宁愚蠢地将其政府比作一只纤弱柔嫩的软体动物,需要军队、王室和势力不断壮大的右翼治安维持会为其提供坚硬厚实的外壳保护。
③ 不排除一种可能性,即有些将军乐意看到性情暴躁的差拉早日去见上帝。

同年10月江萨将军成功发动的不流血政变，会自一开始就被标榜为"中庸"之新风、恢复起码算准议会制政府之前奏了。这种宣扬的受众可不只是美国和西欧诸国（"国际舆论"），而且更为重要的是，还有泰国资产阶级。① 政变上台的泰国领导人中，苦心经营自己心慈、爱家的资产阶级公众形象的，江萨是第一个。比如，他精心策划了一场演技超赞的个人秀，还让媒体拍摄了他在家里亲自为"曼谷十八君子"（Bangkok 18，被严重指控犯"冒犯君主罪"并自1976年10月6日以来被监禁的18名学生）煮咖喱的场面。一言以蔽之，甚至在印支局势恶化与泰共衰亡之前，他宁政权的盛衰就已经证实了资产阶级力量在泰国政治中的持续巩固。

议员与枪手

最后，让我们回到最近一段时期，回到"枪手"这个主题。1978年之后，泰国报刊中关于 jao phor（地方寡头，又称"教父"）和 phu mi itthiphon（势要），以及近来危机四起的外府政治生活的报道骤然间惹人注目，令任何一位读者都深感震撼。但是在惊人程度上，鲜有案件能与春武里府名震四方的地方寡头周爷（"Sia" Jaew）被暗杀一案相提并论。② 他遭到军事化的伏击，凶手们开着装甲车，手持冲锋枪扫射。议员被"不知名枪手"暗杀这种事情已然司空见惯。除了议员，暴发户大亨、大投机商和/或走私者、法官等（地方大佬或潜在大佬）也频频毙命于枪下。这些人好像取代了农民领袖和激进学生，后者如今几乎都不再是被攻击对象了。然而有充足的理由认为，凶手基本上和1974—1976年的行凶者还是同一些人，至少是同一批人：枪手，或者雇佣枪手。看似其金主几乎始终不变，一直都是遇害者的同僚资产阶级政治对手和商业对手。（死亡地区分布极不均衡，表明政府部门绝少或零参与。）

---

① 军队正越发深刻地意识到，在经历巨大变迁的泰国社会，要想再实行沙立式军事独裁早已不合时宜了。
② "Sia"是潮州话"大亨"的泰语化说法。早期仅在华裔泰人群体中使用（带有一种轻蔑与敬畏交织的模糊情绪），最近两年更多用于崛起中的泰—泰裔（Thai-Thai［这里指的是纯泰国人。——译者注］）大亨，轻蔑成分趋少，敬畏成分趋多。

所有这些谋杀事件表明，在20世纪80年代，议员这种显要身份已经获取到了稳固的市场价值。换句话说，做议员不仅提供揽金捞权的绝好机会，而且保证可以长期轻轻松松地揽金捞权。因此，干掉议会竞争对手也许值得一搏。但这在20世纪五六十年代却是不可思议的事，那时议会权力和任期时限都令人不屑一顾。

正如我们如今在暹罗所见，确立于"美国时代"（American period）的经济与政治路线愈趋稳固。持续三十年的繁荣发展几乎未曾间断，这使泰国成为东南亚地区最发达的、生产力水平最高的资本主义经济体（微型国家新加坡除外）。曼谷大银行漏斗似地将曾经做梦也想不到的贷款输往外府，这些资金既可提供给生产性企业，也可流向政治与犯罪领域。银行之间各个层级竞争激烈，表明各家银行都高度重视开发新的政治代言人和盟友。银行作为许多议员的幕后金主，可以直接独立地施加政治影响，这在中央集权的军事独裁政权之下是极难做到的。此外，国会议员群体作为全国选民的代表，以崭新的合法性光环给银行势力（以及大型工商业集团势力）蒙上了一层面纱。这就是一笔真真切切的宝贵资产。因此可以暂且下一个结论，即各层级的资产阶级，从曼谷的富豪银行家到外府城镇野心勃勃的小企业家，大多都已认定议会制度就是最适合他们的制度；而且他们现在信心满满，坚信自己能够抵制一切敌人，捍卫这种制度。这些敌人仍然存在，尤其是在军队和文职官僚机构里。但是他们看似长期以来一直在走下坡路。大小官僚们纷纷指责"邪恶势力"，这是一种自我标榜，意在暗示官僚集团才独具"仁善势力"。他们也逐渐适应了新体制。[①]

正是在如此的背景下，职业枪手暗杀议员可被解读为历史的征兆。议会民主制不费吹灰之力就赢得了自由派知识分子的支持，但是仅靠他们的支撑还远远不够。为数众多的人从全国各地跻身其中，他们冷酷无情，家财万贯，精力充沛，争强好胜，当然也欲图在该体制下分一杯羹。这些人为了争

---

① 军队也是如此。自江萨于1977年10月奇袭成功以来，两次未遂政变均以惨败告终。政变的领导者是一群野心勃勃的陆军上校，被宽泛地称作"激进派"（Young Turks），他们从未真正团结起军队力量以支持其政变计划。然而少壮派的问题在于其"纲领"所阐述的挽救国家使命中，多强调反对大资本家的贪婪剥削，少提及抵制共产主义的威胁。这些理想主义者的薪俸与他们购置郊区豪宅的所需钱款之间的差额，坐实了他们在政治上是靠不住的。

当议员，随时可以相互残杀，这表明当前暹罗正发生着新鲜事儿。

影片《枪手》反映的正是这种状况。它拒绝站边政府谋杀并反对私人企业雇凶杀人，而政府并未执意要其改变立场。它使观众们确信，新兴的资产阶级世界稳如磐石。说到底，假如资本家遭到杀害，凶手既不是共产党人或激进学生，也不是警察国家的代理人：只不过都是些资本家同僚的雇佣枪手罢了。对于电影观众中的失败左翼人士而言，这无疑是一种有意为之的潜台词：至少有一些资本家正被消灭，而杀人者就是饱受美帝国主义和不公正社会制度压迫的人。这是为1976年"10.6"大屠杀事件的复仇之梦。

后记

在快要写完本文之际，我一名新近返美的泰国学生寄来一篇资料，详细描述了最近一起典型性暗杀事件，我忍不住将其稍作修改后附入本文。

去年［1990年］4月初，披帕·洛瓦尼差恭（Phiphat Rotwanitchakorn）先生（又被称作华爷［Sia Huad］）遭到伏击并被杀死。他是曼谷东南春武里府显赫一方的地方寡头，同时遇害的还有其司机和保镖（当地警察局副巡官）。此事轰动一时。他早已知道有人要暗杀自己，家里大宅子守卫森严，几乎寸步不离。但是在清明节这一天，泰国华人家庭照例要祭拜祖先。其密友、曼谷郑氏（Tejaphaiboon）家族著名银行家向他发出邀请，希望他赴春武里府郑氏家族的私家墓地参加祭祖仪式。① 他觉得却之不恭，因为此前这位朋友曾放给他10亿泰铢（0.4亿美元）银行信贷，令他能够出高价打败克标对于地方寡头、社区长坡（Kamnan Poh，["坡"是人名。——译者注]），最终竞得春武里商业区大型商贸中心建筑项目的控股权。华爷担心丢了性命，就叫上了自己的兄弟和几个职业杀手驱车随行其后。他甚至在离开墓地的返途中换车，希望避开仇敌。但是杀手们开着三辆车，先是猛撞逼停他兄弟的那辆车，然后狂追华爷，

---

① 庞大的曼谷京华银行（Bangkok Metropolitan Bank）是泰国华裔郑氏家族的资产。1986年，郑氏家族第二代中两人成功当选议员，其中一位曾任湄公酒业集团（Mekhong distillery conglomerate）董事长——这是郑氏家族首次认可应当送家族子弟进入选举政治。披帕的这位朋友素有"八爷"（Eighth Sia）的名号——这表明他的七个哥哥也都是大亨级的人物。

连续疯狂扫射达五分钟之久。华爷的车停了下来，车内三人全部丧命。为了确保暗杀成功，一个跛脚杀手（不是电影明星梭拉坡）钻出车来，戴上面具，走近几具尸体细察一番，身边围满了越来越多看热闹的人。

华爷最初入行时不过是一个当地大佬的跟班打手。老板被杀后，他自立门户，并新找了一个当地政治领袖做庇护伞。华爷的小妹妹后来嫁给春武里府一位著名议员的公子，这位议员后来当上了内阁大臣，大选季时华爷则亲自上阵为其做"拉票人"。随着财势日增，他树敌愈多。他专营土地投机，命令其帮伙以最残忍的手段胁迫贱买工商业开发规划区内有地农民的土地。他与同伙合谋将一名当地市长（也是一名政坛大佬）赶下了台，并将自己的心腹安插进市政府任职。他与其帮伙对地方警察傲慢狂妄，因此在穿制服的人中也结怨不少。因此，雄霸一方的社区长坡在竞拍商贸中心建筑项目失利后恼怒不已，在其点头授意下，一大帮想置华爷于死地的人共同筹措100万泰铢（4万美元）和大量枪支，组成联合阵线对付华爷。

杀戮事件之后大约一个月，警方逮捕了数名涉案人员，包括死者的大佬级对头、政客和枪手。更重要的是，还包括特警部队的四名成员，据说他们就是真凶。①

尽管报刊都噤若寒蝉，但是坊间盛传谋杀案件的主谋就是社区长坡。但是现在谁敢碰他？就在案发一周后，社区长坡举行盛大宴会，庆祝其在新成立的沈蜀区（Saensuk district，临近观光胜地芭提雅［Phattaya]）首任区长选举中获胜。万名宾客云集，包括来自泰国社会行动党（Social Action Party）的几名内阁部长、地位显要的议员、当红歌星和电影明星。这比新当选总统差猜·春哈旺（Chatchai Choonhawan）几乎同时举办的庆祝宴会更加盛大，更加令人瞩目。在回答记者们关于华爷之死的提问时，社区长坡回答说："在春武里府，坏家伙就该死。"但也许还是不如华爷之死那样轰动。如今，被枪手谋杀正成为资产阶级的一项阶级特权。毕竟，谁会付100万泰铢雇枪手去杀一个穷人呢？

---

① 该组织并不受国家警察总署（national police department）控制，而是在武装部队管辖下的一支特别的准军事部队。它最初是作为一支剿共作战部队而建立的。

共产主义后的激进主义：泰国与印度尼西亚[*]

或许有人会认为"后共产主义"（after Communism）并不是一个复杂的概念、经验或社会政治状况，但是在我想要讨论的这两个东南亚国家——即被殖民的伊斯兰国家印度尼西亚和未被殖民的佛教国家泰国，其"后共产主义"内涵迥然相异，并进而影响了当代激进主义的想象。因此为了做些铺垫，有必要说说两国共产主义的发展轨迹。

荷属东印度（Netherlands East Indies）① 是苏联以外首个建有共产党的亚洲"国家"。印度尼西亚共产党（印尼语名：Partai Komunis Indonesia；英文名：Communist Party of Indonesia, PKI，简称"印尼共"）创立于 1920 年 5 月 23 日。在第一次世界大战刚结束后的相对"自由"局势下，印尼共发展迅猛，尤其是在种植园劳工、码头工人和铁路员工群体当中。那时殖民地还没有大学，也很少有原住民远赴荷兰高等学府深造，因而印尼共党内领袖都是些自学成才或初中毕业的印尼人，此外还有寥寥可数的荷兰激进分子。但是，这些荷兰激进分子很快遭到殖民政府的监禁和驱逐。尽管年轻的政党领袖们常与各路穆斯林政坛显要唇枪舌战，但是印尼共在穆斯林群众中培养一批追随者却并不费事。正是在穆斯林居住最为集中的两大省份，该党发起 1926—1927 年千禧年起义② 的号召得到了最英勇无畏，但却是灾难性的

---

* 本文最初发表于 *New Left Review* 202 (November-December 1993): 3-14. 经授权许可再版。

① 荷属东印度（Netherlands East Indies）指 1800—1949 年期间作为荷兰海外殖民地的印度尼西亚，二战期间曾被日本占领。"印度尼西亚"这一地理概念起始于 1880 年，本土知识分子于 20 世纪将其发展成为一个民族国家概念，并掀起了一场民族独立运动。印度尼西亚于 1949 年作为一个国家宣布独立。——译者注

② 这是印尼共领导发动的第一次反对荷兰殖民统治的武装起义，时间在 1926 年底到 1927 年初。由于荷兰殖民当局的残酷镇压，起义以失败告终。印尼共的力量遭到极大破坏，被迫转入地下。——译者注

响应。荷兰殖民者轻而易举地镇压了这场起义，一些印尼共领袖被处决，更多的遭到驱逐或监禁。在此后的殖民时期里，印尼共一直非常边缘。直到被印尼人所铭记的"1945年革命"（Rvolution of 1945）爆发后，印尼共才着手重整旗鼓。那时正值日占政权垮台和荷兰势力未及归位的空隙，稚幼的印度尼西亚共和国（Republic of Indonesia）诞生了。艰苦卓绝的斗争一直持续到1949年底，这时海牙才最终承认移交主权。其间，获释、归国和新生的共产党人发挥了极其重要但绝非主导性的政治作用。

然而代际差异已经显现。老一辈共产党人精通荷兰语，一部分人甚至曾投身过荷兰本土的反纳粹地下组织；他们曾有出国经历，或者曾被流放海外，并自觉地将自己视为世界革命运动的一分子；许多人与欧洲人结下友情，偶尔还有缔结姻缘或坠入爱河的；他们与当地进步华人紧密合作；他们经受历练，成为公开或地下的"激进分子"、工团主义分子、宣传家、罢工组织者，偶尔还是"恐怖分子"。他们毫无议会政治的合法斗争经验。第二代共产党人成长于残酷的日据时期；他们通常荷兰语水平极其有限，从未留过洋，更没有外国朋友；他们不喜欢华人（因此他们在1951年取得政党控制权之后，就不允许华人公开加入该党）；他们是狂热的民族主义者，最重要的是他们都是献身于党的人，因为他们正是在共和国建立之初迈入政坛。当时的共和国励精图治，把议会和各色政党及其分支机构作为治国理政政治制度的重要部分。

革命大概进程过半之时，冷战骤然爆发，令共和国国内政治加速分化。其结果是1948年秋爪哇（Java）爆发了一场短暂的内战，极其血腥。在这场战争中，左派被穆斯林政权冠以卖国贼和莫斯科特务的污名，并遭到残酷的镇压。大批的老一辈印尼共领导人遭到处决或谋杀，若非荷兰人于12月最后一次对共和国发起大规模军事行动，会有更多人遇难。许多第二代共产党人越狱后加入了短暂的游击斗争，即便其地位微不足道。1949年末最后几天，罢战息兵之后，一个统辖印尼全境的自由民主共和国宣告成立。新生一代崭露头角，接过担子，着手印尼共的党员身份与声誉重建。

他们的努力艰苦卓绝，成效显著，原因太过复杂，在此难以言尽。一言以蔽之，早在1955年大选（印尼史上仅有的一次自由选举）中，印尼共就已崭露头角，跻身四大政党之列，背后有数百万选民的支持，并且占有很大的议席份额，在统治中心为其代言。印尼共大选获胜有一大关键条件，即它在国内问题上极其谨慎，而在对外问题上则坚守民族主义立场，这令其成功地与其他政党结成联盟，并逐步洗刷掉1948年的"叛国"污名。事实上印尼共胜选后要兑现和平与法治的议会政治承诺，这与陶里亚蒂（Togliatti）[①]领导下的意大利共产党（意大利语名：Partito Communista Italiano, PCI；英文名：Italian Communist Party）有些许类似，但却不敢公开言明；因此在1959年，左倾的苏加诺（Sukarno）总统和总体上右倾的军队领袖联手，以威权主义和民粹主义—民族主义体系的"指导性民主"（Guided Democracy）取代宪政民主制度，不再举行任何选举。印尼共的领导者们自认别无选择，唯有硬着头皮走下去。

"指导性民主"始于1959年，直至1965年。在此期间，印尼共的青年、妇女、农民、种植园劳工等各类群团组织迅猛壮大，因为这些组织远比议会政党更适应非选举式竞争性政治的环境。到1965年，印尼共领导人宣称其是拥有2000万党员的"大家庭"，并自誉为全球社会主义阵营之外规模最大的此类"共产主义大家庭"，这种自誉也令人将信将疑。然而在印尼共成功壮大的同时，旗鼓相当的穆斯林和所谓的世俗民族主义（资产阶级）大家庭也在崛起。这导致了极化对立日益加剧，尤其在恶性通胀来袭与经济螺旋下降之际。印尼共紧紧攥住自身的合法性，而且无论如何它手上的确没有一枪一弹。

印尼共在相对发达的国有化经济部门中鲜有建树，原因在于对其深恶痛绝的军队把控着这些部门。为了弥补这一短板，印尼共领导人大肆叫嚣支持苏加诺采取反西方对外政策，并发动狭隘沙文主义的"文化斗争"（Kulturkampf）[②]去声讨"自由派"知识分子。他们的如此作为是永远不会得到后者谅解的。

[①] 帕尔米罗·陶里亚蒂（Palmiro Togliatti，1893—1964年），意大利工人运动和国际共产主义运动活动家，意大利共产党创始人之一，前意共总书记，二战后"走向社会主义的意大利道路"的提倡者。他倡导经由不同于苏联道路的意大利社会主义的民族道路，在政治方面，通过资产阶级议会民主逐步改变国家内部结构；在经济方面，通过"国有化"和"国家干预"等举措逐步限制和粉碎垄断资本。——译者注
[②] "文化斗争"（Kulturkampf）原指德意志帝国俾斯麦政府自1871—1887年发起的一场反对罗马天主教会的斗争。其真实目的是将工人和民主派的注意力转移到反对教权势力的斗争，从而令其忽略革命和阶级斗争的迫切任务。其积极作用在于遏制了分离主义势力。——译者注

119	 "指导性民主"于 1965 年 10 月 1 日进入尾声。一小撮名义上由总统府警卫营一无名中校率领的军官们暗杀了六名高级将领，并占领首都部分地区达数小时。如果可称作政变的话，这起"政变"① 很快被陆军战略后备部队司令苏哈托（Suharto）将军镇压下去。他进而利用系列午夜凶杀事件所造成的恐慌大做文章，发起铲除印尼共的运动，指控印尼共是未遂政变主谋。1965 年 10 月中旬至 1966 年 1 月底期间，印尼共遭到灭顶之灾。少则 50 万人，多则 100 万之众，或直接死于军队之手，或间接死于军队武装庇护的穆斯林与世俗民族主义警备队之手。不计其数的涉嫌与印尼共有牵连者遭到监禁和刑讯。印尼共领导层几乎全被处死，甚至大多连走走过场的法律手续都没有。

1966 年 3 月，苏哈托事实上取代了苏加诺的国家元首地位。印尼共被宣布为非法政党，连其他任何带有马克思主义气息的东西全是非法的。印尼共从此再未能卷土重来，不仅因为独裁政权情报机构手段毒辣，还因为政党领袖在其追随者眼里已是信誉扫地了。这些政党领袖们怎能抛下 2000 万手无寸铁的拥护者自行上阵御敌，听任惨剧上演呢？更糟糕的是，在苏哈托的古拉格② 里，大批激进分子为求自保，沦为自己人的告密者，有时甚至成为刑讯者和行刑者。

请注意这个时间点：1966 年，正值林登·约翰逊（Lyndon Johnson）领导下的美国在越南战争中日益泥足深陷，而在莫斯科的新任领袖勃列日涅夫（Brezhnev）则充满自信、意气风发。或许这就是"世界共产主义"成就的至高点。

历史的比照

泰国共产主义发展史时间更短，情况也迥异。与荷属东印度相比，泰国

---

① 又称"九三零政变"或"九三零事件"。1965 年 9 月 30 日，总统府警卫营营长翁东打着保卫苏加诺总统免受中情局扶持的陆军将领控制的旗号，率部逮捕了六名陆军高级将领，但苏加诺并未公开支持翁东的行动。10 月 1 日，时任印尼陆军战略后备部队司令的苏哈托少将发动反攻，并迅速平息了政变。苏哈托公开宣布印尼共为此次政变的主谋，继而在全国组织策动反共大清洗，最终窃取了国家最高权力。——译者注
② 即劳改营。——译者注

从未被殖民，其社会经济系统遭受资本主义的威胁要缓慢得多，而且这种资本主义也不受特大型种植园农业综合企业控制。拉玛五世（Rama V，朱拉隆功［Chulalongkorn］，1868—1910年在位）执政时间很长，且才智过人，正是他施行的政策保证了泰国本土社会既宁静无扰，又很合时宜；因此，资本主义现代化的冲击，主要是从中国东南沿海地区"舶来"的青年男性移民群体带来的。没能回中国落叶归根的华人大多娶了泰国女子为妻，在拉玛五世统治末期，造就了数量可观的第一代被泰人称作"陆津"（luk jin）的华裔泰人（Sino-Thai）。少数华裔泰人的社会经济地位迅速攀升，跻身该国新兴资产阶级的核心。他们大量聚集于京都曼谷，以及铁路沿线的新兴小城镇。这些铁路是国王基于政治战略目的而兴建的。其余的华裔泰人则构成了泰国真正的工人阶级，直到第二次世界大战之后依然如此。

正是在这些移民及其子女当中，同样也在那些逃离法属印度支那殖民统治的越南人当中，泰国共产主义运动开始萌芽发展。其时远在1932年不流血政变推翻绝对君主制之后，又恰在太平洋战争爆发之前。因此，泰国共产党（Communist Party of Thailand, CPT，简称"泰共"）直到1941年才得以组建，比荷属东印度整整晚了一代人；泰共仍然主要依靠外来少数族群而非"本族人"，以城市而非半城/半乡为特征，以北向中国而非西向欧洲和苏联为导向。在第二次世界大战结束后短暂的文官执政开明时期，该党的影响力开始在规模尚小的泰国知识分子群体中传播，甚至还在1947年泰国军队独掌政权前还成功选出其仅有的一名泰国国会议员。美国有意将泰国作为其遏制亚洲共产主义的堡垒，在其强烈游说之下，泰共被宣布为非法政党，此后一直如此。泰共与同时代的印尼共形成了最强烈的对比。尽管如此，泰共势单力薄，泰国军政府却稳若磐石，故而共产党人被捕入狱后通常都得到善待，严刑逼供和极刑处决的情况均属罕见。

20世纪60年代，随着越南战争不断升级，美国势力在泰国大肆扩张，情况很快发生了变化。亚洲的共产主义国家，尤其是中国和越南，有充足的理由支援泰共，在劝说地下泰共转至泰国边远农村地区开展游击斗争方面，其影响力具有决定性。那时正当1966年，恰是印尼共正在印尼惨遭摧毁之时。随着越南战事的拖延，泰共稳打稳扎，扩大根据地，资金、武器、培训和意识形态指导严重依赖北京和河内。泰共领导班子绝大多数成员都是华裔泰人甚至就是"中国人",这一事实尤其强化了这种联系。另一方面,1968年有4.8万名美国军事人员驻扎在泰国,更勿论美国在基础设施建设和泰国军警援助方面的巨额开支,美国存在激起了泰国社会史无前例的飞速变迁。经济大繁荣时期正在拉开帷幕,中产阶级规模由此迅速扩大,不过华裔泰人仍占主体。与此同时,公立教育(尤其是大学层次)扩张相当惊人,不到十年时间,大约实现了500%的增长。

1973年10月,小规模的大学生反独裁抗议行动突然间升级,发展成为首都大规模民众示威,再加上军队自身的内部分歧,以及年轻国王拉玛九世(Rama IX)的介入干预,独裁政权陡然间土崩瓦解。1973年10月到1976年10月期间,泰国政治体制的开明和民主程度可谓空前绝后。对土地法不公、腐败横行、罢工禁令、美国控制等种种不满情绪积压已久,突然爆发,政治极化迅速显现,尤其将激进学生推向左翼阵营,而将另外那些担忧越南战争走向的许多人推向右翼阵营。正是趁此时期,泰共地下党再次将其影响力延展到城市地区和知识分子当中,这在此前整整一代人的时间里曾是难以企及的。1975年,一股刺杀学生、工人和农民组织领袖的暗流涌动,为1976年10月6日军事独裁极端残暴的卷土重来铺平了道路。在地处曼谷市中区、素有"进步"传统的法政大学(Thammasat University)发生的镇压尤其残酷。光天化日之下,学生们被射杀、吊死,甚至被暴打致死。这直接导致了一大批自由派和左翼青年逃入丛林,而泰共最初正是在这里热情接纳了他们,并为他们提供了庇护。

随着1975年春印度支那沦陷/解放,老挝废除君主制(这令保守的泰王室惶恐不已),再加之泰共后备干部激增,美国中情局曼谷站站长态度悲观,于1977年初预测说泰国将会成为下一个倒向共产主义的多米诺骨牌。但他却大错特错了。事实却是,泰共在三年内就已大势尽失,对泰国政局再无重大影响了,在印尼共失败15年之后步其后尘。原因何在呢?

其关键性因素是1978年底中、越、柬三角战争的爆发。泰共失去了外部援助,事实证明这一切是给泰共的致命打击。泰共队伍内部爆发重大分歧,尤其是在1976年逃入丛林的这批青年大学生与泰共党内年长者之间。与此同时,新的军队领导层胆识过人,决定大赦所有丛林投诚者,并且兑现了其承诺。1979年底,泰共开始出现大规模人员流失,再加上在国际上的孤立无援，政党威信与政治前途严重受损。1980 年，我们还要说吗？这正是罗纳德·里根（Ronald Reagan）成功当选美国总统之时，部分归功于他的一项竞选纲领：对抗以莫斯科为中心的史上最强大的"邪恶帝国"（Evil Empire）。

其中有两点需加强调。首先，印泰两国开启"后共产主义"时代，均远远早于苏联的内爆①，甚至远远早于任何关于这种内爆的超前想象。其次，两国的共产主义"残余影响"截然不同。

1965 年 10 月 1 日前，印尼的左翼支持人群中鲜有大学生，他们掌握的马克思主义理论都是 20 世纪 50 年代具体化的马克思列宁主义，即斯大林主义和早期的毛泽东思想。他们几乎是清一色"土生土长"的印尼人，而非来自印尼华裔少数族群。他们的政治经验来自从前在议会内外的合法政治活动。他们是民族主义者，一心想要洗刷掉 1948 年敌人扣给他们的"叛国"罪名。而他们在"后共产主义"时代的生活，如果还侥幸活着的话，则意味着残酷环境下未经审判的严刑拷问和漫长监禁，婚姻家庭破碎，以及长期的社会排斥，军队的严密监视，获释以后的无业状态。

在泰国，大批投身共产主义的新成员，尤其是在 1975—1976 年以后，都很有才干，他们都是泰国顶尖大学的学生。尽管他们的马克思主义有些来自中国和越南，但作为 20 世纪 60 年代的孩子们，他们还接触了北欧和美国的新左派马克思主义，以及葛兰西（Gramsci）、阿尔都塞（Althusser）和法兰克福学派（Frankfurt school）。他们往往倾心于琼·贝兹（Joan Baez）和鲍勃·迪伦（Bob Dylan）的音乐，然而这两位歌手登上国际舞台的时间太晚，印尼共的干部无缘在政党合法时期欣赏到这样的音乐。这些 60 年代的孩子们中，有相当数量的第二代或第三代华裔泰人，是 20 世纪 50 年代末以来迅速壮大并业已同化的中产阶级的子弟。正如通常的移民子孙那样，他们一心想要证明自己满腔爱国热忱的"泰族特性"（Thainess），这是他们反感泰共领导层恭顺北京的主要原因，但这也多少有点忸怩作态。他们只有极为短暂肤

---

① implosion，译作"内爆"，是加拿大当代学者马歇尔·麦克卢汉（Herbert Marshall Mcluhan, 1911—1980）在其著作《理解媒介》（*Understanding the Media*, 1964）一书中提出来的概念。"内爆"指与"身体的延伸"相对立的"意识的延伸"，前者是机械时代的特征，后者是电力时代的特征。因为电力时代媒介的强大制造和流播功能使得整个社会被媒介的信息所笼罩，内爆导致对真实的模拟开始统治人们的意识，成为人们认识事物所依赖的基础。——译者注

浅的议会政治斗争经验，并且在议会外激进斗争和丛林游击生活中塑造了自己。但是他们在"后共产主义"时代的生活大多平静正常（尽管有相当数量的人吸毒或自杀）。他们回家后或加入家族企业，或重返大学校园，或出国留学，大多在欧洲、美国和澳大利亚，或决心投身议会政治。继20世纪80年代泰共瓦解后，议会政治就开始在泰国真正扎根。他们没有遭遇刁难，关键是因为他们是受过良好教育、如今又功成名就的资产阶级的子弟。

泥沼里的足迹

如果要审视这两个国家后共产主义时代的"激进主义"，务必将上述诸项差异谨记于心。然而有点奇怪的是，它们之间又暗藏着一些关联，即民族主义、历史和出版物。

首先来看印尼。当今印尼最著名而且或许最重要的激进主义者，当属才华横溢、自学成才的作家普拉姆迪亚·阿南达·杜尔（Pramoedya Ananta Toer，通常又被称作"普拉姆"[Pram]），他的小说被译为几十种文字。一旦奥斯陆（Oslo）①之轮造访东南亚，他就是该地区诺贝尔奖的最热门人选。普拉姆迪亚的政治履历很不寻常。他出生于1926年，1948—1949年作为民族主义革命者头回遭到荷兰人的监禁，然后又在1959—1960年被苏加诺政权以公开声援华裔少数族群的罪名关进监狱，最后又于1966—1978年被苏哈托独裁政府投入大牢，因为他曾是20世纪50年代末到1965年期间左翼知识界的意见领袖。如今，印尼大屠杀过去了大约三十年，他的作品仍遭封禁，暗中传阅其作品的学生被判长期徒刑。目前他最有影响力的作品是《布鲁岛四部曲》，最初于20世纪70年代中期在偏远的流放地布鲁岛（Buru）开始创作，由他向狱友口述。《布鲁岛四部曲》大略取材于民族主义先驱者迪尔托·阿迪·苏里约（Tirtoadisuryo）。迪尔托的生平迄今鲜为人知，是出生于爪哇的贵族青年，于本世纪（20世纪。——译者注）第一个十年创办了

---

① 奥斯陆（Oslo）是挪威首都，诺贝尔委员会所在地和诺贝尔和平奖颁奖地。事实上，诺贝尔文学奖由位于斯德哥尔摩的瑞典文学院负责评选。普拉姆迪亚多次荣获诺贝尔文学奖提名。——译者注

第一份民族主义报纸,推动了抵抗荷兰殖民统治的首次激进运动,最终在监狱中默默无闻地死去。

四部小说的书名已经体现出其各自特点:《人世间》(英文名:*Earth of Mankind*)、《万国之子》(英文名:*Child of All Nations*)、《泥沼里的足迹》(英文名:*Footprints in the Mire*)、《玻璃屋》(英文名:*The Glass House*)。① 头两部小说发出印尼文学史上绝无先例的宣言(这会令前 1965 时期的印尼共眉头紧蹙):印尼这个"人世间"为所有热爱它的人所有,并非只属于那些持有护照的公民;印尼民族主义运动的英勇发起人也是每一个国家民族解放者的继承者。第三部小说的书名召唤起一种群体意象,这些人英勇参加了 20 世纪第一个 10 年、40 年代、60 年代、90 年代的斗争,他们的身后只留下了"泥沼里的足迹"。第四部书名效仿福柯(Foucault)的边沁式"圆形监狱"(Benthamite Panopticon)②的讽喻风格,揭露了当时的警察国家为了实现荷兰殖民政权的野心而将殖民地的一切置于监视之下。

这四部小说不仅仅向我们展示了年轻激进的主人公是通过他在爪哇岛上邂逅的法国、荷兰、日本等国的外国居民了解这个世界的,是通过在世纪之交正将整个地球引介进殖民地各个城市的新颖报纸了解这个世界的;还向我们展示了主人公命中注定要连娶几个处于社会最最边缘的女子为妻:一个是楚楚可怜的欧亚混血美人儿,一个是躲避垂死的清王朝暴政的中国移民,一个是来自蔓延开去的群岛殖民地(远离爪哇的)东部边陲地区的狂热穆斯林。更引人注目的是,小说最重要的人物不是年轻的主人公,而是他的第一位岳母,一个在月经初潮之后被自己奴颜堕落的父母卖给沉溺于酒色的荷兰种植园主的女人。但是她之后冲破重重阻碍,完全掌控了自己的命运,与殖民地秘密警察展开斗争。(普拉姆迪亚运用神来之笔的手法,将第四部小说

---

① 原著小说全部由雅加达的哈斯塔·密特拉(Hasta Mitra)出版社出版,分别是 *Bumi Manusia*(1979)、*Anak Semua Bangsa*(1980)、*Jejak Lang*(1985),以及 *Rumah Kaca*(1988)。目前的英文版本由纽约的威廉·莫罗(William Morrow)出版社出版,分别是:*This Earth of Mankind*(1991)、*Child of All Nations*(1993)、*Footsteps*(1994),以及 *House of Glass*(1996)。
② 米歇尔·福柯(Michel Foucault,1926—1984 年),法国哲学家,社会思想家。福柯在其著作《规训与惩罚》(1975)中,将现代社会比拟为英国法理学家、哲学家杰里米·边沁(Jeremy Benthamite)的"圆形监狱"(Panopticon,又称"全景[式]监狱"或"全景敞视监狱"),即少数人(监狱看守)可以监视大多数人(囚犯),而大多数人(囚犯)却看不到少数人(监狱看守)。——译者注

的叙事人设计成一名印尼裔高级情报官员,受命于荷兰人,负责看守小说主人公,最后将其逼迫致死。)

小说的场景被设定在1896—1916年这段时期,即"前共产主义"时代,但是四部小说却一直讲到"后共产主义"时代的印尼。在遭受种植园主、领主代理人、殖民政府官员、土著贵族和秘密警察压迫的诸多情节之中,在农民、小商贩、记者、妇女和少数族群的反抗斗争中,老派马克思主义的痕迹清晰可见。自20世纪40年代以来,在印尼右翼和左翼群体中一直存在着"自我"(印尼激进主义者)与"他者"(白人殖民者及其合伙人华人贱民企业家)之间的对立轴线,这原本就是一种潮流风尚(*de rigueur*),如今早已烟消云散。命运多舛的往往都是未来的印尼人,男女主人公们并不只是民族大融合的产物,同时也是各路文化和政治说教的产物。20世纪70年代末,普拉姆迪亚已经完成全部的书稿。他深知自己能在12年牢狱之灾后安全获释,美国明尼苏达州明尼阿波利斯市(Minneapolis, Minnesota)的众议员唐纳德·弗雷泽(Donald Fraser)[①]和国际特赦组织(Amnesty International,又译"大赦国际")功不可没。同时,他在字里行间锋芒直指暴戾的独裁政府。该政府对全体公民宣称自己的合法性地位,其理由是,对于纯粹源起于原始古朴、千年之久的200%土著历史的印尼民族而言,"西式民主"和"任何形式的马克思主义"都是完全不相宜的。

我们可更简洁地介绍印尼激进主义的另一种形式。皮皮特·罗奇加特·卡塔维查亚(Pitpit Rochijat Kartawidjaja),如今四十出头,比普拉姆迪亚晚了一代有余。由于极具煽动性且目空一切的著述,他的护照被长期吊销,但他拒绝放弃国籍寻求庇护,因此在柏林过着朝不保夕的生活。他之所以能勉强维持生计,部分因为他与德国绿党和社会民主党里的激进分子私交甚密。他父亲是个虔诚的穆斯林,1965年时担任一家国营蔗糖种植园的经

[①] 自1973年开始,在美国明尼苏达州众议员唐纳德·弗雷泽(Donald Fraser)的领导下,众议院举行关于人权问题的系列听证会。这些听证会表明,美国在执行秘密外交的过程中,常常通过中情局行动来支持其他国家独裁政府侵犯人权的行径,尤其是在拉美国家。这些听证会要求政府官员支持人权事业,引起了强烈的公众舆论,使得1973年众议院国际关系委员会的国际组织小组委员会在其总结报告中提出,人权因素并没有被给予它在美国外交政策中应得的优先地位,它们为提高人权在美国外交政策中的地位打下了基础。资料来源:赵可金、倪世雄:《自由主义与美国的外交政策》,《复旦学报(社会科学版)》2006年第2期。——译者注

理，受到共产党领导下的种植园工会的猛烈抨击。他当时还是一个初中学生，出于家庭忠孝观念很自然地被拉进了当地反共青年团，后来时机一旦到来，这个反共青年团就加入了大屠杀（matanza）的行列。刽子手中有很多是皮皮特的同窗好友。他亲眼所见的残酷记忆经常萦绕心间，阴影不散，一直无法在思想和行动上与这些人达成一致。直到后来留学德国攻读电子工程。他在那里娶了一名印尼共二流知识分子的女儿为妻，大屠杀发生时这个知识分子碰巧正在国外。但是他与岳父之间关系相当疏远。自20世纪80年代初以来，他在印尼自诩的激进分子中声名鹊起，主要有三个方面原因。其一，他的讽刺杂文如一泓清流般涌出，文采飞扬，笔锋直指雅加达独裁统治。文章最大的特点是超现实主义的手法，将官样话语、街头俚语、反语式马克思主义词汇、粪便学以及纯诗般的笔触糅在一起。其用意就是要使当权者及其日趋成熟的专制语言去神秘化。其二，是他关于爪哇印度教王国时期（Hindu-Javanese）①古代传说的系列改编或重新想象，这些古代传说奠定了爪哇小传统和大传统的根基。在此，克里希那（Krishna）和阿周那（Arjuna）②可能平等地对话，如同公共信息官员、异装癖妓女、大学教授或宗教骗子一般。他的原则是"万事皆可言"。其三，他高中时期从刽子手角度描写他所目睹的大屠杀，独辟蹊径，自当扬名。他坚信，大屠杀事件绝不应被世人遗忘，也绝不应成为未来大屠杀的理由。他苦苦反思那时自己思想幼稚，自己和伙伴误入歧途，参与屠场。这意味着他冲破了"自我"和"他者"之间这一触即溃的重重藩篱。

我只能引用《我是印尼共产党还是非印尼共产党？》（英文名：Am I PKI or Non PKI?）③的两段文字，以呈现这篇奇文的绝妙风格。第一段文字描写了疑是共产党人的尸体顺着布兰塔斯河（Brantas river）从他的故乡小镇漂流而下的景象："通常这些尸体再难辨出人形。被割掉头颅。被开肠破肚。难以想

---

① 指13—15世纪位于爪哇的满者伯夷（爪哇语：Madjapahit；马来语：Majapahit）印度教王国，又称麻喏巴歇王国。——译者注
② 克里希那（Krishna）是印度教最重要的神祇之一，梵文意为黑色，是毗湿奴神的第八个化身，中文又译作"黑天"或"奎师那"。阿周那（Arjuna）是印度神话史诗《摩诃婆罗多》中的一个核心人物，是般度族五兄弟之一。克里希那化身阿周那的车夫，在阿周那临阵犹豫不决之时，和其友人一道向其晓以大义。——译者注
③ 最初翻译为英文并发表于 Indonesia 40 (October 1985), pp. 37-56。

象的恶臭。为了确保不让其沉没，这些尸体被故意或绑或钉在竹竿上面。这些尸体从谏义里（Kediri）地区起航，沿布兰塔斯河顺流而下，并流入了其黄金时代：堆满尸体的木筏上，印尼共的旗帜迎风飘扬，气势恢宏。"第二段文字描写了当地妓院门可罗雀的景象："一旦开始肃清共党行动，嫖客们就再不敢来寻花问柳了。其原因是：大多数的嫖客和妓女都被吓得要命，妓院门口满挂着男性共产党人的生殖器，就像是挂出来卖的香蕉。"无论是对在恐怖时期幸存下来的老共产党人，还是对那些搞恐怖行动的政权和政治集团，这种语言都令人深感厌恶。因为这给出了一个无解之问：我是刽子手还是非刽子手？然而，皮皮特的这番话并非讲给这些人听，而是讲给印尼这个年轻的国家听。如果有一天这个国家开始根本性地思考问题，也必定会有这么一天，它将必须审慎思考的问题是，在全球化时代语境下的"共产主义"与"非共产主义"的意蕴，而非在印尼时代语境下的"后共产主义"的内涵。

新主体性

当今泰国的问题并非驱逐邪魔，而是要召唤亡灵。可以这样说，与泰共覆没相伴随的是轻声的啜泣，而不是恐怖的巨响。虽然泰共早在苏联解体前就已覆没，但是二者时间相隔如此之近，令那些严肃思考二者之一者，很快就不得不思考另外那一个。20世纪80—90年代初期，在泰国当时蒸蒸日上、一夜暴富、腐败横行的半民主资本主义社会中，激进思想家们生活安逸，怡然自得，不像他们的印尼同志们那样，还处于军政府残暴不仁的恐怖统治之下。他们大多在大学、新闻媒体、国家议会里谋到了体面的职位。对他们而言，最典型的问题诸如此类：难道泰共烟消云散的原因就是它从未真正具有过泰族特性，正如其保守派敌人一直以来所宣扬的那样吗？难道他们忠于泰共仅仅是出于年轻人的天真幻想吗？难道他们彻底误解祖国的历史文化了吗？难道就真的无其他事情可做，只能早早琢磨福山（Fukuyama）的名言，跟着亚当·斯密（Adam Smith）和托马斯·杰斐逊（Thomas Jefferson）的火车头无止境地跑下去吗？

我们不应感到讶异的是，最重要的激进思想家都是学院派学者，而不是或流亡或被禁的另类历史的想象者。他们殚思竭虑，苦苦思索自己遭受政治重挫的原因何在，以及对手的成功力量源于何处。然而，即便方式迥异，这种思维方式几乎总是聚焦于历史。容我简要介绍三位 20 世纪 70 年代激进马克思主义者的新近重要著述，其中两位是华裔泰人。

第一篇是舍桑·巴社古（Seksan Prasertkul）的论文。舍桑是 1973 年 10 月那段激情岁月的一名杰出的激进学生，他在 1973—1975 年期间愈趋激进，曾短期受训于越南和老挝两国，1976 年后意气风发地加入泰共武装游击斗争。像许多同代人一样，舍桑在 20 世纪 80 年代就得出结论，"华族性"（Chineseness）特征削弱了泰共领导层的地位，并引发了灾难性的后果；更重要的是，他们几乎未经思索就在泰国民族主义问题上，向反动佛教僧侣、右翼的军队领袖，尤其是王室等保守势力拱手相让，而王室紧紧把控着大传统和人民的想象。他认为暹罗历史的建构最具根基性。根据这种历史叙事，正是由于历代君主的无私胸怀和远见卓识，泰民族才得以免受帝国主义的欺凌，从此踏上通往现代化的通途。我们通过尤尔·伯连纳（Yul Brynner）[①] 出色演绎而认识的拉玛四世（Rama IV）即是开头的明君。在仔细而广泛的档案研究的基础上，他完成了一篇"马克思主义的"学位论文，但却完全颠覆了传统的左翼和右翼历史书写。[②] 例如，他能够力证，19 世纪末 20 世纪初那些饱受鄙视和边缘化的"华人"和"华裔泰人"资产阶级，他们不仅远非乌合之众买办，而且正是他们最有力地捍卫了泰国的经济自主权，使之不被英帝国主义巧取豪夺，而王室和贵族却屈从于英帝国主义并与其狼狈为奸。他还雄辩地力证，事实上英国的自由贸易帝国主义才是自由化和现代化的主要推动力，在轻描淡写间单方面地摧毁了旧王权秩序赖以为基的重商主义的垄断体系；然而与此同时，这篇论文也由此拔除了民族资产阶级消灭旧制度的历史政治使命的根基。因此，旧社会秩序的许多残余存活到了当代泰国，一并出现了严重失真且被神秘化的泰国历史书写。他论证说，泰共最大的几

[①] 尤尔·伯连纳（Yul Brynner，1920—1985 年）著名俄裔美国戏剧和电影演员。他创作的最著名的经典角色是音乐剧和电影《国王与我》中的泰王拉玛四世，并凭此获得 1956 年奥斯卡最佳男主角奖。——译者注

[②] 参见 Seksan Prasertkul, "The Transformation of the Thai State and Economic Change" (PhD dissertation, Cornell University, 1989).

处败笔在于，轻视严肃的历史研究，照搬照套斯大林主义式"庸俗马克思主义"，并由此导致长期无法树立其权威地位。

第二位是通猜·威尼差恭（Thongchai Winichakul），他是举国闻名的激进分子"曼谷十八君子"（Bangkok 18）之一，1976年流血政变之后被判"冒犯君主罪"（Lèse majesté）。通猜是华裔泰人，比舍桑年轻了许多，其思想渐趋成熟的时期正逢我们回顾所谓的福柯时代。因此他从另一角度猛烈抨击当前的"旧制度"。他的一项微观研究深有见地，研究对象是绘制于19世纪曼谷的各种地图，以及围绕着这些地图的制度习俗和文献话语，从而有力地论证了所谓的永恒"泰国"或"暹罗"及其一统天下的传统保守文化不过是19世纪70年代的发明。[①] 早在通猜的福柯式"决裂"[②]之前，由于欧洲帝国主义者引入了墨卡托[③]的地图绘制方法（Mercatorian mapping）、基于精准数学计算的测量学以及关于绵延不断的无形疆域的想象，权力核心早已对其王朝疆域做出了界定。历代君主因此将其臣民当作一支取之不竭的劳动大军，由服劳役者、步兵、纳税人等各色人等组成，不过最终将会面对的是这支劳动大军"民族归属"问题的质问。这就是"泰民族"统治者的军队里满是中国水兵、马来领航员和越南弓箭手等异族成员的原因之一。通猜进一步论证，19世纪70年代后，新的王家地图绘制部门如何采用欧洲的方法，制作完全虚构的历史地图，而这些地图将他讥称的"泰国的地缘机体"（Geobody of Thailand）推回到历史的传奇迷雾之中。毋庸多言，这一推论绝对具有颠覆性：统治阶级并非自古以来就坚持不懈、英勇爱国地捍卫泰国，事实是他们不过在一个多世纪以前才发明了泰国（并且其发明方式强有力地捍卫了该阶级的统治地位）。但是通猜还认为，自己的目的是为各种另类历史叙事开启一片广阔的天地，包括去中心化主义、地方主义、平等主义和民粹主义的历史叙事。这样，

---

① 参见其著作 Siam Mapped: A History of the Geo-body of a Nation (Honolulu, HI: University of Hawaii Press, 1994)。（中文译本《图绘暹罗：一部国家地缘机体的历史》于2016年10月由译林出版社出版。——译者注）

② 米歇尔·福柯（Michel Foucault, 1926—1984年），法国哲学家、社会思想家、语言学家、文学批评家。福柯曾受到马克思主义的影响，于20世纪50年代初由老师阿尔杜塞介绍加入过法国共产党，而后因斯大林时期的苏联状况而退出共产党。福柯式"决裂"指通猜与泰国共产党的决裂。——译者注

③ 吉哈德斯·墨卡托（Gerardus Mercator, 1512—1594年），16世纪荷兰著名地理学家和地图制图学家，开启实测地图之先河，并首次绘制出完整的世界地图。——译者注

就为未来反霸权的左翼群体借用历史主体性这一概念扫清了道路。

最后一位是卡贤·特加皮让（Kasian Tejapira），华裔泰人，三人中最年轻的一个。他尽管因为年纪太小无缘参加 1973 年 10 月的大起义，却在 20 世纪 70 年代晚期成为一名忠诚的地下马克思主义者。不同于其他两位的是，他的研究基本开始于"国际共产主义"自我毁灭的时期。或许正是因此，他的研究深受瓦尔特·本雅明（Walter Benjamin）[①]的影响，试图以半嘲讽的口吻复原 20 世纪四五十年代泰国马克思主义朝气蓬勃的这段历史。他是第一个审慎思考形容词"泰国的"（Thai）和名词"马克思主义"（Marxism）之间历史关系的泰国知识分子，并从中认识到马克思主义在不同的文化之间、语言之间的无摩擦转移纯属幻想。他也是第一个把马克思主义看作是资本主义社会某种文化商品的人，因为在不同的时代，对马克思主义的各种"需求"和"供给"都有迹可循。[②] 他的著作博大精深，难以在此概述，但从选自其开篇的这段引文，我们可窥其要旨：

> 在 20 世纪最后十年里，置身当今的后共产主义世界，对英语读者而言……这样一部著作肯定会被认为是多此一举，它论述了马克思主义——共产主义的已死学说，大约半个世纪前，在遥远静谧的第三世界资本主义国家里的轮回转世；甚至这部［著作］的"存在权"都看似颇有疑问。毕竟在过去的这十年里已经证明，马克思主义——共产主义的理论、实践和组织在泰国都已宣告破产并且土崩瓦解，就像世界范围内其他国家的大多数同党那样。因此，为何还要去读、更别说去写，这具政治僵尸冗长乏味的讣文呢？我的回答是，尽管共产主义已死，但其幽灵仍然还在我们身边游荡；逝者与生者有过如此长期的激烈交锋，若不给其亲密对话者们的文化心灵打下了深刻的烙印，它是绝不会消逝而去的；而且就其本身而言，唯有通过著写、阅读和理解共产主义幽灵的故

[①] 瓦尔特·本雅明（Walter Benjamin，1892—1940 年），著名德国犹太裔思想家、哲学家、马克思主义文学批评家，著作有《德国悲剧的起源》《发达资本主义时代的抒情诗人》和《单向街》等。——译者注

[②] 参见 Kasian Tejapira, "Commodifying Marxism: The Formation of Modern Thai Radical Culture, 1927-1958" (PhD dissertation, Cornell University, 1992).

事，生者才能完全认识到自己潜意识里的文化自我。

他的著作这样收尾：

> 泰国仍然存在着文化抵抗的残余要素，这是长期以来共产主义与泰民族文化摩擦与融合过程中不断锻造与塑就的产物。而且只要当代独裁者和资本主义仍然恣意践踏泰国人民，那么就会有许多新生代激进分子重新集结这些文化抵抗的残余要素，将其转化为强大的文化武器，为他们自身和全人类的生存与尊严而战。

也许正是在此处，我们这三位泰国激进学者与普拉姆迪亚和皮皮特相遇了。他们以不同的方式，不停地写啊写啊写啊，并非完全为他们的同胞而写，而是想从天使离去后的脚下残骸[①]中捡回一些有用的东西。当我们静听前方远处传来的滚滚惊雷声之时（借用萨蒂亚吉特·雷伊的话）[②]，我们对当代的历史，包括共产主义这一曾经极为核心的部分，都必须予以深刻的重新审视和质问，而且尽可能地将其复原。

---

① 德国哲学家瓦尔特·本雅明（Walter Benjamin）有一段关于历史的天使的叙述："他的脸转向过去。在我们知觉到一连串的事件之处，他所看到的却是持续堆积起一层层的残骸，并把这堆残骸丢到他跟前的一场单一的大灾难。天使想驻足于此，唤醒逝者，并还原那已被打碎的事物。然而一场风暴由伊甸园席卷而至；风暴猛烈地攫住他的双翼使他再也无法阖翅。这风暴势不可挡地把他推向他所背对的未来，而他跟前那堆残骸却已在此时成长拔高到天际了。这风暴就是我们唤做进步的东西。"资料来源：本尼迪克特·安德森：《想象的共同体：民族主义的起源与散布》，吴叡人译，上海人民出版社 2016 年版，第 157—158 页。——译者注
② 萨蒂亚吉特·雷伊（Satyajit Ray，1921—1992 年），印度著名导演、剧作家、作曲家，印度现实主义电影大师，是印度新电影运动的创始人，1992 年获得好莱坞终身成就奖。其影片深刻反映印度的现实社会问题和政治问题，手法细腻，寓意深刻，具有舒缓的诗意、悲剧性和强烈的民族性特点。——译者注

两封无法寄出的信[*]

1. 忏悔自责

　　1957 年，暹罗总理陆军元帅銮披汶·颂堪（Plaek Phibunsongkhram）精心筹划并隆重举行了庆祝佛陀觉悟成佛 2500 周年的"世界性"庆典。举世闻名的缅甸总理吴努（U Nu）也在外宾之列，他特地访问阿瑜陀耶（Ayutthaya），在废墟遗址祈祷，公开忏悔祈求先灵们宽恕缅甸曾经洗劫古都所犯下的罪孽。泰国人看似很欣赏接纳这种得体有礼的悔恨自责姿态，但是直到如今他们自己却难以做到这样的得体有礼。倘若泰国总理能够听从劝说，前往柬埔寨请求宽恕曾经犯下的罪孽，那该是何其善哉！包括 15 世纪泰国人对吴哥（Angkor）的侵略；19 世纪初，拉玛三世（Rama III）对柬埔寨西部地区的占领；第二次世界大战期间陆军元帅銮披汶·颂堪（与日本军事帝国主义相互勾结）对同一地区的吞并；20 世纪 70 年代，与美国人勾结，阴谋推翻西哈努克亲王（Prince Sihanouk）和柬埔寨王室的行径；1979 年，在波尔布特（Pol Pot）领导下嗜杀成性的红色高棉（Khmer Rouge）军事力量被越南军队逐出金边（Phnom Penh）后，为红色高棉提供保护、物资援助和大量武器。有很多种选择！这样的姿态不需要付一泰铢，也不需要流一滴血，何乐而不为。暹罗将会因此真正令人叹服，并达到吴努所示范的道德境界。此外，还应该向老挝人民忏悔祈求宽恕强取豪夺玉佛（Emerald

---

[*] "Two Unsendable Letters"（《两封无法寄出的信》）泰文版最初发表于《阅读》期刊（*Aan Journal*）。参见 Benedict Anderson, "Jotmai thi song mai dai song chabab," *Aan Journal* 3, 3 (April-September 2011). 经授权许可再版。

Buddha）①的罪孽。

2．宽宏大度

必须承认的一点是，尽管泰国人民在许多方面都有过人的天赋，但是他们在某些重要领域并不出类拔萃。这相当正常。英国以文学为豪，但是一旦说到音乐，它就完全无法与德国相比。法国擅长建筑而非雕塑，而意大利则精于后者。印度尼西亚有婆罗浮屠（Borobudur），柬埔寨有吴哥窟（Angkor），缅甸有蒲甘城（Pagan），全都堪称"五星级"，但是泰国人却从未修建过任何在建筑规模、宏伟程度和审美标准方面可与之媲美的建筑物。这原本并不惹人烦忧。然而当联合国教科文组织（UNESCO）启动世界文化遗产的界定和保护项目时，麻烦就开始了。迄今为止，泰国只有三处世界（Sakon）遗址：阿瑜陀耶历史公园（Ayutthaya Historical Park）、素可泰历史公园（Sukhothai Historical Park），以及位于乌隆府（Udon Thani Province）的班清考古遗址（Ban Chiang Archaeological Site）。还有两处遗址正在评审之中：一个是乌隆府的佛足山公园（Phuphrabat Park），另一个是位于呵叻高原武里南府（Khorat-Buriram）的披麦—帕侬诺—芒丹（Pimai-Phanomrung-Meuang Tam）"景区群"，二者都地处"原始落后"的泰国东北（Isan）地区。两处遗址都的确"难以满足"泰国人民的民族自豪感，因为公园主要因其史前洞穴壁画而闻名，但是却无从证实绘画者是谁；这个景区群明摆着就是按照高棉帝国历代国王的命令而建的：披麦，由阇耶跋摩五世（Jayavarman V）和苏耶跋摩一世（Suryavarman I）于公元10—11世纪修建；帕侬诺，由苏耶跋摩二世（Suryavarman II）于12世纪修建；芒丹，主要由阇耶跋摩五世于10世纪修建。他们全都是印度大乘佛教信徒，一个小乘佛教信徒也没有。其间，联合国教科文组织实在不堪忍受，就对曼谷置之不理。从这个角度看就很容易理解泰国领导人为何要声明对柏威夏寺（Phreah Vihara）的主权，柏威夏寺远比景区群内的任何一处遗址都更为宏大，而且

---

① 现在供奉于曼谷大王宫的玉佛寺中。——译者注

很可能会是四星级。但是难处在于这座不朽的建筑由苏耶跋摩二世（他还修建了吴哥窟）于 12 世纪初完工，当时高棉帝国（Khmer Empire）正处于鼎盛时期。个别奇葩的人认为柏威夏寺"实际上是由泰国奴隶修建的"，但是没有任何证据，所以泰国的真正主权是基于征服而不是创造。因此，在此问题上的满腔热忱不得不依靠现代版图和这曾一度被占领的四平方公里领土。曼谷人盛气凌人，必须要这个越发显得次等的景区群通过评审。英国人以本杰明·布里顿（Benjamin Britten）[1] 和亨利·珀塞尔（Henry Purcell）[2] 为豪，但是他们并不自欺欺人地将这两位作曲家高攀到与巴赫（Bach）、贝多芬（Beethoven）、勃拉姆斯（Brahms）、舒曼（Schumann）、舒伯特（Schubert）、威尔第（Verdi）、瓦格纳（Wagner）和德彪西（Debussy）等比肩。英法帝国主义者掠夺了大量古希腊、古罗马、古埃及和古亚述的雕像和浅浮雕等艺术品，但是他们从来不会假装这些作品是"英国或法国的原创"。无论如何，强取豪夺的时代已经结束了。如今是宽宏大度、开拓进取的时代。现实所需的是原创作品和对外开放，而非自欺欺人和嫉妒心理，亦非本土的兼并主义和欺骗行径。为何不向古高棉、古爪哇和古缅甸这些无与伦比的不朽成就致以诚挚的敬意呢？

---

[1] 本杰明·布里顿（Benjamin Britten，1913—1976 年），英国作曲家、指挥和钢琴家，20 世纪英国古典音乐代表人物之一。——译者注
[2] 亨利·珀塞尔（Henry Purcell，1659—1695 年），英国作曲家。——译者注

怪兽奇闻：阿披察蓬·威拉塞塔恭影片《热带疾病》在泰国的反应 *

2005年，我在曼谷的泰国法政大学（Thammasat University）给上百名教授和学生做讲座。我趁此机会在讲座接近尾声时，请听说过阿披察蓬·威拉塞塔恭（Apichatpong Weerasethakul）及其惊人影片《热带疾病》（泰文名拉丁转写：*Sat pralaat*[①]，2004年）的听众举手示意。只有15人举手，这着实让我感到相当惊讶。我又继续追问他们谁真正看过这部电影，大约只有八九个人示意。这怎么可能呢？毕竟阿披察蓬曾荣获2004年戛纳国际电影节评委会大奖，这是全球公认最重要的国际电影节。阿披察蓬的这次成功绝非侥幸。此前两年，他的电影《极乐森林》（泰文名：*Sut Saneha*，2002年）还获得过戛纳电影节的另一项大奖。[②] 我们可能会这样认为，如果一个曼谷人热衷于将泰格·伍兹（Tiger Woods）[③] 称作"世界级的泰人"的话，尽管泰格·伍兹完

---

* 作者按：本文最初以更简短的泰语版本发表在 *Sinlapawatthanatham* magazine, July 2006, pp. 140-153。我在主编麦·尹卡瓦尼（May Ingawanij）的指导下，特意增加了篇幅，发表在 *Glimpses of Freedom: Independent Cinema in Southeast Asia* (Ithaca, NY: Cornell Southeast Asia Program Publications, 2012), pp. 149-163。应阿披察蓬的要求，也为了向他表达我们的友情，麦和我同意授权将本文《怪兽奇闻》（英文名："The Strange Story of a Strange Beast"）同时发表在奥地利电影博物馆（Austrian Film Museum）有关阿披察蓬的一部书中：James Quandt, ed., *Apichatpong Weerasethakul* (Vienna: Austrian Film Museum, 2009)。

① 英文版片名 *Tropical Malady*（《热带疾病》）相当具有异国情调。泰文版片名字面意思是"怪兽"（Strange Beast），指的是民间故事与传说中的人变虎的"虎人"（were-tiger）。说来稀奇，在20世纪80年代初最早的同性恋杂志里，偶尔可以发现同性恋者也曾用过这一术语指阴茎，或者指男同性恋者。当我问阿披察蓬是否知道这种用法时，他说从未听说过，而且应该在他还很小的时候就没有这种说法了。

② *Sut Saneha* 的意思类似"极乐"（total happiness）。但英文版片名却叫 *Blissfully Yours*（《祝福》）。

③ 埃尔德里克·泰格·伍兹（Eldrick Tiger Woods，1975年——　），美国著名的高尔夫球手，父亲是美国人，母亲是泰国人，其名字寓意为林中之虎。——译者注

全不会讲泰语，那么他们本来也应当为阿拨察蓬的卓越成就而深感自豪和兴奋的吧。但是事实并非如此。问题是：为何并非如此呢？

如果有人观看过"阿龙果"（Alongkot）集理性、讽刺性和趣味性于一身的仿纪录片《联合声讨〈热带疾病〉》（泰文名拉丁转写：*Room kat sat pralaat*，2004年），那么需要做些解释。[①] 这部仿纪录片反复（错误地）告诉观众，《热带疾病》只在三家泰国影院上映（全在曼谷），而且每家影院都只上映了一周。[②] 为何如此呢？节目对曼谷各种小有名气的人物和电视访谈常客（talking head）们做了系列短访。他们说这部影片非常"伟大"，"相当有趣"，而且达到了"超越所有其他泰国影片的世界级高度"。（他们这是对戛纳大奖的回应，而非影片本身。）但是他们对这部影片的描述是"超现实"和"*abstrak maak*"（"非常抽象"）。这既表明了他们全然没有看懂这部影片，还表明了他们确信在外府影院发行这部影片毫无意义。*khon baan nork*（内地人）头脑 *cheuy*（木讷简单），是理解不了这部影片的。

这部仿纪录片接着又对四个地道的 *chao baan*（乡下人）做了延伸采访。三个男孩，一个女孩，他们被带去曼谷观看了法国文化协会（Alliance Francaise）特别展映的《热带疾病》。观影之后，即兴采访者告诉这四个人，许多曼谷知识分子都认为这部影片"*yaak*"（"难懂"）"*lyk lap*"（"晦涩"），并问他们是否也有同感。几个乡下人都说这是部伟大的影片，完全没有特别难懂或晦涩之处，他们很希望能在家乡影院看到该片上映。他们说完全看懂了这部影片。我们将在后文中继续讨论他们反馈的一些细节。

在转而讨论为何戛纳电影节和乡下人都真心喜欢这部影片而许多曼谷人却不喜欢之前，值得一提的是我最近的一次略显青涩的短期研究之旅，同行者是莫宏·翁帖（Mukhom Wongthes）和麦·尹卡瓦尼（May Ingawanij）。我们决定花两天时间采访音像店工作人员。我们去了春武里府

[①] "Alongkot"实际上就是阿龙果·迈东（Alongkot Maiduang），一位以"卡拉巴贝"（Kanlaphraphruek）为笔名的电影批评家。他在电影批评集中发表了一篇关于阿拨察蓬影片的调查，杰出而犀利，*Asia 4: si yod phu kamkap haeng asia tawan ok*（四大东亚导演）（Bangkok: Openbooks, 2005）。他还制作过多部电影短片，并在2005年第四届曼谷实验电影节（Fourth Bangkok Experimental Film Festival）展播。

[②] 阿拨察蓬曾写信告诉我，这部影片实际上只在丽都（Lido）这一家影院上映过，但是连续上映了三周。

（Chonburi）、沙没沙空府（Samut Sakhon，旧译"龙仔厝府"）、沙没颂堪府（Samut Songkhram，旧译"夜功府"）、叻武里府（Ratburi，旧译"叻丕府"）、素攀府（Suphanburi）和阿瑜陀耶府（Ayutthaya），基本上围着曼谷绕了半圈，均在一个小时左右的车程之内。这种生意有两种形式：一种是音像租赁经销店，多在市区；一种是低价出售正版和盗版 DVD 的音像店，多在购物中心。我们有何发现呢？首先，除了素攀府一家小店外，所有受访者都知道《热带疾病》，而且很多架上就有这部影片的 DVD。他们是从何得知这部影片的呢？并非报纸杂志，而是电视上的屡屡提及，最有意思的是应消费者的要求。当我们问哪一类的消费者对《热带疾病》感兴趣时，最通常的回答是"哦，各行各业，什么人都有"。另外有些说："已经工作的年轻人"，即相对十几岁的青少年而言的那些二十多岁、三十岁出头的人。但仍有人说也接到过十几岁青少年的要求。公众对这部影片的反应如何呢？"不错"，"一般"，"需求稳定"……换言之，并不是非常成功，但也算不上是砸锅。一名店员告诉我们，消费者主要是男性，但是其他人却否认存在性别差异。值得注意的一点是，这些消费者并不是乡下人，而是外府的小城镇居民。

基于此，我们得以转而更好地回到这部影片本身，进行更深入的探究。开场画面中，一群年轻士兵在野外偶然发现一具尸体，这时观众们看到远处的热带丛林边上，一个模糊的裸体男性身影正在茂密的草丛里移动。除去这神秘的开场一幕，《热带疾病》的前半部向我们描述了英俊的年轻士兵肯（Keng）爱恋上当地制冰厂相貌奇特的年轻工人阿东（Tong）的故事。两个男人从未有过宽衣解带，从未有过相互亲吻，更别提性事。而影片向我们描述的是，乡间小镇各式场景中的一段乡村恋情。

在《联合声讨〈热带疾病〉》中，采访者摆出一副曼谷中产阶级的姿态，数次就这种恋情向四个乡下人发问："在内地，真有男人与另一个男人相爱吗？"几位村民如实地回答说："哦，是的，这很常见。"大家都承认肯和阿东是真心相爱，最腼腆的那个男孩甚至说这场恋爱非常"浪漫"。① 那个女孩满脸笑意，说肯将头枕在阿东膝上的那一幕让她直起鸡皮疙瘩（khon luk）。

---

① 他实际上用了"romantic"这个单词的泰化形式。

采访者做出对此深感惊讶的样子，问女孩是否认为肯可能是人妖（kratheuy）士兵。① 她咯咯地笑着回答："是的，这个士兵很可能是人妖。"那阿东呢？"嗯……他有点扭捏……嗯……很可能他也一样。"显而易见，这部仿纪录片竭力想要证明，两个男人之间的罗曼蒂克在内地是多么的司空见惯，而对于某些曼谷人来说，这却似乎"赶时髦，模仿西方"、"厚颜无耻"，甚或具有"非泰性"（un-Thai）。（但是引入 kratheuy 这个字眼的人正是采访者，而在此之前这几个乡下人只用了 chai［男人］或 khon［人］这两个词；男孩们自始至终都没有将肯和阿东形容为 kratheuy［人妖］。）

但是，细心的观众会很快留意到《热带疾病》前半部的一个显著特点，即背景音乐。大多数时候，影片完全没有背景音乐：我们听到乡村日常生活的各种声音，摩托车的声音，狗叫声，小型机器的运转声，如此等等。大多平淡乏味的谈话其实也是"背景"，观众无须留神听清谈话的内容。被前景化的元素有面孔、表情、肢体语言、眼神的无声交流和漾出笑意的嘴唇。被阿东叫作 mae（妈妈）的年长妇女以表情显露出她知道正在发展中的恋情，但是她对此只字不提，村里其他人也是如此。如果曼谷观众毫不留意背景音乐的奇特之处的话，会很容易误认为电影的前半部非常的 cheuy（俗），甚至还正琢磨着这两个男人何时才会最终宽衣解带投怀送抱。

然而对于这类观众而言，真正的问题还在影片令人讶异的后半部，当中几乎没有讲过人类的语言。后半部描述了肯独自深入丛林追寻 Sat pralaat（怪兽），据说怪兽经常咬死村民的牲畜。在后半部中，电影配乐转向前景化，我们大多数时候能听到的就是丛林里的各种声音，还有肯步入丛林深处时所发出的声音，这部分的场景大多都在夜晚。当肯在追踪眼前可疑的脚爪印时，既有人的，又有动物的，他好像意识到这些脚印都是同一个生物的。而这个生物就是 seua saming（化身虎）②，或虎人，但也可能是阿东。最终他遭到一只"野兽"的攻击。观众们认出这只野兽就是电影开头序幕中的奇怪

---

① Kratheuy（人妖）是从古高棉语中舶来的泰语单词，意指喜着女装的娘娘腔的男性。值得注意的是，尽管通常蒙羞受辱，kratheuy 是泰国传统上被公认的社会群体。"同性恋"（gay）这个词和概念直到 20 世纪 70 年代末才进入泰国。注意采访者故意提出了一个逆喻式问题（难道一身英雄气概的士兵实际上却是娘娘腔吗？），想要看看村民们会作何反应。

② seua saming 是神通广大者念咒变成的化身虎。——译者注

裸体身影。这就是阿东。从身形来看完全是人，只是他自己在脸上涂着虎纹，并且做动物般嘶吼状，完全不说人话。在接下来的肉搏战中，阿东成了赢家。他把肯打晕后，将其拽到陡峭的悬崖边上，猛地推了下去。他并没有打算要杀死肯，更不是要吃掉他。肯伤得并不严重。我们最后一眼看到的阿东是他站在山顶的身影，仿佛在宽慰自己肯真的没事儿了。在影片余下的部分里，观众跟着肯继续搜寻，体验各种各样"神奇的"事情：一头被吞噬掉一半的死牛好好地站起身来，随后消失在丛林深处，一只聪明的猴子给他出谋划策，如此等等。电影结尾处，肯跪在泥地里，抬眼凝视着面前高高树枝上蜷伏着一头纹丝不动的老虎。我们听到了他内心深处的声音："怪兽，把这一切都带走吧，我的魂，我的血，我的肉，我的记忆……我的每一滴血中都流淌着我们的歌，欢乐的歌……就是这支歌……你听到了吗？"

应当如何理解影片后半部的意义呢？我在马尼拉把这部电影放给菲律宾几位受过高等教育的中产阶级同性恋者看后，他们很快断定这是"当今亚洲恐怖电影的又一非常流行的体裁"，率先风靡日本，继而传至韩国、中国、印尼、菲律宾等国。这完全不是阿龙果采访过的那些内地青年的反应。其中两个男孩曾有过丛林的亲身体验，他们这样评价后半部影片：*sayong*（恐怖）和 *tyn-ten*（紧张刺激），有时甚至"令人毛骨悚然"。他们从未见过化身虎，但是相信"从前是有化身虎存在的"。唯一让他们困惑的是最后一幕，他们认为这一段被剪过，不完整。

我的密友本·亚伯（Ben Abel）的反馈更是有趣。他是印尼达雅克人（Dayak），自幼生活在婆罗洲（Borneo）①的热带丛林边上，由信奉万物有灵的祖父抚养长大。四十年前，这片丛林还是广袤无垠，大多地方人迹罕至。我问他是否觉得影片的后半部比较"难懂"。他回答说："一点也不，我完全看得懂。"他经常到丛林里打猎，也是在晚上，和祖父一道，和朋友们一道，甚至还一人独往。他可以很快辨别出电影背景配乐里所有飞禽走兽的声音。"丛林是你真正必须随时凝神静听之处，你自己务必尽可能地保持安静。是的，可能有点吓人，但是这本身就像个陌生而精彩的世界。你总是想要转身

---

① 即加里曼丹岛（Kalimantan Island），世界第三大岛，北部属马来西亚、文莱，南部属印度尼西亚。——译者注

返回。你知道这是在考验自己,也是在了解自己。"

我问他关于虎人的事情,他以童年经历印证了尼提·尤希翁(Nidhi Iowsriwongse)教授对我所言属实。①

> 真正的化身虎通常都是男人。只有男人才有随心所欲变形的灵性力量。他们的外形可以是老虎,但老虎的体内却是人类的智识和灵魂。通常他们变形是为了躲避危险,大多是来自其他人类的威胁。还有一种是女性的化身虎,但这是灵②,而非人。它能以老虎或美女的外形示人,但总归是恶灵。

《热带疾病》后半部有一个很短的情节,乍一看着实令人费解。这个情节描述了肯的一个经验老到的年长战友在丛林边站夜岗的故事。忽然一个美貌女子翩然而至,请他陪同前去帮忙照顾病重的母亲。但是这位士兵拒绝擅离职守,并叫她立即回家,因为女子夜行丛林实在危险。当她转身离去时,男子猛然发现她裙下露出了一条长长的老虎尾巴。可以说,她的出场正是为了表明阿东与其不同:她是恶灵,但阿东是人。

无论怎样,本·亚伯继续说着,或多或少地带着以下这种口吻:

> 你也知道,如果你也像我一样在丛林里边或丛林边上长大,那里完全没有城里人的那种人与动物间的疏离感。你会慢慢明白飞禽走兽猎食、交配、逃命、警告时发出不同声音的意思。同样,人们可以从一个世界穿越到另一个世界,——只在夜晚啼鸣的猫头鹰被认出是某人新近过世的叔叔。当人睡着的时候,魂灵会离开躯体,有时还会在梦里捎回一些消息。

---

① 尼提(Nidhi)被公认是暹罗最伟大的历史学家,同时也是一位才华横溢的散文家、专栏作家、讽刺作家和恪守原则的社会活动家。
② 灵(spirit)对应泰语的"ผี"。"ผี"的概念非常复杂,它既可以指各种鬼,也可以指万物有灵的精灵,它们可以变化身形,有些还有神性。——译者注

他又说，他认为在后半部影片里，肯一直在寻觅着什么，想要找到他不明白的自己、阿东以及其他许多事情的答案。"影片结尾的精彩之处在于，肯的爱是如此深沉，竟然愿意让渡'他的灵魂，他的身体，甚至他的记忆'。换言之，这是某种远离自然万物、人即为神的思想。他的魂灵一直在探寻着阿东的魂灵。"他最后对我说："这是我看过的最精彩的一部影片。真是难以置信，竟然如今会有人制作出一部影片，它可以洞悉我成长的世界，并且如此完美地将它呈现出来。我从未看到过类似的影片。"

2005年夏天，我受邀赴福塔莱萨（Fortaleza）参加学术会议。这是巴西北部沿海的一个偏远小镇，正面对着广袤无垠、空旷荒凉的内陆大草原色当（Sertão），那里是许多巴西传说故事和电影素材的来源所在。我在市政博物馆里有一个重大发现，展品中有些手工缝制的小册子，大约20页厚，封面上印着粗糙的蚀刻版画。这些小册子大多在车站出售，买主都是特别穷的人。其文体是诗歌，文字一般都很优美，通常作者都不署名。其主题通常是过去著名的叛乱暴动、大屠杀和神奇之事。但是诗集还包括这样一个部分，专门讲郁郁寡欢的女孩与她们的山羊、放牛娃与他们的马和驴之间感人至深的浪漫故事。当我就此询问受过良好教育的朋友们时，他们的回答都相当具有曼谷特征。"嗯，你知道的，在色当草原深处的大牧场里没有女人，因此男人们要么跟其他男人、要么跟他们的牲畜发生性关系。你想还能怎样呢？"我回答说这简直难以置信。"可怜的女孩带着她深爱的山羊逃离残忍的主人，妻子出于嫉妒割断丈夫爱马的喉咙，这些又该如何理解呢？就我所知，放牛娃和他的马互相爱慕，但他们并没有发生性行为。""嗯！嗯！我明白你的意思了。"但是我的意思是什么呢？

正如在我看来，如果阿披察蓬想要制作的这部影片不是"关于"暹罗乡下人的世界，而是从那个世界的"深处而来"，从那个世界的文化及其自我意识的深处而来，那么我们就容易理解阿龙果的四个受访者会感觉这部影片既明白易懂又扣人心弦的原因所在了。与此同时我们也就明白了，为何当今许多生活在空调房里的曼谷城里人会觉得这部影片既"晦涩难懂"又"神秘莫测"。他们只习惯于反映他们自己及其社会优越地位的影片，电影当中的乡下人只是为了表现乡土色彩或滑稽效果。查迪察冷·尤空王子

（Prince Chatrichalerm Yukol）①的另一部优秀影片《公民》（泰文名拉丁转写：
Thongpoon khokpo ratsadorn tem khan；英文名：*The Citizen*，1977年）中的
主角是来自伊善地区（Isan）②的穷小伙儿，其扮演者竟然是一个彻头彻尾来
自曼谷的奶油小生，而他们却丝毫不以为异。他们欣赏托尼·贾（Tony Jaa）
在《拳霸》（泰文名拉丁转写：*Ong Bak*，巴查雅·宾盖 [Prachya Pinkaew]③
执导，2003年）中的高超武艺，但我还是听到一些衣着光鲜的女孩子们一边
走出曼谷棠林詹区（Taling Chan）中央商场影院，一边互相嘀咕着："太遗憾
了，主角一点都不帅。"④在一定程度上，他们喜欢带有泰国传奇色彩的电影。
但是为了合胃口，这些电影必须带有妇孺皆知的"传奇故事"，并且从人类
学意义上讲，这些"传奇故事"还必须跟观众有一定的距离。最近超火的影
片《鬼妻》（泰文名拉丁转写：*Nang naak*；英文译名：*Snake Girl* [蛇女]，
侬希·尼弥布 [Nonzee Nimibutr]⑤执导，1999年）就是个很好的例子。它重
现了一个惊悚离奇的民间故事，是个至少人都大概知道的故事，有点曼谷
电视节目里那种资产阶级的调调。⑥这个民间故事讲的是一个年轻女子在丈
夫征战在外时难产而死，鬼魂回来复仇；但是电影将这个女子处理为深爱着
丈夫，魂归故里，神奇地出现在丈夫的面前，就像还活着时那样。当村民们
想要让被迷惑的丈夫看清真相时，她疯狂地予以报复。因此："这是个爱情
故事！"鬼妻根本就不是怪兽，而是一个甚至死后仍然不忍离开丈夫的好女

---

① 泰文为 **หม่อมเจ้าชาตรีเฉลิม ยุคล**，**หม่อมเจ้า** 是亲王之意，按泰文发音，译作查迪察冷·尤空王了。——译者注
② 伊善地区（Isan）是暹罗东北地区的通常称谓，也是这个国家最贫穷落后的地区。当地人的主要语言是一种比中部泰语更接近老挝语的方言。该地区的民间通俗音乐特别有名。曼谷人通常蔑视伊善地区的人，认为他们皮肤黝黑，粗鲁无礼，头脑简单。
③ 泰文原名为**ปรัชญา ปิ่นแก้ว**。——译者注
④ 托尼·贾在暹罗的首秀取得了巨大的商业成功，继而又在国际市场上风靡一时。托尼来自伊善地区，皮肤相当黝黑。事实上，他长相非常英俊，但是女孩子们的男性审美观就是看重肤色。也许我应该补充说明一下，棠林詹区隶属湄南河（Chao Phraya River）西岸（"错误的一边"）上的吞武里（Thonburi），面朝曼谷市区。花园、果园和运河随处可见，景色可人，保留着某种田园气息，而且很少有外国人在那里居住。但是这个片区正在中产阶级化，中央商场就像是磁铁，吸引着西岸追求更高社会地位的中产阶级人群。不远处是"土里土气的"八达购物广场（Pata Plaza，令人惋惜的是，2010年就已关门停业），下层阶级常来光顾。如果你在那里看一场电影的话，会听到观众们高声谈论着主角，并用伊善地区的方言向其致以欢呼。
⑤ 泰文原名为 **นนทรีย์ นิมิบุตร**。——译者注
⑥ 英文译名着实不让人满意。*Naak* 并不是普通的蛇，而是那迦（Naga [语自梵文，原型是生活在南亚次大陆的蟒蛇，佛经汉译中被译为"龙"。——译者注]），一种神奇的巨蟒。

人。我们由此可见阿披察蓬的狡黠之处。《热带疾病》在某些方面具有传说故事的特征，但是又并不基于人们耳熟能详的传说故事。但是他深知绝不能耍花样以 chai rak chai（男男相爱）①的主题让影片曼谷化庸俗化。就试想一下将 Nang naak（蛇女）变成 Num naak（蛇男）呢？

但是我认为还有很多本文关注的困惑尚待解答。这就是"泰族特性"（泰文拉丁转写：khwampenthai；英文：Thainess）这个难题。数年前，著名小说家、诗人和批评家素集·翁帖（Sujit Wongthes）反传统的开创性著作《华老混合》（泰文名拉丁转写：Jek pon lao；英文译名：Jek Mixed with Lao）曾引起轰动，这本书认为"泰族特性"并不是真正地自古有之，而是"华人"（Jek）和"老挝"两种悠久文化相互渗透的相当新近的产物。②据我所闻，素集对一些读者寄来的感谢信感到特别惊讶。他们对他正面提及的"华人特性"（泰文拉丁转写：khwampenjek；英文：jek-ness）概念深感触动和振奋。（这种反应带有情绪化的特点，让人联想起当最早一批以极富魅力的男和／或女同性恋者为主角的严肃小说问世时，男女同性恋者们表现出的一种反应。"终于，我们得到了尊重和真诚的演绎。"）在 20 世纪 90 年代的泰国，许多书籍秉承了"跳出中国人圈"的精神。对于泰国和自己的子孙后代来说，华人移民在历史和文化方面的确有太多让他们倍感自豪之处。那些柜外人是否认真读过这些书，尚不太清楚。我们还没有看到过泰国中小学教科书里对"华人特性"的颂扬。

19 世纪时，在伊善地区的移民大潮涌来之前，曼谷仍然还是华人占多数的城市，甚至直到第二次世界大战前夕，首都的城市工人阶级大半是贫穷的华人和越南移民。如今，事业有成的曼谷中产阶级大多都是"陆津"（泰文拉丁转写：luk jin，华人后代和华裔泰人，比 jek 更礼貌）。③

在许多国家，事业有成的城市资产阶级往往对农村有着文化疏离感，但并非族群疏离感；但是在暹罗，这种疏离感却具有二者兼有的双重性，其缘由是资产阶级族源的外来性。

---

① 不要和前总理他信·西那瓦（Thaksin Shinawatra）大党的名称泰爱泰党（泰文名拉丁转写：Thai Rak Thai；英文名：Thai Love Thai）混淆。
② 书名故意带有煽动性。我们早就知曼谷人有多么瞧不起讲老挝语的伊善地区居民，他们还认为老挝是暹罗的"小兄弟"。"Jek"是对中国人的贬称，类似于"chink"（"中国佬"）。
③ 包括王室成员在内的上层阶级也有部分华人血统，但这并不广为人知。

也许有人会这样想：与世界上其他地区一样，处于中产阶级的陆津们充满活力，抱负远大，攀附权贵。因此，他们往往（至少在某种程度上）趋同于上层阶级和国家的文化。英国伦敦上议院里如今全是功成名就的中产阶级人士，他们对获授这样女爵那样男爵的头衔趋之若鹜。曼谷有很多女陆津，她们一心想做 khunying（贵妇人）。① 由此可见（仅在一定程度上），这些人热衷于泰国的"官方民族主义"②。尤其像"历史题材"电视剧和庆典仪式里演的那样，还有"国王之河"（River of Kings）③ 水道巡游项目的宣传鼓吹。④ 他们可以在各类脱口秀和电视肥皂剧中看到对自己的演绎，但仅将他们当作"泰国中产阶级"，而非"陆津"。他们丝毫不喜欢类似《冬阴功》（泰文名拉丁转写：Tom yam kung，一种很受欢迎的泰式辣汤名，巴查雅·宾盖执导，2005 年）这样的流行电影，这是《拳霸》的续集，正如此前的影片《公民》一样，其刻画的冷酷贪婪的反派角色明显就是"华人"。

我认为阿披察蓬的电影尤其"难以取悦"当今处于中产阶级的陆津们。因为不仅他们在当中找不到自己的身影，而且影片还呈现了一种具有历史根源的"泰族文化"。这种历史根源对他们而言不仅具有"卑微性"，而且还带有异族感。若有人贬斥这部影片为"一味迎合西方"，即是表明其打着泰国爱国主义者的旗号，实则是抵制影片未曾言明的威胁。自欺欺人自然难免，因为西方消费主义文化的最大瘾君子们正是曼谷资产阶级群体。这种观点可能会让我们回想起泰国法政大学，如今这所大学时而会半开玩笑半自豪地自诩为全世界最大的潮汕人大学（the Biggest Teochiu University）。⑤ 如果本文

---

① 1932 年政变推翻绝对君主制之后，本着平等和民主的精神，国王授予男性宠臣的所有传统贵族头衔都被取消了。说也奇怪，女性的贵族头衔却保留了下来；据说这种反常情况是几个政变头子的妻子施压的结果。

② "官方民族主义"（official nationalism）源自国家而非民众运动，是在 19 世纪后半叶的欧洲，由惶惶不可终日、唯恐发生此类运动的王朝统治者们发起的。更详细的讨论参见拙作 Imagined Communities: Reflections on the Origin and Spread of Nationalism（《想象的共同体：民族主义的起源与散布》）(London: Verso, 1991), chap. 6.

③ 湄南河又被称为"国王之河"，被认为是泰国的母亲河。——译者注

④ 这是颂扬湄南河穿流其间的宫殿、庙宇和曼谷王朝君王纪念碑的宣传机器，初衷是为了推动旅游业的发展，包括历史古迹声光秀（son et lumière）和豪华游轮等。但是最近以来，其不亚于商业性的政治性特征已经显现。

⑤ 来自中国东南沿海的最大移民群体一直是潮汕人（Teochiu-speakers）。事实上就社会学意义上的层级结构而言，泰国法政大学与曼谷其他名牌大学并无明显不同，只是法政大学独一无二的乐观自嘲别具一格。

观点即便只是部分正确，也有助于说明大学师生对《热带疾病》的惊人成就的无知与漠然。

　　读者会发现我上文中的几处强调过"当今"这个词。我之所以如此强调，是因为我认为曼谷中产阶级对"内地文化"的深深疏离感是相当新近的事情。在《热带疾病》的片头字幕中，阿披察蓬提到他对流行"丛林小说"的感谢和热爱。这类丛林小说被统称为 *Long phrai*（龙派）①，尤其效仿柯南·道尔（Conan Doyle）的小说《失落的世界》（*The Lost World*）而且别出心裁，由"诺伊·因他暖"（Noi Inthanon）于 20 世纪 50 年代初创作，早在合法的、非法的伐木者大肆毁掉泰国大半的原始森林之前。②在这些以当代为背景的小说中，虎人常常被描写为真实的、即便有点"奇怪"的野兽，然而英雄猎人坤萨（Khun Sak）却有着理性和科学的世界观。诺伊的读者多为年轻的、或许也多为男性的城镇居民。他们的族群来源和阶级出身各异，常听广播而不是看电视，常光顾喧闹拥挤的电影院而不是在网络空间里迷失自己，虽无空调却能如旁人那样怡然自得，而且并未被困锁于平庸的"全球性"消费文化之中。③在像沙没沙空府和叻武里府这样的地方，这种旧式城市社会（中产阶级和下层阶级）一定程度上仍然存在，但是在"天使之城"（City of Angels ［即曼谷。——译者注］）已经基本消失殆尽了。

　　我们只需再细细思量曼谷那些电视访谈常客们了。他们自诩非常喜欢《热带疾病》，但对其却完全不知所云。在这一点上，与麦·尹卡瓦尼的数度交谈让我受益匪浅。麦曾参加过一项关于泰国遗产电影的大型科研项目。④我在上文中强调过，这些电视访谈常客非常看重这部影片获得的高声望奖项。因为他们对这样的事情喜闻乐见，这些奖项表明"我们的国家"正在制作 *sakon*（国际化）水平的影片；因此，他们认可这部影片即表明他们也很国际化。难处在于 *sakon* 这个词的含义常有不同，有时甚至相悖。有时这意味着

---

① 原意指的是乘船（或筏）游森林。——译者注
② 诺伊·因他暖（Noi Inthanon）是多产作家、记者玛莱·楚皮尼（Malai Chuphinit, 1906—1963 年）的笔名。这些小说中有真实的生活元素，因为玛莱本人就是个经验丰富的猎手。而且正如他书中的主人公一样，他信赖自己的克伦族导游并一直保持密切关系。那些曾领他进入北碧府（Kanchanaburi）丛林心脏地带的克伦族人都成了他最亲密的朋友。
③ 事实上早在前电视时代，电台就连播过这类丛林小说，而且非常成功。
④ May Adadol Ingawanij, "Hyperbolic Heritage: Bourgeois Spectatorship and Contemporary Thai Cinema" (PhD dissertation, London Consortium, University of London, 2007).

如今西方人欣赏某些泰国影片。但是哪些影片呢？这些代表性影片却令人不安，如《人妖打排球》（泰文名拉丁转写：*Satri Lek*；英文译名：*Iron Ladies*，永育·通功吞［Yongyoot Thongkongtoon］① 执导，2000 年），《美丽拳王》（英文名：*Beautiful Boxer*，艾格猜·厄空探［Ekachai Uekrongtham］② 执导，2003 年），《拳霸》，还有一些恐怖电影。这些影片在海外大获成功，似乎表明外国人认为"我们的国家"到处都是搏击手、娘娘腔的男人、变性人以及邪魔恶鬼。有时这又表明外国人助推了"泰国优秀电影"的制作与发行。再恰当不过的例证即是，好莱坞的弗朗西斯·福特·科波拉（Francis Ford Coppola）参与其好友查迪察冷王子的大型民族主义"遗产"电影《暹罗女王》③（泰文名拉丁转写：*Suriyothai*；英文译名：*The Legend of Suriyothai*，2003 年版本）的后期剪辑和宣传推广。令人深表叹息的是，这部影片在海外彻底失败，即便在"我们的国家"，其净利润也低于血腥暴力的民粹民族主义影片《烈血暹士》④（泰文名拉丁转写：*Baang rajan*；英文译名：*Baang Rajan: The Legend of the Village Warriors*，他尼·吉努功［Thanit Jitnukul］⑤ 执导，2000 年）。《烈血暹士》的核心并非忠君，而是爱国的乡下人。

《热带疾病》看似完全摆脱了此类问题，因为这部影片受到了外国电视访谈常客、电影批评家和受过良好教育的"世界电影"迷们的广泛赞誉。有人会说"和我们一模一样"。不幸的是，他们当然并非真正"属我同类"，因为他们的背景完全不同。纽约、东京、巴黎、柏林、伦敦和多伦多的影迷们成熟老练，慎思明辨，他们早已习惯了一种历史悠久的思想传统：从不妄想以任何一种固定、明确的方式去"理解"一部电影，这种文化因此在理论上被称作"多元解读"（multiple reading）。他们可以这样来观看罗伯特·布列松（Robert Bresson）极度简约风格的惊人之作《扒手》（英文名：*Pickpocket*，1959 年），认为这部影片反映的是现代城市生活的疏离感，或是天主教关于原罪的沉思，或是对于受到压抑的同性恋的解读，或是对于

---

① 泰文原名为 ยงยุทธ ทองกองทุน。——译者注
② 泰文原名为 เอกชัย เอื้อครองธรรม，中文名为吕翼谋。——译者注
③ 或译《素丽玉泰》。——译者注
④ 或译《拉占村》，或《邦拉占》，这是歌颂 1767 年抗缅战争时期拉占民村对抗入侵缅军的故事。——译者注
⑤ 泰文名为 ธนิตย์ จิตนุกูล。——译者注

20 世纪 40 年代法国政治的讽喻，或是……其他任何一种可能性。最具代表性的是电影美学领域的智力投入，这是法国知识分子传递给其日本和加拿大同行们的一种个人和集体体验。①

泰国知识分子自然希望这样一部国际化的泰国电影，既有"世界级/全球性"水准，又具泰族特性。对他们而言，智力投入就更加困难。这即是说，这种投入首要的是民族性，顾名思义，不是国际化。鉴于更深层次的政治关切，一旦将所有具有"真正泰族特性"的事物向灵活多变的"多元解读"敞开大门，必定会导致一些或公开或隐藏的敌对情绪。像戛纳电影节评委昆汀·塔伦蒂诺（Quentin Tarantino）这样的外国人士，则完全能够欣赏《热带疾病》这种晦涩难懂和精湛的叙述手法，还欣喜地说："这部影片真是太棒了，而且我没有看懂。"但是对于一些曼谷知识分子而言，既要承认"这是一部伟大的泰国电影"，又要坦白讲"我真的没有看懂"，就并非易事了。说到底，正因为他们是"优秀的泰国人"，他们就应该直截了当、明白无误地理解这部影片。至少在暹罗，阿披察蓬让他们的处境更加艰难，他在数次采访中坚称自己的电影是原汁原味的泰国特色，并且深植于泰国传统，包括泰国大众电影的传统。② 那些曼谷电视访谈常客们即便并未全身心投入泰国（"国王之河"）官方民族主义运动，仍然难以理解为何像《暹罗女王》这样一部成本高昂、具有国际化水准的官方民族主义电影会遭此冷遇。对于人类学专家们而言，这只不过是单调乏味的"乡下电影"罢了。对于非泰国人士而言，这部电影言之无物。自不必说的是，国内的官方爱国主义在世界舞台上会被视作偏执狭隘的这种观点，自然得不到这些人的认可。

为何会如此呢？有一种观点貌似有理，即没有分清旅游业和世界电

---

① 这是指 20 世纪 50 年代末至 60 年代中期的法国新浪潮电影运动，其背景是二战后长期僵化的社会给青年一代造成的理想幻灭，其描写对象是二战后失落的青年一代，其主张是"作者论"，其内容包括两个方面：一是"新浪潮"，即作者电影；二是"左岸派"，即作家电影。法国新浪潮电影运动的特点在于导演成为电影的作者和创作人，其风格特点是通过快速切换场景镜头等剪接手法创造出整体叙事上的突兀不连贯效果。新浪潮电影运动肇始于法国作家和知识分子，其影响席卷全球，包括日本新浪潮（又称"松竹新浪潮"，大岛渚、吉田喜重、筱田正浩并称为日本新浪潮三杰）和加拿大的新电影实验（青年艺术家们以更加新颖独特和个人化的手段表现自己的国家）。——译者注

② 直到最近，受过良好教育的泰国人很少看泰国商业电影。他们认为商业电影品位低下，缺乏思想深度，专门针对"内地"市场。他们的口味更偏好好莱坞和香港的影片。

影。泰国旅游业取得了巨大成功，让短期旅游者可以蜻蜓点水般地游览大皇宫（Grand Palace），壮观宏伟的玉佛寺（Phra Kaew temple），素可泰（Sukhotai）、帕侬蓝（Phanom Rung）和阿瑜陀耶（Ayutthaya）等古代遗迹，芭提雅（Patthaya）、普吉（Phuket）和苏梅岛（Samui Island）的海边度假村，还可以体验泰国的美食、泰人的友善以及形形色色的泰国色情业。但是这种适合旅游者的观光游览流于表面，而这些身在暹罗的旅游者们则构成了卖方垄断市场。另一方面，这种背包客、退休者、日本度假商人等人群的本地观光与全球影迷的满意度毫无关联。受过良好教育的曼谷人对此矛盾之处迷惑不已，难以理解为何许多游客在曼谷心甘情愿地买票参观大皇宫，而同样是作为观众而非观光客的这些人，在柏林或鹿特丹却提不起半点兴致去观看《暹罗女王》这部电影。

或许这就是为何曼谷电视访谈常客们常常发现自己中了圈套。他们有着双重的立场，既是"泰族特性"的代言人，又是国际文化的一员。因为国际文化对阿披察蓬赞赏有加，他们也随声附和。但是一旦念及自己"读不懂他"时，他们一点都高兴不起来。摆脱两难境地的办法，就是坚称《热带疾病》既"难懂"又"晦涩"。这部电影太过"抽象"和/或"超现实"，故完全不适合在该国内地的农村和小镇发行。其原因所在，我们由此即可明白了。

几乎可以断言，阿披察蓬很享受这一切。这就是为何他的头衔如此名目繁多。在当今的暹罗，谁才是这种"怪兽"呢？棘手的问题，毋庸置疑。

后记：《热带疾病》的其他遭遇

自2006年9月政变以来，在暹罗发生的事件清楚地表明，仅仅讨论泰国社会不同阶层和地区对《热带疾病》的反应已经不够了，如果以前就是这样的话。有必要将政治冲突纳入考量。早在2007年，阿披察蓬曾在多个国际电影节上大获成功的最新大片《恋爱症候群》（泰文名拉丁转写：*Saeng sattawat*，但英文片名却是：*Syndromes and a Century*）提请泰国电影审查委员会审查。泰国电影审查委员会（由警察、官员和勉强称作知识分子的人组成）做出审查决定，这部电影只有删剪掉四个简短情节后才能在暹罗上映。

有两个情节所描绘的僧侣形象令电影审查员们无法忍受。在第一个情节中，一个年轻僧侣正在轻弄吉他琴弦；而在第二个情节中，两名年龄悬殊的僧侣正在公园里玩着电动飞碟玩具。另两个情节发生在一家医院。① 观众首先看到一名疲惫的中年女性医生在劳累工作了一天后，从义肢中拽出偷藏的一瓶酒，请几个年轻同事喝上一杯。随后又看到一名年轻医生正激情亲吻着女友。

电影审查员是一种特殊类型的观影者。他们对影片的质量或商业成功都毫无兴趣。他们素来与曼谷中产阶级一样鄙视"内地人"。作为国家之臂膀，他们又与官僚集团一道维护传统的庇护主义。因此，他们自感有权决定哪些才是"幼稚"的人民大众适合观看的好电影。最重要的是电影的泰族特性，而非异质性。（最让他们感到不适的莫过于阿披察蓬的电影。这些电影深度同情"内地人"，并且基本看不到国家的存在。）他们无须公开论证所做决定的合理性。完全可以说，这些被删情节"冒犯"了其"泰人"礼仪规范的诸多旧式观念。事实上，泰国报纸上满是各种各样的僧侣丑闻、不良性行为、金融操纵、吸食毒品，如此等等。但是通常会提到这些僧侣的个人姓名，而且只有通过纸质媒体才能了解他们的事件信息。然而，阿披察蓬所做的是在视觉运动中展现一些没名没姓（也就是说，"任何"）的僧侣们，他们这种享受生活的方式不会招来那些追逐丑闻的报纸的兴趣。即使我们在真实生活中也不难见到僧侣们自寻开心，而官方的民族主义宗教立场却坚持僧侣应该虔诚智慧，朴素苦行，还要保持庄重肃穆。因此阿披察蓬的温和讽刺就可能被视作亵渎佛教之举。泰人素来喜欢饮酒，如果医生们工作一天后不在医院喝上一两杯，或不打发点时间与恋人私下亲密缠绵一番的话，其实是很令人诧异的。但是国家却竭力维护泰国医院的良好声誉，通过塑造泰国医生权威、朴素、智慧、严肃的公众形象，帮助他们得到公众的持续信任。② 可以把这

---

① 这部电影，我至今还未看过，据说是默默献给阿披察蓬父母的。他的父母都是医生，他们在他小时候供职于泰国东北（Isan）地区的"首府"孔敬（Khon Kaen）的一家医院。然而我却在2007年5月的一次公开集会上，得以一睹被禁播的几段电影情节。这次集会旨在团结电影制作人和电影爱好者，共同抵制专制的新闻审查制度。
② 阿披察蓬告诉我，电影审查员们曾邀请泰国医学委员会（Medical Council of Thailand）和泰国僧伽委员会（Council of Buddhist Monks）参加专场放映会。这些组织由老一辈保守派人士掌控，而且完全不具代表性。阿披察蓬很想知道，佛教僧侣协会的代表们是否曾经看过那些流行的本土恐怖电影，这些电影的主角是杀人狂僧侣。

些人称作世俗信徒。

　　这并非阿披察蓬第一次接受审查。但正如我们所见，来自国家层面的审查这还是头一遭。阿披察蓬拒绝删剪任何内容，并撤销了在本国上映这部电影的审批申请。这无疑令泰国电影审查委员会大感惊讶。[①] 这还是泰国电影制作人第一次没有屈服投降，也没有去跟电影审查员们讨价还价。

　　尽管不能确定，但有可能电影审查委员在2006年9月军事政变之前会表现迥异。毕竟它既未审查过、也未禁播过《热带疾病》。无可否认，它长期以来一直有着双重标准：外国电影无须审查即可上映，特别是好莱坞电影，尽管这些影片充斥着血腥暴力和过于直白的性爱画面；而泰国电影一直受到严格得多的监管。但是自政变以来，新闻审查制度变得更加严格苛刻，详尽繁复，独断专行。此外，政变领导人面对劲敌他信的民粹民族主义，认为有必要推进（并强化）传统的官方民族主义，及其"国王—佛教—民族"三大象征符号。这是形式主义、委婉说辞和安分守理的秘诀所在。尽管不太会，但也有存在此种可能性，即与阿披察蓬早先行事不同，至少不那么唐突。尽管这种可能性并不太大。但是也许在2007年，他在那些言论自由受到政变者和国家机器压制的人们身上，发现了自己与之类似的麻烦。

　　由此我们可以聊聊愈趋政治化这个话题。尽管《极乐森林》表面上无关政治，但男主角是个来自缅甸的贫穷非法移民。两个保护并深爱他的泰国女人告诫他，一定要装作哑巴，这样就不会因为开口说话暴露身份。这些为了逃离本国贫困生活和无尽压迫的缅甸劳工，常常受到冷酷无情的泰国雇主、警察、军人、流氓的欺侮，以及社会上的敌对情绪。尽管并未如此言明，这部电影站在缅甸男孩及其泰国朋友的一边。《热带疾病》表面看来也是无关政治，但却是如此严肃如此强烈地关注两个男人之间的爱情，如此打破长期以来的官方和民族禁忌的首部泰国电影。[②]

　　阿披察蓬拒绝电影审查委员会的要求后，从2007年5月开始，与同事、朋

[①] 一名电影审查员是泰国法政大学教师，皮肤干燥粗糙，还兼差"江老板"（"Sia Jiang"，见下文）的心腹党羽。他一不留神，竟然同意接受录音采访。他在话里表明就是与阿披察蓬过不去，认为阿披察蓬"太自命不凡"，"假冒国际巨星"，"诽谤宗教"，并且"一味关注男同性恋"。

[②] 这是个公众代表性的问题。众所周知，至少有两名二战后的暹罗总理更喜欢同性，但是媒体从未公开过他们与恋人的合影，也未直接提及他们的性取向。

友、崇拜者和激进主义者们一道，发动起一场反对专制审查制度的严肃抗议行动，要求最起码建立一套合理、明确、公正的泰国（和外国）电影评价体系。（参见查莉妲·乌布伦吉［Chalida Uabumrungjit］关于这场运动最终结果的文章。）

然而在某些方面，国家的审查制度可能不如另一种"观众"群体那么具有隐蔽性。这类"观众"不易让人察觉，他们基本苟同审查员对影片质量的漠视，但他们对影片的商业成功兴趣浓厚。他们是曼谷的企业家，基本都成功地控制着新片的资金筹集，拥有国内的电影院线，并且还掌控着 VCD 和 DVD 的生产和（尤其是）发行。他们资金雄厚，在国家机构内有强大的人脉关系。实际上我们正在讨论的是一个垄断联盟，由三个不时形成竞争关系的"家族"商业帝国组成。而这三个"家族"商业帝国的老板都是……陆津！鉴于我们的重点是阿披察蓬的《热带疾病》，本文不宜深入探究细节。这就是说，"大老板"就是自命不凡的"江老板"（Sia Jiang），又称"阿舅"江氏德（aka Jiang Sae Tae）或"阿舅"颂萨·德才拉图巴拉社（aka Somsak Techaratanaprasert）。他控股泰国佛像电影国际有限公司（Sahamongkol Film International），该公司专门从事本土电影制作和外国流行电影引进。他还间接控股泰国 SF 连锁影院集团，这家公司具有广泛的影响力，因为它有权决定哪部电影可以上映、哪部电影不能上映。看来阿披察蓬早前曾为电影筹集资金而接近过江老板。他一定达成了部分目的，因为泰文版的《极乐森林》DVD 和 VCD 都由佛像电影国际公司签约的一家发行商出品。阿披察蓬说合同中有一项条款规定任何删剪都需经他同意。但是事实上，从未有人征求过他的意见，电影被删剪得支离破碎。他当时正忙着筹拍《热带疾病》，深感无能为力，也就任由这个剪辑版发行了。巴黎出品的正版 DVD 尚未在暹罗广泛发行。电影的最后一幕连接受国家审查的机会都没有，因为私营企业早已果断出手，将其删剪。[①] 完全不令人意外的是，阿披察蓬和江老板不欢而散。这就是为何泰国唯一荣获戛纳电影节一项最高荣誉奖（实际是两项！）的电影制作人竟从未在资金支持雄厚的曼谷官方代表团之列！[②] 可能也是出于同样原

[①] 缅甸人和两个女人曾一度逃入丛林。他们开心地在丛林的小溪里洗澡、聊天、打盹儿。男人筋疲力尽，沉沉睡去。那个年轻女子是他的情人，面带满足的笑意注视着他。
[②] 从写这篇文章至今，阿披察蓬凭借影片《能召回前世的布米叔叔》（*Uncle Boonmee Who Can Recall his Past Lives*）获得戛纳电影节最高荣誉奖金棕榈奖（Palme d'Or）。

因,《热带疾病》从未在内地上映过,而且仅在曼谷的一家影院上映过三周。

要说明白《热带疾病》为何命运多舛,仅举证佛像电影国际的所作所为是不够的,还需思考该公司与电影行业垄断联盟另一成员的相互勾结。这就是由威察·普瓦拉叻（Vicha Poolvoralaks）[①]及其亲属控股的胜大影业集团（Major Cineplex Group）,拥有最大电影院线（或许泰国70%的电影院）。胜大影业集团基本上就是一个强大的电影发行放映帝国。

这个垄断联盟还有一个成员是电影制作公司GTH影业,由亚洲歌莱美传播股份有限公司（GMM Grammy）创立。亚洲歌莱美传播股份有限公司由"阿舅"黄民辉（"Ah Koo" Paiboon Damrongchaitham）领军,此前泰娱乐（Tai Entertainment）和华欣沙滩（Hub Ho Hin）两家电影制作公司（迫于行业的融资问题）合并进入了这个一体化娱乐帝国。GHT影业与该垄断联盟的其他两个成员的不同之处在于,其领军人物"阿舅"行事察纳雅言,扶持了一批才华横溢的泰国青年导演。这些青年导演技术手段高超,但主要制作前卫主流电影（例如,《鬼宿舍》[泰文名拉丁转写：Dek hor；英文译名：The Dorm, 2006年]和《美丽拳王》）。这些电影大多质量较高,而且也很受欢迎,然而却与阿披察蓬的创作完全不同。但是很有趣的是,在最后一刻,"阿舅"为《热带疾病》提供了25%的预算资金,让该片得以赶在戛纳电影节前及时完成制作。[②]但是GTH影业并没有佛像电影国际和胜大影业集团那样的发行能力,因此看似没在阿披察蓬电影审查一事上发挥作用。

最终,或许垄断集团比国家审查委员会更有影响力,因为他们的操作远离公众视线,并且深植于盘根错节的庞大金融利益集团。阿披察蓬的天赋和名气为他赢得了国外赞助商,主要在西欧,这让他在一定程度上绕过了垄断集团。但是这些赞助商只能帮助他制作电影,却不能帮助他发行电影给同胞们观看。

---

① **วิชา พูลวรลักษณ์**。——译者注
② 正如通常情况那样,亚洲歌莱美传播股份有限公司（GMM）、泰娱乐（Tai Entertainment）和华欣沙滩（Hub Ho Hin）合并后,三家大企业的领袖都进入新的执行董事会,并各自带来一些员工进入企业集团。"阿舅"（Ah Koo）的大胆作为遭到反对,因此他成立了一家具有自主经营权的提芳公司（Tifa）,使用迂回战术让反对者心服口服。令人惋惜的是,提芳公司最近已经停业。

精选影片目录

Room kat sat pralaat (Ganging Up on *Sat pralaat*, "Alongkot," 2004)
Saeng sattawat (Syndromes and a Century, Apichatpong Weerasethakul, 2006)
Sat pralaat (Tropical Malady, Apichatpong Weerasethakul, 2004)
Sut saneha (Blissfully Yours, Apichatpong Weerasethakul, 2002)

轮番上演的反讽：广告牌、雕像和T恤衫*

几天前，我带几位外国朋友去往游客如织的北碧府（Kanchanaburi），在到达这个平淡无奇的地方时，我照旧请司机在街边的医院停车。这条宽阔的街道将小镇一分为二。一如往常，我想去医院拥挤的停车场里，向披耶·帕凤裕庭上校（Colonel Phraya Phahon）①的雕像致敬。这座雕像颜色发暗，形状小巧。这一次让我深感意外，有两名中年女子在雕像前双膝跪地，深深磕头，像通常供奉神灵或佛像那样献祭贡品。帕凤裕庭雕像的基座上铺满了宗教祭品似的物件。怎么会有这种事呢？难道帕凤裕庭上校还有超自然的法力，可以行善施德吗？难道这就是他的雕像与这个充盈着现世的苦厄、希冀、绝望、不安与感恩的阴冷之地结缘的原因所在吗？

披耶·帕凤裕庭上校出生于曼谷，但他的妻子是在北碧府出生长大的，因此他与此地深深结缘。在出任总理期间，他在这里修建了一座造纸厂，利用北碧府广袤的森林资源创造了就业机会，降低了纸张成本（当时暹罗还只能靠价格高昂的进口纸张）。当地人民非常感激他为该府经济发展所付出的努力，以他为豪，以他的名字给当地首家现代医院命名，并在他死后出资为他塑像。但令人难忘的是，他是军官与文官联盟的著名领袖，于1932年6月发动不流血政变，推翻了绝对君主制，并且他还是该国首位"平民"总理（1933—1938年）②。在其仁治之下，暹罗出台了宪法，建立了由部分选举产生

---

* "Billboards, Statues, T-shirts: Revolving Ironies"最初用泰语发表于《阅读》杂志（Aan Journal）。参见 Benedict Anderson, "Paikosana, anusawari, seuyeud: Kwam yonyang wienwok," Aan Journal 4, 1 (April-June 2012). 经授权许可再版。

① 披耶·帕凤裕庭（Phraya Phahon Phonphayuhasena，又译"帕耶帕凤丰派育哈色纳"，1887—1947年），1933—1938年出任暹罗第二任总理，也被称作帕凤裕庭上校。——译者注

② 此处有误，披耶·帕凤裕庭出任总理时间为1933年6月21日至1938年9月11日。——译者注

的议会，出台了一系列赋予全国人民"公民"新身份的法律。他担任总理期间从无丑闻，刚正不阿，深受信赖，从不滥杀无辜。他并未贪恋权力惹人厌弃，早早隐退，去世时年仅 52 岁。① 一位在社会进步和体制变革方面取得了卓越成就的政治领袖通常会被视为"国家英雄"。但是就我所知，首都或国内其他地方都没有他的纪念雕像。他的形象只幸存于自己的家乡，高大无比。

他的雕像具有其纯粹性。他在世时个头不高，雕像也保持原貌，身着 20 世纪 30 年代的军装，体态从容优雅，既无令人嫌恶的美饰，也无过于夸张的姿势。但是他并不是唯一的一个。比里·帕侬荣（Pridi Banomyong）②是帕凤裕庭的文官同盟领袖，他在历任政府职务上都颇有建树。他的雕像孤单地矗立在泰国法政大学的校园里，这所大学是他在 20 世纪 30 年代晚期亲自创建并指导的。同样的从容淡定，仁厚温和，朴实无华。你可以说，他也同样被纡尊降贵为一座"地方性"的雕像，仅受到法政大学的学生和部分教授们的瞻仰。帕凤裕庭的继任者陆军元帅銮披汶·颂堪（Field Marshal Plaek Phibunsongkhram）③曾于 1938—1943 年、1948—1957 年期间担任总理，在华富里府（Lopburi）军事基地有一尊孤独的雕像。而残暴的炮上将（General Phao）④的雕像安静地矗立在位于曼谷的泰国国家警察总部（National Police Headquarters），他曾在 20 世纪 50 年代将警察队伍变成了军队的劲敌。好像很难在这个国家找到"国家英雄"或"伟人"的雕像。此外，我们罕有发现印有他们名字和面孔的 T 恤衫。

---

① 此处有误，披耶·帕凤裕庭于 1887 年 3 月 29 日出生，1947 年 2 月 14 日去世，时年 59 岁。——译者注
② 比里·帕侬荣（Pridi Banomyong，又名"銮巴立·玛奴探"，1900—1983 年），泰国政治家，1927 年在巴黎成立暹罗人民党（又称"民党"），成为民党"文治派"领袖人物。他于 1932 年与以披耶·帕凤裕庭上校为首的民党"军事派"联合发动不流血政变，推翻泰国绝对君主制，二战期间领导"自由泰人运动"，二战后三次出任泰国总理（1946 年 3 月 24 日—6 月 3 日，1946 年 6 月 8 日—9 日，1946 年 6 月 10 日—20 日），被誉为"泰国民主之父"。——译者注
③ 陆军元帅銮披汶·颂堪（Field Marshal Plaek Phibunsongkhram，1897—1964 年），泰国军事强人，独裁者，曾两度出任泰国总理（1938—1944 年，1948—1957 年），是泰国历史上最有争议的国家领袖。——译者注
④ 炮·希亚侬（Phao Siyanon，1910—1960 年），陆军元帅屏·春哈旺的女婿，1947 年参与发动政变协助陆军元帅銮披汶·颂堪重掌政权，并于銮披汶时期形成披汶—炮—沙立三头政治及内部权斗。炮于 1947—1951 年任泰国警察总署副总警监，1951—1957 年任警察总署总警监，因其实行严苛的新闻审查制度以及残酷的反叛乱行动和排华运动而臭名昭著。——译者注

几年前，在全国大选前夕，我碰巧搭顺风车从巴蜀府（Prajuab，位于中南部）前往首都。泰国南部被公认是泰国民主党（Democrat Party）的大本营，因此我料想会有大量的广告牌沿着整条公路一字排开，印着杰出领袖们被美化过的面孔和承诺实施的新政策等。但是出乎我意料的是，我基本上全然没见到这类广告牌。事实上广告牌数不胜数，但是全被三大社会经济力量给垄断了。离首都越近，广告牌越多被房地产集团所占据。"出售"豪华宅邸公寓的照片接连不断，有波光粼粼的游泳池，华丽高贵的内饰，还有蔚为壮观的花园：但却没有人。这些房子，簇新而立，正等着"您"呢。第二种类型在外府更加明显。这类广告牌是推销佛牌的广告，佛牌上印着面色凝重的寺庙住持或慈心仁厚的佛祖肖像，由许多寺庙各自成批量制作。广告牌上细列出佛牌的不同价码，还有提供给购买人群的网站链接和手机号码。但是总体而言，最后一种类型的广告牌是国王照片专用，偶尔有国王与王后的合影，个别也有国王与最受百姓爱戴的公主的合影。如果你会认为这些广告牌是竞选活动的一部分的话，那你不是愚昧无知，就是有点疯狂了。但是我并未注意到印有王室成员或佛牌的 T 恤衫。在往返北碧府的途中，我注意到广告牌的模式完全没有变化。

正巧我每年会在日本和菲律宾待上一段时间。因此我曾试图做一些比较，以此判断泰国模式是否具有特殊性。如果有特殊性，那原因为何。去年春天，我和几位故交好友同去四国岛（Shikoku）①度个短假，除了曾经海盗猖獗外，我对这个岛屿知之甚少。如今这里甚至还有一座非常不错的海盗博物馆供本土和外国游客参观。我顺着东南海岸一路淘着纪念品，讶异于如此多精印着坂本龙马（Ryoma）②面孔的 T 恤衫。

坂本龙马之所以闻名于世，是因为在 19 世纪 60 年代推翻长达 250 年左右的（"国家"）德川幕府的暴力斗争中，他发挥了重要作用。他着迷于西方的枪炮，尤其喜欢走到哪里，腰上都别着两把美国原产的传奇牛仔手枪。他

---

① 四国岛（Shikoku）是日本本土四大岛屿之一。——译者注
② 坂本龙马（Sakamoto Ryoma，1836—1867 年），日本幕府末期的维新志士，倒幕维新运动活动家，思想家，是促成萨摩与长州二藩缔结军事同盟的重要推手之一。他向后藤象二郎提出《船中八策》，强调还政天皇（即大政奉还），设立以天皇为中心的国家政体，这成为后来维新政府的重要指导方针。——译者注

给恋人和同仁志士写过许多书信,文笔风雅,才华横溢。这些书信在他去世后得以出版,更令他声名愈著。他遭幕臣谋划暗杀,英年早逝。由于成功倒幕被公认为是日本历史上的关键时刻,由此开启了日本经济和军事现代化的美好进程。你或许认为会在东京立上一座巨型雕像,来缅怀这位传奇人物。我自认为,他当然算得上国家英雄了。但是这样的雕像却一个也没有。然后我才发现,在四国岛的西北部地区也完全没坂本龙马的纪念物,尤其是没有纪念T恤衫。在某种意义上,坂本龙马已经沦为了"地方英雄",纵然有一部关于他生平的电视连续剧大获成功。

事实上自19世纪60年代以来,日本名人雕像各式各样,但是其社会和政治操作方式与比里和帕凤裕庭上校的如出一辙。日本没有类似巴黎圣贤祠(Pantheon)这样的地方,圣贤祠集中纪念像伏尔泰和卢梭、维克多·雨果和左拉、让·穆兰和让·莫内这样一批"法国伟人"。(美国后来如法炮制,或许稍嫌粗陋,在拉什莫尔山上群雕了乔治·华盛顿、托马斯·杰斐逊、亚伯拉罕·林肯和西奥多·罗斯福四位总统的巨型头像。)为什么没有呢?我认为答案是显而易见的。"国家英雄"遭到了君主权威的堵截。按例而言,所有这些英雄都是天皇的臣仆。只有后者才能代表日本。即便日本如今已是现代民主政体,整个帝国体系的根基是君权至上,不可侵犯。任何想要创建一座具有多样化和群体性特征的国家圣贤祠的行动,都可能被视作某种轻微的冒犯君主罪(Lèse majesté)。但是历代天皇并不出现在广告牌上。

在我看来,菲律宾的情况与暹罗完全相反。这是东南亚唯一史上没有过本土强大王朝的国家。没有一位西班牙国王曾踏足过马尼拉方圆一万英里以内的土地。只有质量低劣的国王画像一年一度在殖民地首都游行。直到安德列斯·博尼法西奥(Andres Bonifacio)① 于1896年② 发动革命之前,公共塑像一直被掌控在万能的天主教会手中:故而教堂内外再现的人物和场景,均来

---

① 安德列斯·博尼法西奥(Andres Bonifacio,又译"安德烈·滂尼发秀",1863—1897年),菲律宾著名军事家和政治家,深受何塞·黎萨反抗西班牙殖民统治的思想影响,是菲律宾独立运动的发起人和主要领袖之一,被誉为"菲律宾革命之父"。1892年加入菲律宾同盟,后创立反抗西班牙殖民统治的革命组织卡蒂普南并于1895年任该组织最高领导人,1896年8月在巴林塔华克发动武装起义但最终被西班牙击败。1897年,被保守派艾米里奥·阿奎纳尔多政府军事法庭以煽动叛国罪判处死刑,遭到杀害。——译者注
② 原书中"1996年"有误,应为1896年。——译者注

自圣经以及天主教义中的圣母玛利亚和后圣经时代诸圣人。在艾米里奥·阿奎纳尔多（Emilio Aguinaldo）[①]被推选为即将独立的共和国总统后不久，就开始兴建纪念杰出小说家、诗人和知识分子何塞·黎萨（José Rizal）烈士的纪念碑。在美国殖民时期，世俗圣人（国家英雄）的造神运动就开始了。我们几乎在如今所有的菲律宾城镇都可以找到纪念那个革命年代"国家英雄"的雕像。最引人注目的是，这些雕像并不仅限于家乡，你可以在"国父"黎萨从未到过的地方看到他的雕像。你还可以在许多小镇发现其他为国捐躯者的雕像，尽管他们不像黎萨那样广为人知。最关键的一点是，这些纪念建筑物主要来自当地的决定和捐赠，而不是国家。每个菲律宾人都知道阿波尼纳里奥·马比尼（Apolinario Mabini）[②]、安德列斯·博尼法西奥、安东尼奥·卢纳（Antonio Luna）[③]、艾米里奥·阿奎纳尔多等人的名字。面对这一潮流，甚至连天主教会也不得不低头承认：菲律宾根本没有"国家一级"宗教意义上的圣人。

然而也有难处。在美国殖民政权早期，修建菲律宾圣贤祠（Philippine Pantheon）的方案就已经拟定完成了。这座小巧的圣贤祠仍在马尼拉，但它不过是设计者们想借用的一种外壳。多年来，许多家族默默地把一些国家英雄的骸骨迁回他们的故乡。（如今壁龛里大多堆满了看管者的玩物、罐头盒和厨具，他们把圣贤祠当作公寓来住了。）但关键是这种地方化是"自下而上"，并非来自国家政治权力的中心。我们在此所见即是共和制度下关于公共塑像的群体逻辑。当我们见到一位英雄时，我们必须马上联想到其他人。正如哈达[④]成就了

[①] 艾米里奥·阿奎纳尔多（Emilio Aguinaldo，又译"埃米利奥·阿奎纳多"，1869—1964年），菲律宾军事家和政治家，独立运动领导人，菲律宾共和国首任总统，美菲战争和日本占领时期的主降派。早期加入反殖民革命组织卡蒂普南，后与该组织最高领导人安德列斯·博尼法西奥发生分歧，取得统治权后将博尼法西奥处决并解散卡蒂普南。——译者注

[②] 阿波尼纳里奥·马比尼（Apolinario Mabini，1864—1903年），菲律宾革命理论家，曾担任阿奎纳多首席顾问，享有"革命智囊"的美誉，1898年出任阿奎纳尔多政府内阁主席和外交秘书。1901年拒绝宣誓效忠美国并因此遭到流放，1903年遇赦后返回马尼拉并宣誓效忠美国。——译者注

[③] 安东尼奥·卢纳（Antonio Luna，1868—1899年），菲律宾爱国将领，1898年任菲律宾革命政府陆军部长，1899年任菲律宾政府武装部队统帅，在美菲战争中领军抵抗美国入侵。后因坚决反对新内阁投降路线，遭到政敌杀害。——译者注

[④] 穆罕默德·哈达（Mohammad Hatta，1902—1980年），印度尼西亚政治家，与苏加诺同为印度尼西亚独立运动领袖，曾两度担任印度尼西亚共和国副总统（1945—1948年，1950—1956年）。哈达后与苏加诺政见不合，辞去副总统职务。——译者注

苏加诺，尼赫鲁[①]成就了甘地，昂山[②]成就了吴努[③]，富兰克林成就了杰斐逊，并且反之亦然。

事实上后来在 20 世纪 30 年代，泰国也修建了类似的圣贤祠。（曼谷）新建了一座"佛教"寺庙，最初被命名为"民主寺"（Democracy Temple）。这座寺庙有很多不同寻常的特色，但其最大的特点是"双层佛塔"（佛塔内藏一座佛塔）。佛塔圆形的外墙上有着排列整齐的壁龛，龛内存放的是该国杰出的"平民阶层"公民的骨灰，而里面那座佛塔则珍藏着佛祖的舍利。因此，这座寺庙的名字就被改为大舍利寺（泰文名拉丁转写：Wat Phrasrimahata；英文名：Lord Buddha's Relic Temple）。最终大多都是军人死后火化的骨灰，偶尔还有军人配偶的，例如陆军元帅銮披汶·颂堪及其受人敬仰的妻子拉雅迪（La-iad）。保守派批评家们公开指责这种"现代"寺庙形式的非宗教性。已经很长一段时间没有在壁龛里存放新的骨灰了，只有一次例外，即前不久去世的普素·帕侬荣（Phoonsuk Banomyong），比里·帕侬荣忠贞不渝的妻子。这座寺庙并不是为游客瞻仰而设计的艺术瑰宝，其主要功能仅是泰国军官的殡仪馆。如今，它只不过是另一个时代留下的忧思愁绪，而且没有未来。

我长期以来一直观察菲律宾的广告牌。它们看起来和暹罗的广告牌完全不同。最引人注意的一点是，天主教教阶制度势力尽管仍然很强，但在菲律宾的广告牌中却几乎全无显现。马丁·路德（Martin Luther）对罗马教廷腐败行径的致命抨击在暹罗还远未得到响应。菲律宾由于现代共和文化，无耻兜售"赎罪券"和佛牌这类事情在全国范围内根本就行不通。然而菲律宾天主教会处境之所以如此艰难，并非现代版马丁·路德的缺位。倡导消费至上

[①] 贾瓦哈拉尔·尼赫鲁（Jawaharlal Nehru，1889—1964 年），印度独立后的开国总理，也是印度在位时间最长的总理（1947—1964 年）。他是印度独立运动的重要参与人，也是不结盟运动的创始人。——译者注

[②] 昂山（Aung San，1915—1947 年），缅甸著名民族英雄，带领缅甸脱离英国的独立运动军事领袖，缅甸反法西斯人民自由同盟主席，被缅甸人民称为国父。——译者注

[③] 吴努（U Nu，1907—1995 年），缅甸独立后的首任总理，同时担任缅甸反法西斯人民自由同盟的党主席，1958 年该党分裂后担任自由同盟廉洁派主席。吴努于 1960 年再次出任总理，1962 年吴奈温将军发动政变后被捕入狱，后长期流亡海外。——译者注

的世俗资本主义才是真正深藏不露的敌人。菲律宾广告牌的充裕空间留给了房地产公司，以及当地短命政客们的施政纲领（这是由国会议员 X 和参议员 Y 牵线搭桥的）。这些当地的短命政客几乎都半带罪犯相，更别提他们的短命施政纲领与受限于短任期的总统们是何其相似了。但是大多数广告牌都是面向消费者的。20 世纪 90 年代的大多数广告牌上都是性感半裸的女孩，劝诱着女性消费者购买名牌胸罩、洗发水、口红、香水、内裤、外套、香粉、婚床等。2000 年之后，又迎来了强劲的异性对手，几乎全裸的俊美青年男子，劝诱着男性消费者购买简约内衣、除臭剂、无纽扣衬衣和紧身牛仔裤，当然还有洗发水、香水、发型、雪茄等。当前菲律宾的政治文化几乎完全不会真正试图去阻挡这股潮流。大家都能接受这些广告牌，至少只要大家认为这些混血儿模特都如假包换，皮肤白皙，有着美国人或中国人的面孔，如此等等。他们也同样必须隐姓埋名，即是说，他们并非国家英雄。（可惜的只是菲律宾 T 恤衫和泰国 T 恤衫一样，空白无趣，循规蹈矩，缺乏创意。）

　　在泰国，尽管没人会把暹罗当作清教徒国家，仍然可以洞察到泰国广告牌不反映流行"色情"消费主义文化的根本原因所在。这是个并置的问题。关于佛牌产业的图像足以说明问题。佛教经典的核心教义是感观世界（包括感官世界）皆为幻象，即染着美色与名利等愚痴欲望之境。这就是广告上总是有位风烛残年、眼神冷峻的寺庙住持的原因所在了。面相柔美端庄的佛像印证了洞彻"幻象"本质者将得到福报。佛牌本身就属于万物有灵的"地下"信仰，而万物有灵则构成了希腊罗马古典传统的根基。为了卖得好价，佛牌会承诺实现所有这些非幻象的愿望：生意兴隆，职务升迁，金榜题名，性事美满，鸿运当头，逢凶化吉，如此等等。这些广告老练圆滑，对佛牌的效力拿捏得很有分寸。那么试想一下，摄人心魄、躯体健美的英俊男性在推销"除臭剂"，而半裸香躯的俏丽佳人在推销路易威登女包和香奈儿香水，当这些广告如雨后春笋般涌现，该是何等的震惊。

　　在布点密集、端庄肃穆的王室广告背后，也有着相同的逻辑原则。如果参观位于曼谷的泰国国家博物馆的话，可以体验一把经精湛技术处理过的暹罗历史全景图。最让普通游客印象深刻的是，除了那五六位国王外，没有提及任何人的姓名。然而现有的各种史书表明了一夫多妻的君主们的生活是何等危机四伏，许多君主被自己的皇亲罢黜、暗杀或流放。游客会发现，没有只字片语提到诗人、史学家、将军、哲学家、佛教圣徒、移民、电影明星等。就好像若非自高层发起，就完全不值一提。博物馆是被垄断的空间，暹罗的街道却又是另一回事儿。王室广告牌与那些以明媚动人、青春永驻的无名平民模特和洗发水为主角的广告牌鳞次栉比，纵横交错，这种违和感无出其右者。

只有一派喜气洋洋的房地产广告才顺利逃过一劫，同样密布于暹罗和菲律宾的公共意象之列。这种广告不对任何人形成威胁，诱惑也不隶属于任何人。

《俗物人间》[*]

安诺查·苏薇查柯邦（Anocha Suwichakornpong）这部电影蜚声全球，其英文和泰文两个片名均已提醒我们，其内含的深意绝不会开门见山，一目了然。"mundane"和"history"两词看似相互矛盾，因为后者事关古往今来持续的转型、发展与意外之事，而"mundane"通常意指日复一日、找不到出口的寻常生活。但是"mundane"这个词源自拉丁语，表示世界或宇宙。正如我们所见，这部电影把人类日复一日的寻常生活与宇宙牢牢联系起来。*Nok krajok* 乍看实在是太简单不过，意指"麻雀"，最寻常不过的野生禽鸟。但是它还被用在俚语中（多在男性之间），是个不太过火的贬损侮辱之词。如果将相识之人称作 *Ai krajok*，意思就是他是个"无用之人，无望之徒，无名之辈，无益之人"。最新版泰语词典有 *Nok krajok liang mai cheuang* 这个词条，意思是背信弃义、桀骜不驯的人，其背后深意是你可以喂养一只麻雀，但它却永远都是只靠不住的宠物。由此其中一个片名暗示出两者之间的关联，一是像生与死这样的日复一日的人类生活，一是宇宙的大循环。另一个片名则向往着个体的反叛、责任和某种自由。

电影的开场故事情节尽管并不那么重要，一直围绕着一个家庭无休止地重复着的日常生活。家庭成员包括鳏居的中产阶级教授他宁先生（Khun Thanin），他半身不遂的儿子阿克（Ake），女管家颂泽（Somjai），以及泰国东北部（Isan）厨子阿珠（Kaew）。他宁待人冷漠，面无表情，只重复说

---

[*] 《俗物人间》（英文名：Mundane History；泰文名拉丁转写：*Jao nok krajok*，["mundane"的意思是世俗的，平凡的，宇宙的；"history"的意思是历史。片名又可直译为《平凡的历史》或《世俗历史》。——译者注]）最早用泰文发表在《阅读》期刊（*Aan Journal*）。参见 Benedict Anderson, "Jao Nokkrajok/Mundane History," *Aan Journal* 4, 4（April-June, 2013）。经授权许可再版。

那么几句话，每天离家好几个小时去学校参加好像并不存在的会议。颂泽是个聪慧的女子，从阿克小时候起就一直照顾他，日复一日尽心尽力地料理家务，做饭洗衣，打扫卫生。但影片暗示出她在他宁鳏居后做了他的情妇，但如今再难唤起他的激情。阿珠一度说颂泽想另外谋份工作，但看似可能性不大。阿克是个阴郁聪颖的青年男子，在一起未予说明的事故中受伤，丧失了站立行走的能力。因此他大多数时间都躺在床上，正常生活无望，更别提谋份好职业，组建自己的幸福家庭了。显而易见的是，他不喜欢自己的父亲，通常拒绝与他交谈，但是个中缘由却从未解释。他就是这部影片的麻雀。

但是从影片伊始，安诺查就通过对视觉影像的精妙处理，不断地打破这份单调感，并在几处代之以悬念设置。最为重要的是，我认为，她运用了迂回曲折的时间表现手法。因此观众们常常说不出情节 A 的时间是在情节 G 之前还是之后，尽管在某种程度上感觉两者间存在关联。同样重要的还有，她秉持情节超短且绝不"完整讲述"的风格，因此几乎所有的情节都有一种神秘感，有如此之多的问题没有得到正面的回答。我们并非在期待暴力、忏悔、眼泪或私情，而且很快我们就发现这类情节绝不会出现。她在单调乏味之中巧设悬念。

阿卜（Pun）的到来几乎很快就一扫大房子里隐藏着的单调无趣的阴霾。阿卜是个身强力壮、很有思想的男子，尽管出生在帕府（Phrae），但却在孔敬大学（University of Khon Kaen）通过了男护士培训。从今往后，就由他来照料阿克服药，给他洗澡，擦拭身体，喂他吃饭，操作轮椅，抱他上下楼梯，与他做伴，或许还要给他力量不要对生活绝望。在阿卜之前是否有过其他护士，我们无从知晓。刚开始他并不打算待很久。他在电话里对妻子（女友？）说房子这么漂亮，但是房子里的人却"这么没有生气"。但最终他在楼下厨房里告诉阿珠，他现在很喜欢这个地方，而且打算继续待下去。

两个男子逐渐相互了解，后来甚至还喜欢上了对方。但是有一个明显的后果，阿克拒绝再跟他的父亲在二楼饭厅共进晚餐。当颂泽告诉他叔叔婶婶在等着上楼看他时，小伙子冷冰冰地说："就告诉他们我睡着了，别的人再来也这么说。"颂泽不同意，他粗鲁地说："你可以走了。"现在阿卜和阿克就单独待在一起了。男护士无比惆怅地讲述自己小时候想做新闻记者，尝试做一名作家之后又想做职业摄影师，以此默默破除掉阿克心中的痛苦执念。但是关于自己的成年生活，他却只字未提。阿克回答说他也想做个作家，然后进修做个电影导演。阿卜接着说下去，他两岁时父亲就跑了，母亲对他很不好；她对他非常苛刻，把所有的爱都给了他尚在襁褓中的妹妹。他没有家庭（只字未提他的女友）。他似乎是要让阿克知道，还有那么些人家庭破碎，梦想破灭，孤独无依。

两人关系还有出人意料的一面。起初有一次，阿克在床上吃饭，这时看见阿卜正在一旁看护自己，就暴躁地说："你不喂我吗？"阿卜知道小伙子完全可以自行进食，就站在那里默不作声。阿克发了脾气，把勺子猛地扔到地上，然后发号施令："喂我！"（但我们没有看见阿卜依令行事。）他后来告诉阿卜他 Goolge 过他，结果发现四个条目，都是关于男护士的孔敬大学毕业证书。很明显，阿克喜欢被阿卜抱在怀里，尤其是他们去楼下花园；他的手臂绕在阿卜脖子上，开心地把头靠在护士胸前。一天下午，阿克和阿卜在花园里时，突然下起了倾盆大雨。阿克拒绝回到屋里。阿卜尽量让雨淋在自己身上。当他们一起上楼时，他已经浑身湿透。阿克忽然说他看上去像只淹水的鸭子，然后唱起了一首浑身是水的鸭子的儿歌。阿卜平静地避开这个话题，回答道："你上的是哪个幼儿园？"

阿克如今基本上再也不会一个人待着了，只有一次例外。安诺查展现了他在浴缸里手淫的镜头。他完全不能勃起，因此陷入深深的挫败感和愤怒之中。之后的一个镜头非常震撼神秘，阿卜发现阿克的右手紧紧包扎着，于是直接取掉带血的绷带，又换上一条干净的。也许这个情节会在后来的影片中得到解释。我们看到颂泽平静地提醒阿克她一直把他当作小孩照料，劝他要学会忍耐自己的现实状况，最后让他意识到父亲其实也很痛苦。阿克一言不发，但我们知道他不喜欢父亲，这个情节很突兀地结束了。但是基本上可以确定的是，他"那时肯定"打破了沉默，右手猛地砸碎了桌上的玻璃，而且还是颂泽包扎伤口的。

基本上前段文字里提到的每件事情，发脾气，傻气的儿歌，孩子气地向周围人发号施令，被人抱在怀里时的心花怒放，都表明阿克最思念的是他已故的母亲。安诺查确保不让任何人提起她，更别说关于她的重要事件了。只有一个特殊的例外。电影开始不久后，有一段员工在"楼下"餐厅晚餐时闲聊的短情节，颂泽、阿珠、阿珠性情温和的哑巴侄子和阿卜。阿珠说阿克的母亲很久都咽不了气，还说"各人自有因果报应"。阿珠还说起他宁先生经常不在家的事儿。颂泽感到一阵心烦意乱，叫大家赶紧闭嘴，又叫阿卜上楼去照顾阿克。

或许我们在影片过半处会感觉到阿克在阿卜身上找到了母亲的影子，宽厚仁慈，父母般的关爱，愿意一起讲幼儿园的押韵笑话。男护士似乎通常是一种异类。人们关于医院的传统观念是，男性做医生，女性做护士。许多患者心里都认为护士往往善良、热情而且富有耐心，而医生则一般冷漠、繁忙甚至冷酷无情。长期以来，男护士一般仅在需要壮体力的工作时才发挥作用，大多是把不能行走的病人搬到手术台、病床和担架上，如此等等。阿卜，远离医院，既干男护士的活儿，也干女护士的活儿，而且干得相当出色：他非常耐心，懂得分寸，待人热情，还身强力壮。在电影刚开始不久时，阿卜给躺在床上的阿克擦拭身体时小心翼翼，表明他正在给年轻人擦拭臀部，或许还有他的私处。

在女护士手脚麻利地清洗他们脏兮兮的直肠和臭烘烘的睾丸时，许多男性病人会深觉尴尬和羞辱。但是对于孩子来说，母亲常常是个例外。这就是为何阿卜如同母亲般地为他褪去睡衣裤时，阿克却没有丝毫紧张慌乱的原因所在。当然，阿卜也感觉像个大哥哥，有些地方还像个好父亲。他正好是他宁的相反面：阿克心中想象的、但却从未有过的好父亲。

正是在这一点上，*Mundane History*（《俗物人间》）明显摆脱了叙事风格。当这两名男子在大花园里伸展四肢平躺地上时，我们可以看出两人关系的些微变化。他俩看似同样地喜爱对方，但阿卜还是个处世豁达的仁兄益友。他说自己小时候认为地球是平的，他过了很多年才改变观念，接受地球是圆的。"一个人的基本信仰很难改变。"他还谈到生活是否可能没有过去。未来总是未知，因此我们只能日复一日地过下去。

然后我们听到一名男子（很可能就是阿卜，但我们不能确定）语调平和地谈论恒星的诞生与死亡，尤其是死亡。当小恒星耗尽了令其持续运行的氢，就会缩塌成为白矮星。在相同情况下，大恒星最终会爆炸消失。连续几分钟，我们就只看到一个美丽平静的大恒星变成一个多种红色气体激荡沸腾的恐怖海洋，最后眼睁睁地看着它在恐怖的爆炸中走向毁灭。

紧接着这一幕的是一连串令人费解的场景并置。（1）身体健康的阿克蹦蹦跳跳地下楼去打开大门，让父亲开车进来。（2）阿卜在河畔的寺庙里祈祷（寺庙里陈设着诡秘丑陋的巨大老虎雕塑）。阿卜按照泰国佛教传统，买了一对关在笼里的 *nok krajok*（麻雀），然后将其放生。（3）凝神注视阿克床边鸟笼似的鱼缸里的几只宠物龟。（4）三间几乎空无一物的房间沐浴在暗橙色的光线里，地板上摆放着微型金字塔和远古石器，人类历史最久远年代的标志。（这些都是被普遍忽略的曼谷天文馆的馆藏。）（5）阿卜和阿克紧挨着平躺在花园里，四肢伸展着。阿卜非常平静地问道："你出了什么样的事故？"阿克和安诺查都没有给出答案。（6）关于某类（暴徒化的？）示威活动的图像被透明化地快速重叠。最终场景迅速切换至一间医院病房，一个产妇昏迷不醒，一群医生和护士正在给她做剖腹产手术。实际上我们根本看不到医生们的脸，只看到他忙碌着的双手。他们正把女婴从妈妈身体里取出来。她浑身沾满鲜血，放声啼哭，两只小手想要挡开给她清洗的护士。这时候，一位医生正在剪断九个月来把母女两人紧连在一起的脐带。剧终。

我们应该如何理解 *Nok krajok*（麻雀）这一意蕴呢？正如大多数最优秀的电影一样，它将多样化的主题和悬念交织在了一起。

即便没有大恒星的爆炸和放声啼哭、满身血污的女婴，我们也不难把 *Mundane History*（《俗物人间》）认作沿着两条主线的政治讽喻。外国观众，尤其是那些对暹罗知之甚少或是较少关注的观众，往往会在这部电影中看到泰国版中产阶级走向衰落这一严肃主题。正如我们已经提及，阿卜将这所"漂亮宅邸"与其"毫无生气"的居住者鲜明对立，令人难忘。钱不是问题。他宁的钱足以体面地支付佣人的工资，而且一日三餐令其满意。他付给阿卜工资，请他全天候护理阿克。他至少是第三代中产阶级，大学教授，知识分子，但丝毫看不出他有何贡献和原创。他对沉寂凄凉的家庭氛围是有责任的，因为他总是拒家里人于千里之外。他半身不遂的儿子还或许被描述为讽喻年轻一代中产阶级的代表，他们没有出路，娇惯成性，顾影自怜。与此相反的是，来自工人阶级的两名男子阿珠和阿卜都待人热情。如果没有他们的付出，整座宅子终将人心涣散。

然而对于泰国观众来说，这部电影可能是讽喻过去十年来泰国君主制的衰落。最近被禁的人物传记《国王从不微笑》（英文书名：*The King Never*

Smiles）的标题给了安诺查灵感，作者是一名美国记者。[1] 她和瘦高身材、演技娴熟的演员（巴拉美·诺恩 [Paramej Noiam]）将他宁塑造成一眼即辨的翻版君主。他同样从不微笑，他的面孔冷漠疏离、毫无表情，是全国各地王室广告牌上平面照片的真实写照。阿克性情阴郁，则可诠释为年轻一代王室成员的代表，他们深感孤独，自我沉迷。当要求真正民主化的民众运动形成一支强大的政治力量之时，他们却走投无路。但电影中却无人提及"当前政治"，哪怕是淡淡的一句都没有。安诺查绝非不关心政治之人。"保皇派"右翼"黄衫军"（泰国人民民主联盟 [People's Alliance for Democracy, PAD]）接连数月力掀狂澜，要求军事政变推翻他信·西那瓦（Thaksin Shinawat）民粹主义政府，而这部电影恰逢在这段时间及之后完成制作。对于泰国观众而言，有两个单独的短场景与"黄衫军"有关。头一个场景是他宁默默站在宅邸的二楼露台上，这可被认为是王权的象征。观众可以听见背景音乐里悠悠传来一首时下流行的"黄衫军"歌曲。第二场景是"黄衫军"支持者的图像被快速叠放，就如旅行者透过特快列车车窗看到的毫无关联的景象。旅行者会想，即便如此，那又如何？我的感觉是，安诺查影片中的这两个政治讽喻元素并不足以让人忽略她更深层次的关切点。

也许影片的关切点中更具象征意义的是那些佛教符号。安诺查将阿克床边鱼缸里游来游去的乌龟与阿卜在庙里祈祷时放生的麻雀并置在一起。宇宙万物都逃不过生与死的轮回，哪怕是那些巨大的恒星。看着婴儿啼哭着来到这个世界，我们会想起一句古老的格言：我们在出生的那一刻即被宣判了死刑。我们可以把电影中的道德核心阿卜当作一心向善的佛教徒，无私谦恭，仁爱宽厚，体谅他人，毫无怨言，并且娓娓道来：日子总要一天天过下去，因为死亡随时可能到来。他想要设法解救这个麻雀人吗？解救又意味着什么呢？

但我认为，在最深的层面上，*Nok krajok*（麻雀）与其说是关于永恒的宇宙周期，不如说是关于我们时代的历史。我认为安诺查正在"探寻"当今（泰国）男性会过着怎样的寻常日子。如果我们在曼谷或内地四处走走，很少会看到妇女或年轻女孩无所事事，但我们却常见到男人们游手好闲。他们

---

[1] Paul M. Handley, *The King Never Smiles: A Biography of Thailand's Bhumibol Adulyadej* (New Haven, CT: Yale University Press, 2006).

一起闲逛，抽烟喝酒，无精打采，目光呆滞，像是在等着也许永远不会成真的好事儿。如果喝得够醉，他们还时常粗俗地妄自夸口，说"谁在乎"那些他们吹嘘自己搞过的不知名姓的女人。这或许是一种惊惧惶惑，而非我们在波德莱尔（Baudelaire）[①]的诗歌中找到的存在主义式倦怠，也非弥漫于19世纪伟大的俄国小说戏剧中的 *skuchnost*[②]（枯燥乏味）。

多年前，我在不经意间曾问过一位泰国故交如何解释这个问题：泰国历史书写里鲜有提及的男性同性恋，为何却在最近明显人数猛增呢？他思忖了片刻后说，主要的原因是女性的改变太大了。她们越来越多地进入劳动力市场；她们都有自己的职业；她们在选举中胜出；她们成为医生、法官、记者、教授，当然还有电视上的名人；她们开始使用男性用语；她们自己管教子女；她们开自己的车；如此等等。男人们不愿与女人竞争，因此他们往往退缩不前，选择与相熟的男人为伴。与其他男人性交往往看似更"容易"些，没有那么多的仪式讲究，没有家庭责任的负担，性关系更加随便，花钱也少得多……

直觉告诉我，他好像想到些重要的问题，但是却突然转移了话题。根据《曼谷邮报》（*Bangkok Post*）最近发表的一份报告，过去十年里，僧侣沙弥的数量从600万惊人地减少到150万。我们可以从多方面解释这一变化，但有一个原因却非常明显：这种纯男性机构从前的崇高声望正在江河日下。众所周知，在比较好的大学，教师队伍中女性已占绝大多数，而在二十年前这些职位基本上仅向男性提供。（政治学教师队伍的构成生动地反映了这股潮流，这当然是因为获此教职是步入位高权重的内务部的敲门砖。）女性已在官僚机构和大公司里谋到职位，成为许多男性的上司和/或发号施令者。因为城市化和工业化进程的影响，农村社会男女之间的传统劳动分工不可避免地弱化了。电视也起了一定作用。在喜剧里，父亲角色往往都是沉默不语，老派守旧，缺乏能力；说得好听一点，还不负责任。肥皂剧里的关键人物往往是年轻女孩和母亲们（她们即便在高声尖叫时也能听懂对方），而不是关

[①] 夏尔·皮埃尔·波德莱尔（Charles Pierre Baudelaire，1821—1867年），19世纪法国著名诗人，象征派诗歌先驱，现代派诗歌的奠基人，在欧美诗坛享有盛誉。代表作有诗集《恶之花》（*Les fleurs du mal*）、散文诗集《巴黎的忧郁》（*Le Spleen de Paris*）。——译者注

[②] 保加利亚语。——译者注

系疏远的父与子。流行音乐的潮流是"男孩乐队"（而非"乐队"），以取悦女性。医学也发挥了特殊的作用。如今的女性，无论婚否，很可能会通过我们称之为人工授精的方式怀孕。正如各种雄性家畜，男性可以"捐"精，先捐给医生，再通过医生提供给某位女性。通常情况下，无论这位男性还是这位女性都不允许掌握对方的重要信息，因此该男子在此过程中绝不会通过传统的婚内性交合方式成为父亲。她是个准妈妈，而他却仅仅是个"捐精者"。如果她有丈夫的话，那她的丈夫又算什么呢？

除非我大错特错，安诺查着迷于当代男性中普遍存在的惊惧惶惑之感。她或许在此处借鉴了屠格涅夫（Turgenev）19 世纪的名著《父与子》（英文译名：Fathers and Sons）。父亲根本上是带有某种社会性和政治性的角色，而母亲则仅是一种生物性的体验。《马太福音》为读者展现了从亚伯拉罕到耶稣这条源远流长的父系传承脉络，而其中仅有一位女性被提及姓名。她之所以得到如此"厚待"，只不过是因为她并非犹太人。（事实上，只要完全愿意，仅仅上床两三分钟就可能让男性成为父亲？）在过去的暹罗，父亲这个角色主要是为了牢固树立对孩子的权威，尤其是对男孩。他们为家人提供基本生活所需，常常粗鲁地责罚儿子们的恣意妄为，并传授他们男性技能、社会结构、隐语行话、言谈举止和宗教教义方面的知识。传统父权有时很像微型的君主制：独裁专断，冷漠疏离，还是终身制。但与此同时，由于政治因素，父与子之间形成了抗争关系，这与母女关系形成了鲜明对比。值得注意的是，家庭成员犯罪的认定与量刑中也有政治因素。最恶劣的犯罪（而且在统治集团内部最为常见）是弑父罪，其次是弑杀兄弟（或姐妹）罪，也许还有弑母罪（非常罕见），但却没有父亲弑杀儿子行为的术语（视年代和环境而定，这可能根本就算不上是犯罪）。子女，尤其是儿子，往往从经济意义上被视作财产。即是说，多多益善。

但是我们根据历史知识得知，伴随着工业化、民粹民族主义和民主化在 19 世纪（欧洲）和 20 世纪（其他地区）的兴起，大大小小的君主国开始摇摇欲坠。世俗化的学校教育，通常在政府管理之下，让男孩（而后是女孩）在成年前的大部分时间里与其小小的君主国渐行渐远，并带来两大决定性的变化。首先，随着资产阶级的发展壮大，子女们不再是家庭的资产（为家里挣钱），反倒还需要家庭花钱投入。其结果则是，从前的大家庭开始逐渐变小。

其次，学校是传授社会知识的机器，学习科学技术，不再是严父式的管教。这种教育塑造出新一代的青年人，他们远比父辈更有见识，不仅限于精益求精的教义、民族主义、公民权利、法律与创新发明。伴随着打着"青年"旗号的政治组织（大多是民族主义组织）的异军突起，"儿子战胜父亲"的迹象明显显现。欧洲有"青年意大利党"（Young Italy）、"青年爱尔兰"（Young Ireland）等。当20世纪之交时，许多非欧洲殖民区的情形相同："越南青年党"（Young Vietnam），"缅甸青年党"（Young Burma），"爪哇青年"（Young Java），"伊斯兰青年党"（Young Islam），"青年埃及党"（Young Egypt），"青年土耳其党"（Young Turkey），以及其他组织。（引人注意的是，君主制坚强存活下来的国家都没有发生此类运动。没有"青年泰国党"[Young Thai]，没有"青年日本党"[Young Japan]，没有"青年文莱党"[Young Brunei]，没有"青年尼泊尔党"[Young Nepal]。）所有这些组织和运动最初都是由高中和大学里的男性青年们发起的。（这就是为何早期的共产党和社会主义党往往都由二十多岁的而非五十多岁的男性领导，而二战后的独立国家都由三十多岁的而非六十多岁的男性统治。）年轻就是对"父辈"的控诉，其严肃程度正如同对殖民政府的控诉。父辈们已经无助地"老去"，往往愚昧无知，通敌卖国。毋庸置疑，这些青年英雄们一旦上台掌权后，却又要在此后的四五十年里通过恶斗才能熬成父辈，于是就逐渐失去了民众的信任。人真正年轻的时间只有那么短暂。但那又如何呢？20世纪末迎来了第二次重大的代际断裂，但发起者并非新式学校，而是新兴技术，并且速度更快。我们可以从当今叛逆青年的成长清楚地看到这一点：他们掌握了复杂的计算机操作和网络技术，从而超越了自己的"父辈"。但是那些最终将要使用他们技术的青年一代，在若干年后，又是否会成为电子时代的父辈？

Mundane Hisotry（《俗物人间》）讲述的是三个男性，还有两个处于边缘地带的女性。而该片的大缺口正是这位过世的母亲/妻子。但是安诺查对这个死去的女人并无兴趣，她总是惦记着这对不能也不愿交流的父子。他们的语言就是沉默。他宁作为一名称职的中产阶级父亲，承担责任，花钱请佣人，买东西，满足儿子的各种生理需要。但那又如何呢？如果撇开他宁行使君主权力这个讽喻性想法，我们可以窥见更深层次的东西：痛苦。我们还记得颂泽怎样央求阿克理解父亲的同等痛苦，尽管她没有说明缘由。在少有的

几个父子相处的场景中，阿克完全怀着敌意，并且粗鲁无礼，默不作声，当着佣人们的面羞辱他宁。他宁并未反击，不动声色地忍受着儿子的憎恨，然后从这个令人悲伤的家里消失，正如他平常能做的那样。他的痛苦无疑是对未曾言明之事的愧疚，但也源于他作为父亲的彻底失败。忍耐克制是他唯一的选择。

走进这个死胡同后却意外地出现了一个救世主：记不起父亲是谁的阿卜。阿卜的美好之处在于，对于一个压根儿不是他亲生儿子的青年男子，他可以扮演母亲的角色（以及哥哥、护士，甚至还有几分爸爸的意思）。因此他们最终的关系并非竞争，也和代际关系无关。男人们只要不整天想着追名逐利，就会处在最佳状态。影片中几个乌托邦式的短暂瞬间令人难忘：（1）阿卜独自一人放飞了笼子里的 *nok krajok*（麻雀）。自由了，尽可能享受自由的生活。鸟儿啊，只要努力了，你就没有辜负我。死亡随时会来敲门。（2）阿卜和阿克亲密地并肩躺在花园的草地上。阿克没有说话。阿卜正说着忘记过去，过好每一天，因为生命随时会戛然而止。（注意：完全没有色情之处。）男人应该怎样过得更好？安诺查将电影取名为 *Jao nok krajok*，则表明电影余下部分所表达的思想："囚于笼中的男人们。"这部精彩的影片并未言明的主题就是焦虑感与脆弱性，或许最终还有那些数以百万计的各阶层人们之间的依恋 / 暴力。这些人记不得自己曾如何出生，也不知道自己将何时离世，而且……还不能生儿育女。

译名对照

阿波尼纳里奥·马比尼（Apolinario Mabini）

阿尔贝特·萨罗（Albert Sarraut）

阿尔德里奇·克里佛（Eldridge Cleaver）

阿尔都塞（Althusser）

阿金·叻丕帕（Akin Rabibhadana）

阿卡丹庚亲王（Akat Damkoeng）

阿龙果·迈东（Alongkot Maiduang）

阿伦·德瓦塔辛（Arun Dewathasin）

阿曼·暹瓦拉（Ammar Siamwalla）

阿披察蓬·威拉塞塔恭（Apichatpong Wirasethakun）

阿披实·维乍集瓦（Abhisit Vejjajiva）

阿奇瓦希帕学校（Archivasilpa School）

阿提·乌莱拉（Arthit Urairat）

阿瑜陀耶（Ayutthaya）

阿周那（Arjuna）

埃利泽·埃亚尔（Eliezer Ayal）

艾达·阿伦翁（纳阿瑜陀耶）（Ida Aroonwong[na Ayutthaya]）

爱德华二世（Edward II）

艾格猜·厄空探（Ekachai Uekrongtham）

艾米里奥·阿奎纳尔多（Emilio Aguinaldo）

艾森斯塔特（Shmuel N. Eisenstadt）

安德列斯·博尼法西奥（Andres Bonifacio）

安东尼奥·卢纳（Antonio Luna）

安诺查·苏薇查柯邦（Anocha Suwichakornpong）

安沛地区（越南）（Yen Bay）

昂堪·甘拉亚纳蓬（Angkhan Kanlayanaphong）

昂山（Aung San）

奥斯陆（Oslo）

奥匈帝国（Austro-Hungarian Empire）

巴博·乍鲁沙天（Praphat Jarusathien）

巴查雅·宾盖（Prachya Pinkaew）

巴登·丹龙乍龙（Praderm Damrongcharoen）

巴赫（Bach）

巴拉美·诺恩（Paramej Noiam）

巴黎圣贤祠（Pantheon）

巴林顿·摩尔（Barrington Moore Jr.）

巴曼·阿滴列山（Pramarn Adireksan）

巴莫（Ba Maw）

巴末·纳空塔（Pramote Nakhornthab）

巴妮·吉拉迪塔珀（Prani Jiaraditarporn）

巴帕·班亚差腊（Praphat Panyachatrak）

巴潘·翁堪（Praphan Wongkham）

巴蜀府（Prajuab）

芭提雅（Phattaya）

巴吞他尼府（Pathum Thani province）

巴吞旺工程学校（Pathumwan Engineering School）

《白色威胁》（*White Peril*）

拜泰姆·斯赫里克（Bertram Schrieke）

班托·欧丹（Banthon Ondam）

坂本龙马（Sakamoto Ryoma）

邦颂工程学校（Bangsorn Engineering School）

鲍勃·迪伦（Bob Dylan）

《鲍林条约》(Bowring "treaty")

保大(Bao Dai)

保罗·穆斯(Paul Mus)

北碧府(Kanchanburi/ Kanchanaburi)

北曼谷工程学校(Northern Bangkok Engineering School)

贝多芬(Beethoven)

本杰明·布里顿(Benjamin Britten)

本·亚伯(Ben Abel)

比里·帕侬荣(Pridi Phanomyong/Pridi Banomyong)

《壁垒》杂志(*Ramparts*)

边境巡逻警察部队(Border Patrol Police, BPP)

槟城(Penang)

炳·廷素拉暖(Prem Tinsulanond)

勃拉姆斯(Brahms)

勃列日涅夫(Brezhnev)

伯纳德·法尔(Bernard Fall)

博尼费修斯·科内利斯·德扬(B. C. De Jonge)

博他仑府(Patthalung)

柏威夏寺(Phreah Vihara)

波汶拉德王子(Prince Boworadet)

波汶尼威寺(Wat Bowonniwet)

布鲁岛(Buru)

布帕·谷春(Buppha Kunchon)

猜纳府(Chainat)

差猜·春哈旺(Chatchai Choonhawan)

查迪察冷·尤空王子(Prince Chatrichalerm Yukol)

查尔斯·F. 凯斯(Charles F. Keyes)

查拉猜·拉米达侬(Chalatchai Ramitanon / Chalardchai Ramitanond)

差拉·希兰西里(Chalard Hiransiri)

查莉妲·乌布伦吉(Chalida Uabumrungjit)

查提·纳塔素帕（Chatthip Nartsupha）

禅威·格塞希利（Charnvit Kasetsiri）

初杰·乌塔格潘（Chukiat Uthakaphan）

楚萨（Chusak）

川·立派（Chuen Leekphai）

春提拉·萨达亚瓦塔纳（Chontira Satayawadhna）

春武里府（Chonburi）

D. G. E. 霍尔（D. G. E. Hall）

达信（Taksin）

大皇宫（Grand Palace）

大舍利寺（Wat Phrasrimahata/Lord Buddha's Relic Temple）

大卫·威尔逊（David Wilson）

大暹罗帝国（Greater Siam）

黛博拉·霍舍尔（Deborah Homsher）

戴高乐（De Gaulle）

戴维·科尔（David Caute）

丹·比奇·布拉德利（Dan Beach Bradley）

丹龙·拉塔比帕（Damrong Latthaphiphat）

丹南·甘德（Damnern Garden）

丹尼尔·列弗（Daniel Lev）

德彪西（Debussy）

德瓦翁（Devavong）

迪尔托·阿迪·苏里约（Tirtoadisuryo）

东京帝国大学（Imperial University in Tokyo）

东南亚地区主义（Southeast Asianism）

东南亚条约组织（Southeast Asia Treaty Organization, SEATO）

东南亚条约组织文学奖（SEATO Prize for Literature）

都实建筑学校（Dusit Construction School）

杜鲁门政府（Truman Administration）

多伊（Doui）

译名对照

E. 撒迪尤斯·弗拉德（E. Thadeus Flood）

法国圣西尔军校（Special Military School of St. Cyr）

法国文化协会（Alliance Francaise）

法兰克福学派（Frankfurt school）

法鲁克一世（Farouk）

范·莫克（Hubertus van Mook）

菲律宾圣贤祠（Philippine Pantheon）

非殖民化（non-colonization）

费萨尔一世（Faisal）

佛统府（Nakhon Pathom）

伏尔泰（Voltaire）

弗吉尼亚·汤普森（Virginia Thompson）

福柯（Foucault）

弗兰克·C. 达林（Frank C. Darling）

弗朗西斯·伯顿·哈里森（Francis Burton Harrison）

弗朗西斯·福特·科波拉（Francis Ford Coppola）

弗朗西斯科·西奥尼尔·何塞（Francisco Sionil Jose）

弗雷德里克·邦内尔（Frederick Bunnell）

弗雷德·W. 里格斯（Fred W. Riggs）

福山（Fukuyama）

福塔莱萨（Fortaleza）

傅乃华（J. S. Furnivall）

复活节起义（Easter Uprising）

富米·诺萨万（Phoumi Nosavan）

G. H. 卢斯（G. H. Luce）

G. 威廉·施坚雅（G. William Skinner）

盖·波克儿（Guy Pauker）

甘猜·布攀（Khanchai Bunpan）

甘地（Gandhi）

格翰·维耶沃登（Gehan Wijeyewardene）

格利·西瓦拉（Krit Sivara）

格蒙·格摩达古（Kamon Kamontrakun）

葛兰西（Gramsci）

公銮皮琪布里查功（Krom Luang Phichit Prichakon）

古拉格（Gulag）

古腊·赛巴立（Kulap Saipradit）

国际复兴开发银行（International Bank for Reconstruction and Development）

国际联盟（League of Nations）

国际特赦组织（Amnesty International）

国家行政改革委员会（National Administrative Reform Council, NARC）

国王圣战（Royal Crusade）

哈利·本达（Harry Benda）

哈罗德·克劳奇（Harold Crouch）

海尔·塞拉西一世（Haile Selassie）

呵叻高原武里南府（Khorat-Buriram）

河静省（Ha Tinh）

何塞·黎萨（José Rizal）

赫伯特·费斯（Herbert Feith）

赫伯特·P. 菲利普斯（Herbert P. Phillips）

荷属东印度（Dutch East Indies/Netherlands East Indies）

黑暗时期（Dark Age）

黑豹步兵师（"Black Panther" Division）

亨利·珀塞尔（Henry Purcell）

红牛（Krathing Daeng [Red Gaurs]）

红色高棉（Khmer Rouge）

红衫军（Red Shirts）

胡志明（Ho Chi Minh）

《华盛顿邮报》（*Washington Post*）

华欣（Hua Hin）

皇后眼镜蛇志愿军团（"Queen's Cobras"）

王家田广场（Sanam Luang /Pramane Square）

霍华德·考夫曼（Howard Kaufman）

集·普米萨（Jit Phumisak）

加罗蒂（Garaudy）

贾瓦哈拉尔·尼赫鲁（Jawaharlal Nehru）

贾威（Kavi）

谏义里（Kediri）

江萨·差玛南（Kriangsak Chomanand/Kriangsak Chomanan）

剿共作战司令部（Communist Suppression Operations Command）

吉迪乌托（Kitti Wuttho）

吉哈德斯·墨卡托（Gerardus Mercator）

吉兰丹邦国（Kelantan）

吉斯特斯·克里尔夫（Justus Maria van der Kroef）

杰奎琳·德·菲尔斯（Jacqueline de Fels）

金边（Phnom Penh）

卡尔·奥格勒斯贝（Carl Oglesby）

卡贤·特加皮让（Kasian Tejapira）

凯·吉披塔（Khlai Chitphithak）

凯瑟琳·鲍威（Katherine Bowie）

堪曼·坤开（Khamman Khonkhai，木名：宋蓬·帕拉逊 [Somphong Phalasun]）

康邢·西诺（Khamsing Sinok/Khamsing Srinawk）

柯南·道尔（Conan Doyle）

克拉克·D. 内尔（Clark D. Neher）

克莱尔·霍尔特（Claire Holt）

克里斯·贝克（Chris Baker）

克里斯蒂安·斯努克·克赫格隆（Christiaan Snouck Hurgronje）

克里希那（Krishna）

克立·巴莫（Kukrit Pramote/Kukrit Pramoj）

空素法师（Phra Maha Jad Khongsuk）

空·赞达翁（Khrong Chandawong）

孔敬（Khon Kaen）

孔剧（khon）

孔提（Khlong Toey）

昆汀·塔伦蒂诺（Quentin Tarantino）

坤萨（Khun Sak）

坤·素（Khun Suk）

拉达纳哥信王朝（Ratanakosin）

拉玛六世工程学校（Rama VI Engineering School）

拉玛一世（Rama I）

拉玛二世（Rama II）

拉玛三世（Rama III）

拉玛六世（Rama VI）

拉玛七世（Rama VII）

拉玛八世（Rama VIII）

拉玛九世（Rama IX）

拉什莫尔山（Mount Rushmore）

拉雅迪（La-iad）

莱谢克·柯拉柯夫斯基（Leszek Kolakowski）

廊开府（Nongkhai）

朗诺（Lon Nol）

郎少姝华社（Num Nao Sao Suay/Spoiled Boys and Lovely Girls）

叻武里府（Ratburi，旧译"叻丕府"）

雷金纳德·克拉多克（Reginald Craddock）

黎府（Loei Province）

理查德·卡夫（Richard Kraft）

理查德·考夫林（Richard Coughlin）

理查德·尼克松（Richard Nixon）

理查德·塔克（Richard Tucker）

理查二世（Richard II）

丽莎·红（Lysa Hong）

联合国教科文组织（United Nations Educational, Scientific, and Cultural Organization, UNESCO）

林登·约翰逊（Lyndon Johnson）

刘易斯·费尔（Lewis Feuer）

卢卡奇（Lukacs）

卢森特·汉克斯（Lucien Hanks）

卢梭（Rousseau）

鲁思·麦克维（Ruth McVey）

罗伯特·布列松（Robert Bresson）

罗纳德·里根（Ronald Reagan）

洛坤府（Nakhon Si Thamarat）

銮披汶·颂堪（Plaek Phibunsongkhram，又名：披汶·颂堪 [Phibunsongkhram]）

銮威集瓦他干（Wijit Wathakan）

洛林斯顿·夏普（Lauriston Sharp）

马丁·路德（Martin Luther）

玛哈泰寺（Wat Mahathat/ Mahathat Buddhist temple）

玛坤·猜攀（Mangkun Chaiphan）

玛莱·楚皮尼（Malai Chuphinit）

玛丽·科雷利（Marie Corelli）

马尼拉（Manila）

麦·阿达多·尹卡瓦尼（May Adadol Ingawanij）

麦格赛赛（Magsaysay）

迈克尔·莫曼（Michael Moerman）

曼德勒（Mandalay-Ava）

《曼谷纪事》报（*Bangkok Recorder*）

曼谷京华银行（Bangkok Metropolitan Bank）

曼谷十八斗士（Bangkok 18）

《曼谷邮报》（*Bangkok Post*）

湄公酒业集团（Mekhong distillery conglomerate）

湄南河（Chao Phraya River）

美国参议院外交关系委员会（[US] Senate Foreign Relations Committee）

美国高级研究计划局（[US] Advanced Research Projects Agency, ARPA）

美国国际开发署（United States Agency for International Development, USAID）

美国康奈尔大学出版社东南亚研究计划（SEAP Publications）

美国联合军事顾问团（Joint US Military Advisory Group, JUSMAG）

美国时代（American Era）

美国泰学会（Council on Thai Studies）

美国亚洲研究协会（Association for Asian Studies, AAS）

蒙固王（Mongkut，拉玛四世 [Rama IV]）

孟坤·丹西里（Mongkhon Dansiri）

密里本德（Miliband）

缅甸青年党（Young Burma）

《民族报》（*Nation*）

莫宏·翁帖（Mukhom Wongthet）

牡丹（Botan，本名：素帕·勒斯里 [Supha Lusiri]）

穆罕默德·哈达（Mohammad Hatta）

那空沙旺府（Nakhon Sawan）

纳堤（Natee）

那黎萱（Naresuan）

纳荣（Narong）

乃丕（Nai Phi）

内务部（Ministry of the Interior）

尼赫鲁（Nehru）

尼提·尤希翁（Nidhi Iosiwong/Nidhi Aeosiwong/Nidhi Iowsriwongse）

《纽约时报》（*New York Times*）

农村发展促进会（Accelerated Rural Development, ARD）

侬希·尼弥布（Nonzee Nimibutr）

暖武里工程学校（Nonthaburi Engineering School）

译名对照

诺罗敦·西哈努克（Norodom Sihanouk）

诺曼·雅各布斯（Norman Jacobs）

诺姆·乔姆斯基（Noam Chomsky）

诺伊·因他暖（Noi Inthanon）

帕尔米罗·陶里亚蒂（Palmiro Togliatti）

帕府（Phrae）

帕侬蓝（Phanom Rung）

帕素·蓬派吉（Pasuk Phongphaichit）

帕耶阿奴曼拉查东（Phya Anuman Rajadhon）

帕耶帕凤丰派育哈色纳（Phahon Phonphayuhasena，又译"披耶·帕凤裕庭"[Phraya Phahon]）

帕耶颂素拉德（Phraya Song Suradet）

派銮（*phrai luang*）

派松（*phrai som*）

潘佩珠（Phan Boi Chau）

炮·希亚侬（Phao Siyanon/Phao Sriyanon）

佩里（Perry）

披莫丹长老（Phra Phimonladham）

披尼·扎禄颂巴（Pinit Jarusombat）

披帕·洛瓦尼差恭（Phiphat Rotwanitchakorn）

披帕·泰阿里（Phiphat Thai-ari）

霹雳（Perak）

皮埃尔·高罗（Pierre Gourou）

皮利亚·格莱勒（Piriya Krairiksh）

皮皮特·罗奇加特·卡塔维查亚（Pitpit Rochijat Kartawidjaja）

皮琪·忠萨提瓦塔纳（Phichit Jongsatitwatthana）

婆罗洲（Borneo）

蒲甘城（Pagan）

普吉（Phuket）

普拉姆迪亚·阿南达·杜尔（Pramoedya Ananta Toer）

普素·帕侬荣（Phoonsuk Banomyong）

普探·卫差塔猜（Phuntham Vejjatachai）

《启智》杂志（*Witthayasan*）

乔瓦尼·瓜雷斯基（Giovanni Guareschi）

乔治·华盛顿（George Washington）

乔治·卡欣（George kahin）

乔治·李希特海姆（George Lichtheim）

切·格瓦拉（Che Guevara）

清莱府（Chiengrai）

青年埃及党（Young Egypt）

青年爱尔兰（Young Ireland）

青年土耳其党（Young Turkey）

青年意大利党（Young Italy）

琼·贝兹（Joan Baez）

却克里王朝（Jakri dynasty）

让·莫内（Jean Monnet）

让·穆兰（Jean Moulin）

"人民之声"电台（Siang Prachachon/Voice of the People）

日本德川时期（Tokugawa Japan）

［日本］庆应义塾大学（Keio University）

荣·翁萨万（Rong Wongsawan）

柔佛邦国（Johor）

S. J. 坦比亚（S. J. Tambiah）

萨蒂亚吉特·雷伊（Satyajit Ray）

萨米尔·阿明（Samir Amin）

萨沙纳索蓬长老（Phra Sasanasophon）

扫瓦法王后（Queen Saowapha）

色当（Sertão）

僧伽制度（Sangha）

僧王（Supreme Patriarch）

译名对照　　215

沙立·他那叻（Sarit Thanarat）

沙没沙空府（Samut Sakhon，旧译"龙仔厝府"）

沙没颂堪府（Samut Songkhram，旧译"夜功府"）

汕耶·探玛塞（Sanya Thammasakdi）

尚达礼（Thierry d'Argenlieu）

少壮派（Young Turks）

舍桑·巴社古（Seksan Prasetkun /Seksan Prasertkul）

《社会科学评论》（*Sangkhomsat Parithat/Social Science Review*）

社尼·巴莫（Seni Pramote）

社尼·宋那（Seni Sungnat）

石井米雄（Yoneo Ishii）

圣西尔军校（St. Cyr Military Academy）

"十月青年"（Octoberists）

舒伯特（Schubert）

舒曼（Schumann）

顺化（Hue）

顺通蒲（Sunthon Phu）

斯图亚特·斯拉姆（Stuart Schram）

四国岛（Shikoku）

颂巴·占托翁（Sombat Chantornwong）

颂德·帕·阿力雅翁沙达雁（Somdet Phra Ariyawongsakhatayan）

颂萨·德才拉图巴拉社（Somsak Techaratanaprasert）

颂萨·苏多（Somsak Xuto）

颂提·布雅拉特卡林（Sonthi Boonyaratglin）

颂提·林通恭（Sondhi Limthongkul）

颂汶·素森兰（Somboon Suksamran）

苏丹穆罕默德二世（Sultan Muhammad ["Mulat Merah"]）

苏哈托（Suharto）

苏加诺（Sukarno）

苏梅岛（Samui Island）

苏珀（Supot）

苏珊·弗洛普·莫勒尔（Susan Fulop Morell）

苏宛蒂罗马正字法（Romanized Soewandi orthography）

素差·萨瓦希（Suchart Sawatsi/ Suchat Sawatsri）

素集·翁帖（Sujit Wongthet）

素可泰（Sukhothai/Sukhotai）

素拉猜·扎提玛托（Surachay Janthimathon）

素拉·西瓦拉（Sulak Siviraksa/Sulak Siwarak/Sulak Sivaraksa）

素拉育·朱拉暖（Surayud Chulanont）

素里耶旺（Sisuryawong）

素林·玛迪（Surin Masdit）

素林·披素旺（Surin Phitsuwan）

素帕猜·西萨迪（Suphachai Sisati）

素攀府（Suphanburi）

戍赛·哈沙丁（Sudsai Hatsadin）

素探·相巴吞（Sutham Saengprathum）

素威·拉威翁（Suwit Rawiwong）

梭罗（Surakarta）

索拉朋（Soraphong）

他尼·吉努功（Thanit Jitnukul）

他宁·盖威迁（Thanin Kraiwichian）

他侬·吉滴卡宗（Thanom Kittikachorn）

他信·西那瓦（Thaksin Shinawat）

塔·查冷迭拉那（Thak Chaloemtiarana）

塔玛拉·路斯（Tamara Loos）

塔内·阿坡素万（Thanet Apornsuwan/ Thanet Aphornsuwan）

塔尼·尼瓦亲王（Prince Dhani Nivat）

塔瓦·蒙格拉蓬（Thawatt Mokarapong）

塔威·格林巴图（Thawit Klinprathum，又名"德威"[Dewitt]）

泰格·伍兹（Tiger Woods）

〔泰国〕法政大学（Thammasat University）

〔泰国〕佛教徒联合会（Federation of Thai Buddhists）

泰国共产党（Communist Party of Thailand, CPT）

〔泰国〕国家安全委员会（Council for National Security）

〔泰国〕国内安全行动指挥部（Internal Security Operations Command, ISOC）

泰国王家军队（Royal Thai Army）

〔泰国〕王家军事学院（Royal Military Academy）

〔泰国〕进步党（Kao Na Party）

〔泰国〕酒店旅社职工总会（Hostel and Hotel Workers' Union）

〔泰国〕孔敬大学（University of Khon Kaen）

〔泰国〕陆军军官学校（Military Academy）

〔泰国〕民主党（Democrat Party）

〔泰国〕民族党（Chat Thai party）

泰国农民联合会（Farmers' Federation of Thailand）

〔泰国〕农业大学（Kasetsart University）

泰国全国学生总会（National Student Center of Thailand, NSCT）

泰国全国职校学生总会（National Vocational Student Center of Thailand, NVSCT）

〔泰国〕人民民主联盟（People's Alliance for Democracy, PAD）

〔泰国〕僧伽委员会（Council of Buddhist Monks）

泰国社会党（Socialist Party of Thailand）

〔泰国〕社会科学协会（Social Science Association）

〔泰国〕社会行动党（Social Action Party）

〔泰国〕社会援助委员会（National Council on Social Assistance）

〔泰国〕社会正义党（Social Justice party）

〔泰国〕泰爱泰党（Thai Rak Thai Party/Thais Love Thais Party）

〔泰国〕文字关系出版社（Aksonsamphan）

〔泰国〕新力量党（New Force party）

〔泰国〕心形出版社（Duang Kamol）

泰国医学委员会（Medical Council of Thailand）

［泰国］艺术大学（Sinlapakon University）

［泰国］政府大学事务部（Ministry for University Affairs）

［泰国］正义力量党（Palang Dharma Party）

［泰国］自由正义党（Seritham Party）

《泰叻报》（*Thai Rath*）

唐纳德·弗雷泽（Donald Fraser）

唐纳德·欣德利（Donald Hindley）

特奥多尔·G. T. 皮若（Theodoor G. T. Pigeaud）

特蓬·猜迪（Therdphum Chaidee）

提拉育·汶密（Thirayut Bunmi）

田素·努暖（Thamsook Numnonda）

通柏·通包（Thongbai Thongpao）

通猜·威尼差恭（Thongchai Winichakul）

通潘·素提玛（Thongphan Sutthimat）

屠格涅夫（Turgenev）

《图书世界》杂志（*Lok Nangseu*）

《团结》杂志（*Solidarity*）

吞武里（Thonburi）

托马斯·杰斐逊（Thomas Jefferson）

托尼·贾（Tony Jaa）

哇集拉隆功（Vajralongkorn）

瓦尔特·本雅明（Walter Benjamin）

瓦格纳（Wagner）

瓦林·翁韩超（Warin Wongharnchao）

《瓦契拉央特刊》（*Wachirayan Wiset*）

瓦契拉央王子（Prince Wachirayan）

瓦塔纳（Wattana Kiewvimol）

瓦·塔内（Wat. Thanet）

瓦栖拉兀（Wachirawut）

威查拉·维奇-瓦达甘（Vicharat Vichit-Vadakan）

威察·普瓦拉叻（Vicha Poolvoralaks）

威尔第（Verdi）

薇拉妲·颂萨瓦（Wirada Somsawat）

威廉·福斯特（William Z. Foster）

威廉·弗雷德里克·斯塔克海姆（Willem Frederik Stutterheim）

威廉姆·富布莱特（William Fulbright）

威廉姆·J. 西芬（William J. Siffin）

薇帕瓦迪·兰实（Wiphawadi Rangsit）

维克多·珀塞尔（Victor Purcell）

维克多·雨果（Victor Hugo）

韦通·耶沙瓦（Withoon Yasawat）

《文化艺术》杂志（泰文名拉丁转写：*Sinlapa Watthanatham*）

文化自由大会（the Congress for Cultural Freedom）

汶沙侬·本约塔炎（Bunsanong Punyodhayana）

乌栋·格披布（Udom Koetphibun）

乌隆府（Udon Thani）

乌坦·萨尼迪翁（Utharn Sanidwong na Ayutthaya）

鹜天他崴建筑学校（Uthane Thawai Construction School）

《五角大楼文件》（*Pentagon Papers*）

物迪·那沙瓦（Uthit Naksawat）

沃纳（Werner）

沃特福德（Waterford）

乌尔夫·宋德豪森（Ulf Sundhaussen）

吴哥（Angkor）

吴努（U Nu）

西奥多·罗斯福（Theodore Roosevelt）

西刀勒（Si Dao Ruang）

西贡（Saigon）

夏尔·皮埃尔·波德莱尔（Charles Pierre Baudelaire）

《暹罗国家发展第一个六年计划》（*Siam's six-year First National Development Plan*）

暹罗（Siam）

暹罗学会（Siam Society）

《暹罗之星》报（*Dao Sayam*）

乡村子虎团（Village Scouts/ Luk Seua Chao Baan）

新力量（Nawaphon）

新月派（Phrajan Siaw Group/Crescent Moon Group）

"血腥五月"（Bloody May）

亚伯拉罕·林肯（Abraham Lincoln）

亚当·斯密（Adam Smith）

雅各布·范卢（Jacob C. van Leur）

雅加达（Djakarta）

亚洲基金会（the Asia Foundation）

《关心亚洲问题学者公报》（*Bulletin of Concerned Asian Scholars*）

仰光（Rangoon）

伊德里斯一世（Idris）

伊顿公学（Eton）

依夫·亨利（Yves Henry）

伊萨卡镇（Ithaca）

伊斯兰青年党（Young Islam）

义安省（Nghe An）

意大利共产党（Partito Communista Italiano, PCI/Italian Communist Party）

益梭通府（Yasothon）

印度尼西亚共产党（Partai Komunis Indonesia/Communist Party of Indonesia, PKI）

印支战争（Indochina War）

"野虎队"御林军（Wild Tigers）

永育·通功吞（Yongyoot Thongkongtoon）

尤尔·伯连纳（Yul Brynner）

尤帕·康素宛（Yupha Klangsuwan）

玉佛寺（Phra Kaew temple）

约翰·鲍林（John Bowring）

约翰·福斯特·杜勒斯（John Foster Dulles）

约翰·科斯特（John Coast）

约翰·肯尼迪（John Kennedy）

约瑟夫·罗尔斯顿·海登（J. Ralston Hayden）

《阅读》杂志（*Aan Journal*）

越南青年党（Young Vietnam）

詹简·汶纳（Janjaem Bunnag，笔名为"杜拉詹"[Tulachandra]）

詹姆斯·斯科特（James Scott）

詹姆斯·殷格朗（James Ingram）

占隆·颂布拉松（Jamnong Somprasong）

占隆·西蒙（Chamlong Simuang）

爪哇（Java）

爪哇青年（Young Java）

珍妮弗·德拉斯考（Jennifer Draskau）

中国海关总税务司（Imperial Maritime Customs Service）

朱拉隆功（Chulalongkorn/ Julalongkon，拉玛五世 [Rama V]）

装甲师广播电台（Armored Division Radio）

左拉（Zola）

图书在版编目(CIP)数据

探索与反讽：暹罗研究四十年 /（美）本尼迪克特·安德森著；杜洁译. —北京：商务印书馆，2022
（2024.11重印）
（海外东南亚研究译丛）
ISBN 978-7-100-20136-0

Ⅰ.①探… Ⅱ.①本… ②杜… Ⅲ.①泰国—研究 Ⅳ.①D733.6

中国版本图书馆CIP数据核字(2022)第136565号

权利保留，侵权必究。

2021年成都大学泰国研究中心（教育部国别与区域研究备案中心）重点项目：本尼迪克特·安德森泰国研究选集《探索与反讽：暹罗研究四十年》译介（项目编号：SPRITS 202102）

教育部高校国别和区域研究2020年度规划课题：中国在东盟国家开展境内外办学基础研究（项目编号：2020-G11）

海外东南亚研究译丛
探索与反讽：暹罗研究四十年
〔美〕本尼迪克特·安德森　著
杜　洁　译
金　勇　校

商　务　印　书　馆　出　版
（北京王府井大街36号　邮政编码 100710）
商　务　印　书　馆　发　行
三河市尚艺印装有限公司印刷
ISBN 978-7-100-20136-0

2022年9月第1版　　　开本 710×1000　1/16
2024年11月第2次印刷　印张 15 1/2

定价：78.00元